主编：辛建荣　陈扬乐　毕华

中外民俗概论

金海龙　田小彪　编著

哈尔滨工程大学出版社
Harbin Engineering University Press

图书在版编目(CIP)数据

中外民俗概论/金海龙,田小彪编著. —哈尔滨:
哈尔滨工程大学出版社,2011.11(2022.1重印)
ISBN 978 - 7 - 5661 - 0145 - 7

Ⅰ.中… Ⅱ.①金… ②田… Ⅲ.①风俗习惯 –
世界 Ⅳ.①K891

中国版本图书馆 CIP 数据核字(2011)第 212971 号

出版发行 哈尔滨工程大学出版社
社　　址 哈尔滨市南岗区南通大街 145 号
邮政编码 150001
发行电话 0451 – 82519328
　　　　　022 – 60266518
传　　真 0451 – 82519699
　　　　　022 – 60266517
经　　销 新华书店
印　　刷 哈尔滨圣铂印刷有限公司
开　　本 787 mm × 1 092 mm　1/16
印　　张 18.25
字　　数 338 千字
版　　次 2012 年 1 月第 1 版
印　　次 2022 年 1 月第 8 次印刷
定　　价 33.00 元
http://www.hrbeupress.com
E-mail:heupress@ hrbeu.edu.cn

序　言

　　有许多人，包括我和我的同仁，总想对旅游说点什么——对旅游的认识、感悟、理解，总想为旅游做点什么——探索旅游学科体系的建设、完善和科学化。旅游已经成为人类生活密不可分的一部分，是社会、经济发展的必然产物，是社会生产力发展的新的需求方式，即现代人类社会、经济、文化发展到一定历史阶段的特定生活现象。

　　旅游是"行万里路，读万卷书"。我们把自然、人生、社会作为万卷百科全书，通过旅游真正认识、了解博大精深的天、地、生、人。

　　旅游活动在经历了漫长的历史演进后，直到近代旅游的兴起，人们才真正对旅游开展学术性的研究，所以她是年轻的。由此为旅游业和旅游学科的发展提供了平台和空间。尤其是现代旅游活动与旅游业的发展，其参与的广泛和发展的迅速是空前的，这说明旅游活动已经成为人类社会不可或缺的生活方式。

　　旅游学是一门不成熟的学科，关于旅游学科的许多概念、内涵和学科体系的建设等，不同的学者有着不同的见地，由此带来了争论和发展的契机。现代旅游的兴起与快速发展，促使更多的学者探索旅游学科的内涵。旅游界学者们各自从不同的视角、视野发表观点，大有"百家争鸣、百花齐放"之势。

　　旅游学科还需要在未来的发展中进一步深化认识，因为旅游活动关联到人类社会的方方面面，几乎涉猎我们周围的整个世界和人类文化。但是作为旅游科学，我们要从中理出自己的一套严谨的、完善的学科体系，这不是一件容易的事情，而是一项巨大而浩繁的系统工程。

　　参与旅游活动是人类的爱好，发展旅游产业是企业家的追求，探索旅游学科的建设与发展是从事旅游研究者的使命。有志于旅游学科的研究者凭借自己的睿智，使旅游学科更加臻于完善，趋于完美，最终达到成熟，这是我们永恒的职责，也是我们编写新概念旅游教材的初衷。

　　新概念旅游教材问世了，首先必须说明，我们的工作仅仅是一种探索和尝试，旅游学科毕竟是一株稚嫩的幼苗，还需要精心浇灌、护理，使其茁壮成长，枝繁叶茂；其次，在学科的认识方面若与其他学者的观点不完全相同，请告诉我们，我们会谦虚谨慎，真诚与您商榷；同时，著书期间必然要查阅和采用大量的著作成果与资料，在这里我们真诚地向相关作者表示衷心的感谢，若有遗漏和不到之处，恳请谅解。

我们总是有一种满足，那就是与旅游活动结缘；我们总是有一种责任，那就是更加透彻地探索旅游的科学内涵；我们总是有一种欣慰，那就是在旅游学科建设方面能够徜徉于旅游的海洋里享受其中的愉悦和美感。

真诚祝愿我们这支年轻的团队能够通过共同努力，在旅游科学的大潮中，留下一点闪光的纪念。

辛建荣

2011 年 6 月

前　言

民俗旅游是旅游业十分重要的组成部分。民俗文化作为一个地区、一个民族历史文化的结晶，蕴含着极其丰富的社会内容。原生态民俗旅游资源是旅游目的地最具开发价值的资源，具有独特性与不可替代性。

我国是一个多民族国家，如同世界各地区都有各自独特的、绚丽多彩的民俗文化一样，海南省中南部地区是黎、苗等少数民族聚居区，有很丰厚的民族文化积淀，是海南建设国际旅游岛的重要资源保障。

对于旅游管理专业的学生和旅游从业人员，尤其对有志于在国际旅游岛建功立业的莘莘学子来说，除掌握旅游专业的基本理论和基本技能外，了解海南、中国乃至世界各国民族民俗的特点是十分必要的，只有不断加深对不同民族民俗特征的认识，才能更快地提升自身的专业素质和水平。本书就是为了达到上述目的编写的。

本书通过对民族民俗的相关概念、民族民俗的特征与功能及其分类，以及我国的民族民俗文化和世界各主要国家基本民俗的系统介绍，为读者提供了较为全面的中外民俗基本知识，因此它不仅适用于高校旅游管理及相关专业学生，也可作为旅游从业人员的自学和培训教材。

本书分为民族民俗概述、中外民族民俗的形成与发展、我国民族民俗和世界民族民俗四个部分。以两章内容详细阐述了我国人口数量在 100 万以上的19 个民族的民俗。另外对人口数量在 100 万以下的 37 个民族的民俗则按照我国东北、西北等行政区划进行了简略介绍。其中我国各民族人口数据，除特别标注外，主要依据我国 2000 年第 5 次人口普查的数据。对于世界民族民俗部分是按照各大洲和国别进行介绍，所选择介绍其民俗的国家是依据 2009 年海南已开放的出境旅游目的地国家和地区为标准。其中因为欧洲国家较多，所以欧洲的民俗文化介绍还根据语系划分进行了归类。

本书的新意在于以下两点。

1. 与同类教材相比，不仅阐述了我国人口数量较多的民族的民俗特点，也对人口数量较少的民族的民俗进行了介绍，相对来说内容比较全面。

2. 本书对部分民族的节庆习俗及其节日由来进行深入挖掘，突出了旅游、民俗和文化特点。

限于篇幅，本书各章节未添加有关案例，请教师根据学时自行增添，以突出各地民俗特色。

本书是集体努力的结果，由金海龙、田小彪拟纲、统稿。本书的写作分工为田小彪编写第一章、第三章、第七章、第八章；金海龙编写第二章；吴素吟编写第四章；吴凯编写第五章；盛颐编写第九章、第十章；宋红娟编写第六章、第十一章。

本书编写过程中得到了海南大学旅游学院陈扬乐教授、海南师范大学旅游管理学院辛建荣教授的支持；琼州学院旅游管理学院江军老师和金磊老师也给予了无私的帮助，在此一并表示由衷的感谢。

由于水平有限，书中难免有不妥之处，我们竭诚欢迎读者批评指正。

编著者

2011 年 6 月

目　　录

第一章　民族民俗概述

【学习目标】
● 了解种族、民族、民俗的概念和种族的划分
● 了解世界和我国的民族分布
● 了解民族民俗的研究对象和内容
● 掌握民族民俗的特征和功能
● 认识研究民族民俗的目的和意义

【知识要点】
● 种族、民族、民俗的概念
● 世界和我国民族的分布
● 民俗的研究对象的分类和内容
● 民俗的特征和功能

随着旅游业的不断发展，民俗旅游已成为旅游业中不可或缺的一部分。民俗旅游是以民俗资源为依托而发展起来的旅游类型，所以当代人对民族民俗的了解也就成为了一种必要。据估计，目前全世界约有 2 000 多个民族，中国有 56 个民族。每个民族都有自己特殊的民俗文化。这些民族民俗文化对于我国经济的发展、民族文化的交流和保护，以及创建和谐社会都起着重要作用。

第一节　民族民俗的相关概念

民族是一个历史范畴，有其发生、发展和消亡的过程。每个民族都有丰富的较为固定的民俗文化，它是在长期的历史过程中积淀下来的。在全球一体化的背景下，民族民俗资源对于国家经济发展和政治稳定有着不可忽视的作用。

一、种族

种族是指在体质形态上具有某些共同遗传特征的人群,这些特征包括肤色、眼色、发色、发型、身长、面型、鼻型、血型等,因此种族又被称为人种,属于人在生物学方面的属性,是人类在长期适应地理环境的过程中逐渐形成的,与社会文化特征无关。

种族的划分是以人群遗传的自然特征为依据,对人群划分的本质是对人类体质的一种划分,即人种的划分只是身体外部特征的不同,它与人类的社会、文化性质无关。不同人种没有优劣和高低贵贱之分。

(一) 种族划分的标志

(1) 毛发　形状分为四种。①直发,亚洲黄种人的特征。②波状发,光滑波状或卷状毛发,以欧洲人最常见,西亚、北非、美洲、澳大利亚等地也有。③羊毛状发,又称球状发,以非洲黑色人种为主。④上述的中间过渡形态,多为混血人种。

(2) 皮肤　皮下色素含量的多少决定皮肤的颜色。色素细胞分布愈密,人的肤色就愈深。不同肤色色素含量差别很大,如白肤色的色素细胞约为 1 000 个/毫米以下,黑肤色在 14 000 个/毫米以上。肤色主要有白、黄、黑、褐、红等,中间色一般为混血人种。瑞典科学家林奈(1758 年)将世界人种按肤色划分为欧洲人(白),美洲人(红),亚洲人(黄),非洲人(黑)等。

(3) 身长　主要受到遗传因素和营养水平的影响,但有时候在相同的生活条件下,不同人群平均身高可能有很大差别,这主要是受遗传的影响。

(4) 头形　面形与头形也可以识别不同的种族。一般面形与头形是相协调的,头颅的比例是识别种族的重要标志。

(5) 鼻形　以鼻梁的狭宽或高、中、低划分种族。一般来说,白种人狭鼻,黄种人中鼻,黑种人宽鼻。

(6) 眼　颜色、大小因人种不同,有较大的差异。

(7) 血型　由于每个人只有一种血型,不同种族血型也有不同。

(8) 指纹　有终生不变的特点,有三种基本形式,即弓形纹、箕形纹和斗形纹。亚洲人以斗形纹居多,黑种人以弓形纹居多,欧洲人以箕形纹居多。

(二) 世界种族的划分

世界人种的划分方法比较多,最初按肤色划分成黄种、白种和黑种人。布尔民巴哈(J F Blumenbaeh)按综合指标分为高加索人、蒙古人、非洲人、美洲人、马来人。丹尼卡分成 6 类 29 种。瓦罗伊斯分成 4 类 27 种。艾伊库斯提特分成 4 类 21 种等。国际上统一的分法是 4 类 12 种。

1. 白色种族群

皮肤呈白色、浅棕色，波状金发或棕发，鼻高目蓝，长身，体毛中等。世界上白色种族群人数不是最多的，却是分布最广的。其分布在欧亚大陆的西部，以及在从毛里塔尼亚到索马里的北非地区、西亚（阿拉伯）、南亚地区（印度、阿富汗）。白色人种可分为三组。

（1）北欧种族　长身、长头、肤色淡红。分布在瑞典、丹麦、苏格兰等国。

（2）阿尔卑斯种族　短头、低身、白皮肤。分布地域为瑞士、德国、波兰南部、奥地利、匈牙利、法国、南斯拉夫等。

（3）地中海种族　长身、长头、褐色皮肤，分布在西班牙、葡萄牙、意大利等地。

2. 黄色种族群

亚洲大陆和美洲大陆的土著居民构成黄色种族群。他们皮肤呈黄色，毛发黑而直，眼呈褐色，体毛多，脸宽平，鼻中等高度，低身。黄色人种分为三组。

（1）蒙古人　皮肤呈淡黄色，可以分成北蒙古人种（蒙古人）、中蒙古人种（中国人）、南蒙古人种（缅甸人、泰国人）。

（2）美洲印地安人　即新大陆的土著人，又分北美洲印第安人、中美洲印第安人和南美洲印第安人。

（3）爱斯基摩人　即茵纽特人，分布在以格陵兰为中心的北极圈内，低身、直毛、皮肤呈红褐色、长头。

3. 黑色种族群

皮肤呈黑棕色、头发黑且成羊毛卷状、唇厚、毛发细短、体毛少、目呈棕色、鼻低而大。黑色人种分布以撒哈拉以南的非洲大陆为中心，此外美洲也有两千多万黑种人。黑种人可分为两组。

（1）尼格罗（Negro）种族　一支为苏丹尼格罗人，分布在非洲沙漠南缘和苏丹森林区。另一支为班兹尼格罗人，分布在非洲北纬 5° 以南的地区。

（2）布须曼种族（Bushman）　主要分布在南非，其中包括布须曼人和霍屯都人（Hottentots）。

4. 棕色种族群

肤色深，头发为红色或亚麻色，毛发卷曲。主要分布在太平洋及太平洋岛屿的美拉尼西亚、密克罗尼西亚和波利尼西亚等群岛上。棕色人种可分成四组。

（1）澳大利亚人　长头、宽鼻、波状毛发、身长、皮肤呈深褐色。

（2）美拉尼西亚人　分布在美拉尼西亚岛，皮肤呈深褐色、短头、狭鼻。

（3）波利尼西亚人 如新西兰毛利人。

（4）密克罗尼西亚人 皮肤呈黄白色、长身、中头，是黄种人和白种人的混血后代。

二、民族的概念

民族是指人们在一定的历史发展阶段形成的有共同语言、共同地域、共同经济生活，以及表现为共同的民族文化特点、共同心理素质的稳定的共同体，是一种文化现象。民族有广义和狭义之分。

广义的民族泛指人们在历史上形成的、处于不同历史阶段的各种共同体（如原始民族、古代民族、近代民族、现代民族等），或作为一个区域内所有民族的统称（如美洲民族、非洲民族、阿拉伯民族等），或作为多民族国家内所有民族的总称（如中华民族）。

狭义的民族专指在资本主义上升时期，斯大林于1913年给民族下的定义："民族是人们在历史上形成的一个有共同语言、共同地域、共同经济生活，以及表现为共同文化、共同心理素质的稳定的共同体"。

（一）民族的形成

在漫长的远古时代，血缘家族是人类基本的社会组织。在血缘家族内，两性出现社会分工，形成一个生产单位和经济共同体，出现了氏族，因此血缘关系是氏族产生的基础，包括母系氏族和父系氏族。氏族间的族外婚姻把两个或两个以上的具有相同或相似血缘关系的氏族联合起来，形成一个社会组织，即部落。在部落战争中，为共同对付敌人，或保障生存区域安全，部落间结成部落联盟。在一个比较完整的地域内的部落或部落联盟，在经济上交换产品，形成经济共同体，经济交往中促进了语言的交流、思想意识的交流等，形成了共同的语言、共同的心理素质等，进而出现了民族。

（二）民族的特征

（1）共同的语言 语言是人们交流思想的重要工具，共同的语言可以促使人们在政治、经济、文化等各方面的接触与交流，促进民族的形成，维系民族的统一与发展，因此语言是民族的重要纽带。当然语言与民族并非一一对应的关系，也有多民族使用同一种语言的现象。

（2）共同的地域 民族的形成与地理环境的关系极为密切。在同一地域内由于其自然和社会环境的相似性，长期生活在一起的人们逐步形成了稳定的统一体，所以任何民族都有其形成的共同地域。尽管由于人的迁移等原因，民族混杂居住的现象比较普遍，但各民族仍然保留自己相对集中的居住区。

（3）共同的经济生活　由于长期生活在一个地区，使用同种语言，相互间交往频繁，同一民族就形成了共同的生活方式和生活习惯。

（4）共同的心理素质　共同的生活环境和历史进程，形成了各民族特有的文化艺术、风俗习惯及心理情感等。它们深深扎根于各民族之中，是形成并保持民族共同体的重要纽带。有些民族成员虽然长期离开本民族的集居地，且语言和经济生活都已被当地民族所同化，但本民族的心理素质并没有改变。共同的心理素质是最稳定的民族特征。

（三）世界民族的分布

目前世界上大大小小的民族共有 2 000 多个。各民族的人数差异很大。例如我国的汉族是世界上人数最多的民族，现有人口超过 12 亿，占全世界总人口的 1/5。人数少的民族只有数千人，例如分布在我国内蒙古、黑龙江的鄂伦春族、云南的独龙族、西藏的门巴族和珞巴族。

目前世界上人口在 1 亿以上的民族有 7 个：汉人（12 亿多）、印度斯坦人（2.64 亿）、美利坚人（2.1 亿）、孟加拉人（1.9 亿）、俄罗斯人（1.6 亿）、巴西人（1.4 亿）、日本人（1.25 亿）。人口在 5 000 万至 1 亿的有德意志人、旁遮普人、比哈尔人、爪哇人、意大利人、墨西哥人、朝鲜人、泰卢固人、马拉蒂人。

汉族：97.3%分布于中国，其余分布在东南亚各国、美国及世界各地。

印度斯坦人：99.7%分布于印度，其余分布在尼泊尔、巴基斯坦、新加坡。

美利坚人：99.3%分布于美国，其余分布在加拿大、墨西哥、英国。

孟加拉人：58.7%分布于孟加拉国，41.2%分布于印度，其余分布在尼泊尔、英国。

俄罗斯人：主要分布于俄罗斯，其余多分布于前苏联各加盟共和国。

巴西人：99.7%分布于巴西，少数分布于巴拉圭和阿根廷。

日本人：98.7%分布于日本，其余分布在美国、秘鲁、加拿大、巴西。

德意志人：90%分布于德国，其余分布在美国、前苏联、加拿大、巴西。

（四）中国主要民族的分布

我国民族分布呈以汉族为主体的各民族大杂居、小聚居，交错分布的空间格局。汉族虽遍及全国，但大部分在东部地区。少数民族人口虽少，但生活区域占全国国土面积的 50%~60%，且主要集中在西南、西北地区和东北地区。

东北地区民族（6 个）：满、朝鲜、赫哲、达斡尔、鄂伦春、鄂温克族。

西北地区民族（15 个）：蒙古、回、维吾尔、土家、裕固、保安、俄罗斯、锡伯、柯尔克孜、哈萨克、乌孜别克、塔吉克、塔塔尔、东乡、撒拉族。

西南地区民族（23 个）：羌、彝、藏、门巴、珞巴、纳西、普米、傈僳、白、怒、独龙、景颇、德昂、拉祜、佤、布朗、傣、基诺、哈尼、阿昌、布依、仡佬、水族。

中南地区民族（3 个）：土家、苗、侗族。

东南地区民族（8 个）：畲、高山、黎、壮、瑶、京、仫佬、毛南族。

我国除了 56 个民族外，尚有未识别民族十余个，如西藏的僜人、夏尔巴人，云南的克木人等。

三、民俗的概念

1846 年英国民俗学会创始人汤姆斯（W J Thoms）以萨克逊语的"folk"（民众、民间）和"lore"（风俗、知识、学问）合成"Folklore"，既指民间风俗现象，又指研究这些现象的学问。民俗，即民间风俗，也是民族的风俗习惯，是指一个民族在物质文化、精神文化和家庭婚姻等社会生活各方面的传统，是各族人民历代相沿，积久而成的风尚、习俗。具体反映在各民族的服饰、饮食、居住、生产、婚姻、丧葬、文娱活动、节庆、礼仪、禁忌等方面。

任何一个民族的民俗，都是一定地域内社会历史发展阶段的产物，它具有深刻的社会根源、历史根源和地理根源。在人类社会发展史中，民俗作为文化的一部分，经历了一个从无到有，由简到繁的发展过程。

在人类之初，茹毛饮血、巢居穴处，是当时原始人类的共同习俗。随着生产的发展，社会的进步，各具特色的物质生活和与物质生活密切相关的人类社会生活的组织形式以及婚、丧、礼俗等也日益形成。久而久之就逐渐成为民族的风俗习惯，即民俗。民俗为整个民族成员所共有，流行于整个民族之中，渗透到民族成员的日常生活里。一个民族为了加强团结，总是要强调一些有别于其他民族的风俗习惯、生活方式、民族风格等，并赋予强烈的感情，把它升华为代表本民族的标志，所以民俗的形成意味着一个民族的共同心理感情的形成，并表现为具有广泛的群众性和深刻的社会性。

民俗是在长期社会历史中逐步形成的一种社会现象，是历史的产物，因此不同的民族由于所处的社会历史阶段不同，所形成的民俗亦保留着不同社会历史的阶段性。

民俗与自然地理环境也有密切关系。在人类生产活动的原始阶段，生产工具简单，生产力水平低下，这时民俗与自然环境条件表现为明显的、直接的依赖关系。民族之间由于地域和自然条件的不同，生产活动或经济生活方式也有明显差异。如我国由于南北方自然地理环境的不同，在饮食民俗、居住民俗等方面就存在很大的差异。但随着生产力的提高和技术的进步,人类对自然环境控制的能力提高,民族之间生产力水平和生产方式的差别减小,民族的经济社会生活方式也随着生产力的发展而变化。如我国的鄂伦春族,过去只有单一的狩猎生产,现在已开始走向以林业为主,护林、养殖、狩猎并举的多种经营发展经济的道路。但是民族的经济生活特点仍将长期存在,不易改变。如蒙古族原来是游牧民族,今天仍以牧业为主,这主要是因为蒙古族主要聚居地的自然环境条件适宜发展牧业。有些民俗则是由宗教信仰而产生的,具有非常浓厚的宗教色彩。如有些宗教对教徒的婚丧嫁娶、饮食等方面的严格规定,逐渐演变为民族的风俗习惯。

因此民俗的形成是十分复杂的,它从各个方面反映着一个民族的特点,并经过长期历史的发展,逐步形成一个民族的共同心理感情,它对民族的发展有着重要影响。当然民俗作为民族文化的一部分,它形成之后并非一成不变,而是随着一个民族的社会历史进程而变化。因为在一个民族的发展过程中,有的民俗有利于生产和民族的繁荣,有的则会阻碍经济发展和民族繁荣,所以有的民俗不断地被改革或淘汰,而新的民俗又会逐渐形成发展起来。

四、民族与民俗之间的联系与区别

民族与民俗之间有着亲密的联系,两者都以民族文化为内涵和载体,在理论研究上互相辅助、互相促进。但二者也有区别,民族多作为一个整体的概念出现,涉及某个民族的起源、发展及其迁移、混合、分化等问题。民俗一般不注重某个民族的外在变化,而更多注重某个民族内部的生活、生产、社会、精神等人文风情的具体表现。从研究上看,民俗研究的对象一般仅限于本国或某一民族,而民族研究的对象大都是多民族的、跨国界的。

第二节 民族民俗的研究对象及内容

民族民俗研究所涉及的领域非常广泛,已经扩展到全部的社会生活、文化领域。从社会基础(经济活动)和相应的社会关系,到上层建筑的各种制度和意识形态,大都有一定的风俗行为和心理活动,尽管它们之间有程度上和分量上的不同。一般来讲民族民俗的研究对象及内容可以分为以下三种。

一、物质民俗

物质民俗包括了各个民族的建筑、服饰、饮食、生产、交通、贸易等方面的习俗。

（一）建筑习俗

自从人类脱离了原始的洞穴寄居和以树木周围巢居的生活以后，就开始了建造房屋聚居生活的历史。由于地理环境、温度湿度不同，具有不同文化背景和不同历史传统的人们，往往以地穴式建筑、帐篷式建筑、崖居式建筑、干栏式建筑、屋宇式建筑等不同的方式居住，并形成不同的聚落方式共同生活在一起，从而形成了风格各异的建筑习俗。

（二）服饰习俗

服饰习俗包括纺织、刺绣、印染、挑花、地毯、背带、被褥、包袱、服装、配饰、文身、凿齿、化妆、美甲、发式等与生活、信仰、审美有直接关系的民俗文化事象。这些主要是由女性智慧所创造的民俗文化事象，不但体现了性别、年龄、身份、地位、民族等方面的特点和差异，同时还包含着相应民族社会的整体民俗文化深层的观念、意识、信仰、价值和审美等丰富的人格精神内涵。

（三）饮食习俗

"民以食为天"，无论生活在怎样的生态地理环境之中，人类必须考虑的首先就是吃饱穿暖、生存延续的问题。不同的生态地理环境为人类提供了不同的自然饮食资源，久而久之发展成为各自不同的饮食习俗。饮食习俗涉及的内容非常广泛，包括日常饮食、节庆饮食、保健饮食、祭祀饮食、酒茶礼仪、饮食器具、烹饪艺术、嗜好禁忌等众多的民俗文化事象。

（四）生产习俗

生产习俗包括捕鱼、狩猎、采集、耕种、收获、劳动、生活及其所涉及的工具、技术、信仰、禁忌、仪式、活动和生活场景等内容。狩猎采集时代的山神、树神、猎神、图腾等原始信仰和万物有灵观念，是人类多神崇拜和一神宗教的基础。木棍、投枪、弓弩、箭矢、猎网、陷阱、渔堰、网钩、刀叉、篮筐、荃篓、编帘、药物、夹套等捕猎工具，是所有现代武器和劳动工具的雏形。早期形态的围猎、烧烤、石炙、干腊、衣皮、配饰等生活习俗仍然以不同方式和不同形态保留在现代人的生活当中。

（五）交通习俗

交通运输习俗是指在现实生活中，仍然广泛存在着的具有相当历史传统的交通运输方式和出行生活习惯。在历史上所形成的车、船、店、脚、牙五大交通运输行业民俗，在各地民间都有传承，尤其在古驿道、古商道经过的地方风气最浓。其中最重要的是散落在茶马古道、丝绸之路、运河水道上遗留下来的许许多多与传统车、船、筏、桥、路、栈、马帮、驼队、船帮、车行、脚店、客栈、码头等交通工具、运输方式、交通设施、旅途服务、行业组织、出行信仰、礼仪禁忌等有关的交通运输民俗文化。

（六）贸易习俗

乡村仍然以固定的日期或节期（如庙会、端午）赶集、赶街、下坝子、赶圩，进行集市贸易交换活动。乡间由此派生出各种马帮、驼队、行商、小贩等，他们走村串户、贩运货物、吆喝吟唱，买卖针头线脑、肉食、糖果糕点，或收购山货皮毛、草药特产，形成了别具一格的行头打扮、市声言语，深受乡间村民的喜爱，常常成为怀旧诗文、小说、图画展示和渲染的对象。尤其各种店铺在开市庆祝的仪式中，挂匾额、放鞭炮、接贺联、赏乞儿等，形成特定的贸易习俗。

二、社会民俗

（一）组织制度习俗

组织制度习俗在家庭、家族、亲族、村社、团体、行业等社会人际关系之间起到调适和整合作用，并产生某种集体意识。家族制度的基础是组成家庭婚姻制度（群婚、对偶婚、一夫一妻制）、家庭结构（联合家庭、扩大家庭、核心家庭）和亲属关系（血亲、姻亲）处理方式。我国少数民族家族制度民俗呈现出鲜明的地域民族色彩，从氏族、部落、家支，到家族、宗族都有制度习俗。

（二）村落习俗

村寨是地缘和血缘关系共同作用结成的生活共同体，与家族、亲族、婚姻关系的产生和发展有着极为密切的关系。不管是哪一种村寨，其内部结构都是由各种力量错综交织而成的，各种力量的平衡、制约对村寨盛会产生着支配和影响作用。每个村寨的内部都或隐或现地存在着民族、家族、亲族、等级、性别、年龄、权力、宗教信仰或结义协同等非正式组织系统，如家族长集团、寨老村老集团、兄弟会、青年会、姊妹会等。由这些系统构成的风俗习惯，严格维护村寨惯制，协同生产生活，沿袭一些固定或不固定的组织活动，在婚丧大事、修建房屋、耕种收割、村寨公益、秩序管理、议事规约、制裁调解、村寨自保、财产分配、社交往来等重大事项上发挥作用。

（三）岁时节庆

岁时节庆民俗指一年之中随着季节时序的变化而形成的不同民俗事象和传承，包括岁时民俗和节庆民俗两个部分。岁时节庆民俗具有明显的时间节律性、地域民族性和形式内容多样性等特点。不管当地民间采用的是何种历法，岁时节庆都是按照一定的时间顺序有规律地进行生产生活等各种民俗事象活动。

1. 岁时民俗

岁时民俗的形成与古代的天文历法有关。按照中国古代历法传统，农历每年有十二个月，五天为"一候"，三候为"一气"，把一年分为"二十四节气"，二十四节气对于中国传统农业生产民俗的形成具有非常重要的影响作用，并形成了中国人特殊时间、季节、气候、降雨、物候等四位推论习惯。

2. 节庆民俗

节庆民俗是在岁时民俗的基础上经过长期的摸索、累积、固化而形成并发展起来的，是岁时民俗以年为基本周期的时间序列当中最突出、最重要的节点，各种民间制度、民间信仰、民间文艺、民间娱乐等物质、精神、行为文化遗产，绝大多数通过节庆活动得以表现和传承。在我国 56 个民族及其各个支系当中，大大小小的节庆活动大约有 3 400 多个，包括宗教性节日（如春节庙会）、生产性节日（如尝新节）、商贸性节日（如那达慕大会）、娱乐性节日（如三月三歌节）、纪念性节日（如清明节）、庆祝性节日（如春节）等。

（四）人生礼仪习俗

人生礼仪，也叫通过礼仪或过渡仪式，即每个人从诞生、周岁、成年、结婚、寿庆、去世，整个人生几个重要阶段所举行的各种转换仪式的总称。

1. 诞生礼仪

诞生礼仪是人生孕育开端的仪式，因为产育的生理特殊性和新生儿问世的诸多信仰禁忌，诞生礼往往具有某种神秘性并在极小的亲属范围内举行，具有受孕期待、产妇驱邪、婴儿祝吉三种特殊意义。部分少数民族地区的一些特殊祈子受孕仪式，可能还具有相当神秘的人口生育控制功能。在妇女孕育期间，民间广泛存在着禁食、禁视、避讳等传统惯制，如吃姜生育多指、看蛤蟆儿女丑陋、花婆神位不可让外人触摸等，带有某种迷信的色彩。

2. 成年礼仪

成年礼仪是指少年男女经过特定仪式转入成年阶段的仪式。它标志着从那以后社会开始对他（她）予以约束、管理、制裁，而他（她）本人也开始享受公共权利并承担社会义务。我国各少数民族基本上都保存着各种各样的古老传统的成年礼仪，如拔牙、染齿、文身、穿裙、穿裤、盘髻、度戒等。

3. 婚姻习俗

婚姻是一个人一生中最为重要的组成部分之一。婚礼的前奏是恋爱，续曲是生育和家庭。婚姻涉及婚姻范围、婚姻类型、婚姻程序、居住模式、家庭结构、人际关系、社会结构、离婚析产等众多与个人、家庭、亲属、社会有关的内容。我国各民族在漫长的历史中形成了各自独特的婚姻习俗。如壮族通过对歌选择恋爱对象的习俗和婚后不落夫家习俗；侗族结婚寨送亲的习俗；苗族穿戴银饰出嫁习俗等。

4. 丧葬习俗

人类丧葬方式多种多样，有腹葬、土葬、火葬、水葬、天葬、树葬、瓮葬、悬棺葬、崖洞葬、先火葬后土葬、先火葬后水葬等形式。不论何种丧葬形式，丧葬都有一套约定俗成的、或复杂或简单的基本程序，在丧葬过程中还有很多关于入殓、守灵、出殡、下葬及丧葬之后的祭祀等活动的习俗。

三、精神民俗

精神民俗包括宗教信仰、禁忌、道德礼仪、民间游艺等习俗。宗教是一种信仰，但信仰并不仅仅包括宗教。民间信仰禁忌民俗，参杂在社会、经济、文化生活中的方方面面，并通过各种行为、仪式、语言、神话、传说、故事、歌谣、祝词等手段表现出来。其中迷信是民间信仰禁忌民俗的主要内容，万物有灵等拟人化、形象化、联想性的原始思维方式是其观念的基础，它的典型特征是害怕鬼神，担心行为犯忌，笃信前世来生，惧怕异兆诅咒，行为上往往采取占卜、符咒、蛊毒、驱邪、巫术、祭祀、祈祷等方式驱除心理恐惧，表达心理愿望，求得心灵笃定。

（一）宗教习俗

宗教是相信并崇拜超自然的神灵的社会意识形态，是自然力量和社会力量在人们意识中的一种虚幻的反映。它是一种意识形态、一种上层建筑、一种社会生活、一种历史现象、一种文化模式，是与科学、文学、艺术、道德、风尚等并列的一种重要的文化现象。宗教的本质是寻求人类的终极关怀，调节人的身心平衡。信教群众在长期的生产生活中形成独特的习俗。我国各民族中以信仰佛教和伊斯兰教的人口最多。

（二）信仰习俗

民间信仰都由相关的物体、行为、仪式、活动等直观形象地表达出来，如神林、祭坛、寺庙、神像、朝觐、庙会、祭海、驱邪、扫墓、舞龙舞狮、鼓乐、花灯和乡村风水景观等。信仰中的俗信是指那些已经淡化或基本消除迷信色彩的民间祈福祝愿、趋吉纳彩、避凶祛邪等精神信仰，如清明祭祖、节庆上供、婚丧鸣炮、贴窗花、写对联、挂香包、换桃符、送红包、带吉祥物等具有纪念、祝愿、装饰和营造氛围的传统行为惯制。

（三）禁忌民俗

所谓禁忌是指那些超出人类"正常"规范之外的，让人无所适从或让人敬畏、恐惧的"非正常"行为现象。禁忌的对象往往是神圣的、危险的、期望避免的种种现象。神圣、圣洁之物不可随便亵渎，犯禁就有可能带来灾难，遵循就有可能获得幸福。鄙贱、不洁、危险之物不可随便接触，犯禁有可能带来不幸。

这些事象之所以能够成为禁忌，是由不同的信仰观念和传统习惯约定俗成的，具有鲜明的民族性、地域性、保守性、功利性和神秘性。因此我国自古就有"入国问禁"、"入乡随俗"的说法。

（四）口传语言民俗

口传语言民俗，又称民间口头艺术或民间口碑文学，主要表现为口头讲述、韵语歌唱和讲唱艺术三种形式。口传语言民俗包括神话传说、故事、歌谣、叙事诗、谚语、谜语、民间艺术等。

所有这些口传语言民俗文化，因为地方方言和民族语言的隔阂，绝大多数其他民族都无法深切地体会和理解。但是其所表达出来的场景、氛围、气韵、情调和文化深度，还是可以真切地被感受和体会的。通常可以通过翻译、影视、雕塑、绘画、音乐、展览、表演、场景、氛围等现代旅游艺术手段给予挖掘、整理、弘扬。

（五）民间游艺民俗

民间游艺民俗包括民间游戏民俗和民间竞技民俗两方面。其中民间游戏民俗是指流传于广大民众生活中的嬉戏娱乐活动。民间竞技民俗是指流传于民间生活中各种形式的体育、技巧、比赛活动。民间游戏和民间竞技往往很难明确地区分开来，凡是游戏都多少带有一定的竞技成分，而竞技活动又总是和游戏娱乐综合在一起。

民间游戏竞技民俗的功能是多种多样的，除了放松身心、调节生活、增加情趣、联谊娱乐之外，往往还与民众的生产生活、信仰祭祀、社会组织、战争防卫、强身健体、智力训练、技能培养等联结在一起。这些活动多在闲暇节庆期间进行，体现多种多样的活动目的。

第三节　民族民俗的特征与功能

民俗是人们生活形态的真实反映，但凡生活中衣、食、住、行、育、乐的内涵与形式，以及其间思想、行为、礼仪、活动的记录与形成，都是民俗的表现。这种约定俗成的习惯与风俗，不仅表现了人们生活的提升与满足，更是民族生存不可或缺的精神支柱，这些民俗现象不仅有自身的特征，而且在社会发展过程中有着重要的作用和功能。

一、民族民俗的特征

社会民俗现象虽然千差万别，种类繁多，但作为一种人类社会文化现象，大体具有以下共同特点。

（一）集体性与模式性

集体性是民俗十分广泛而深刻的属性。民俗是社会的、集体的现象，不是个人有意或无意的创作。即使有的原来是个人或少数人创立或发起的，但也必须经过集体长时间的仿效和反复履行才能成为风俗。各个民族的民俗，在形成过程中，都有许多相似相近的因素，也都是人类文化发展的结果。它们往往具有人类共同的深刻内容。这种现象的存在，是类型的或模式的，人们在这种约定俗成中形成生产生活方面的一整套程序性的处理各类事务的方式。

（二）传承性与播布性

民俗在时间上是传承的，在空间上是播布的。人们不仅将自己民族的民俗一代代的传承下去，而且会在与他人相处过程中，影响他人的生活习惯，在相互作用中不断传播自己民族的民俗影响力。即使是少数新生的民俗，也具有这种特点。这些特点与一般文化史上个人的、特定的、一时（或短时）的文化产物和现象明显不同。民俗的传承性与播布性在人类文化发展过程中，呈现出一种极大的不平衡状态。在文化发展条件充分的民族、地区，这种传承性与播布性往往处于活跃状态，也就是在继承发展中显示了这种传承性；相反，在文化发展条件不充分，甚至文化发展处于停滞、落后的民族、地区，这种传承性与播布性往往也处于休眠状态，它以固有的因袭保守形式显示了这种传承性。因此城镇习俗的继承发展较为明显，偏僻村寨习俗的因循守旧异常突出。在当代民俗调查中，传统节日在城镇习俗中远不如村寨习俗更具有古朴色彩。

（三）稳定性与变异性

民俗是世代相传的一种文化现象，在某个特定的历史时期和地域范围内，每个民族的民俗都具有相对稳定性。即好的习俗以其合理性赢得广泛的承认，代代相传，不断地继承下来。恶习陋俗也往往以其因袭保守的习惯势力传之后世，这种传袭与继承的活动特点正是民俗的传承性标志。然而民俗并非一成不变，随着时间和社会经济方式的发展与变化，旧有的一些民俗会发生变化，同时形成新的民俗，因此民俗又具有变异性。

（四）民族性与地域性

各民族都有自己独特的区别于其他民族的风俗习惯，因此民俗具有很明显的民族性。民族的区别是民俗的重要属性之一。所谓民族的区别，既是指同一类民俗现象在不同的民族中所具有的不同特点，又是指不同民族生活中有不同的民俗现象在世代传承。这个特征是在各民族物质生活与文化生活的发展中自然形成的。地域性是民俗在空间上所显示出的特征，这种特征也可以叫做地理特征或乡土特征，因为这个特征是在民俗的地域环境中形成并显示出来的。俗语说的"十里不同风，百里不同俗"，正是这种地方性特征的很好说明。民俗的地方性具有十分普遍的意义，无论哪一类民俗现象，都会受到一定地域的生产、生活条件和地缘关系所制约，都不同程度地染上了地方色彩，因此由于地理环境对民族的经济和生活影响，民族又具有明显的地域性。

（五）原始性与神秘性

民俗是在原始文化中孕育和诞生之后，经过很长的历史时期发展积淀下来的文化现象。在没有产生现代民族之前，古代民族和比他们更古老的氏族、部族就已经有了本民族和本氏族，以及部落特有的习俗，因此民俗带有很强的原始性。如某氏族的图腾崇拜古俗与其他氏族的图腾崇拜有不同的内容和形式，所崇拜的熊、虎、蜂等对象在人们的意识、心理、行为上形成的各种深刻印记都各具特点。而有的信仰和禁忌是超出人们意识形态的一种反应，即是人们对一些不可解释的事物进行神化、拟人化的联想，所以民俗又具有神秘性。

二、民族民俗的功能

民俗现象适应一定的社会生活，首先是为物质生活和相应的心理需要而产生、传播、继承的。同样它也要为产生它的母体发挥相应的作用。各种民俗现象的性质、结构不一样，其社会功能也不一样。同一个民俗现象，由于所处的社会形态及历史阶段不同，其功能也会起一定的变化。但概括说来，民俗现象的功能主要在于规范和促进人们的社会生活，使之巩固、发展或得到调整。具体地说，民族民俗具有以下功能。

（一）规范功能

民俗的规范功能指民俗对社会成员行为方式的制约作用。任何社会都必须有全体成员共同认可的行为准则，如法令、契约、文字、纪律、戒律、禁忌等。其中民俗是产生最早、约束面最广的一种行为规范。从起源上讲，民俗可以说是法律之父。在成文法律产生之前，民俗是远古社会唯一的行为规范。如今成文法律无论多么细致，都不过是社会行为中需要强制执行的一小部分。民俗却以习惯的力量，像一只看不见的手，暗中支配着人们的行为。从吃、穿、住、行到心理活动，从行为到语言，人们都不自觉地遵从着民俗，并对此毫无觉察，因此当今社会许多民族自治地区的民族习惯对人们的日常行为依然起着很重要的规范作用。

（二）教化功能

民俗的教化功能指民俗在人类的个体社会化过程中所起的教育和塑造作用。美国学者本尼迪克特认为风俗在个体社会化过程中的重要作用为：个人生活历史首先是适应由他所生活的地区代代相传下来的生活模式和标准。一个人从出生之时起，当地的风俗就在塑造着他的经验与行为。到他能说话时，这个人就成了自己文化的创造物，而当他长大成人并能参加这种文化的活动时，其文化的习惯就是他的习惯，其文化的信仰就是他的信仰，其文化的不可能性也是他的不可能性。因此人是文化的产物，民俗作为一种文化现象，在个人社会化的过程中占有决定性的地位。每个人在出生、成长、成人、结婚、去世的每个阶段都不断地受到自己生活地区的民俗影响。

（三）维系功能

民俗的维系功能指民俗统一群体的行为与思想，使社会生活保持稳定，使群体内所有成员保持向心力与凝聚力。民俗能维系社会稳定，任何社会都在不断变化，每一种文化都必须根据外部环境与内部情况的变化而不断地加以调整。在社会生活的世代交替中，民俗作为一种传承文化不断被后代复制，由此保持着社会的连续性。即使是在大规模的、急剧的社会变革中，与整个民俗体系相比，发生的变化总是局部的、渐变的，这有效地防止了文化的断裂，维系社会生活的相对稳定，所以民俗是人们认同自己所属集团的标识。

（四）娱乐功能

民间传承下来的许多民俗活动，都带有浓厚的娱乐性质。越是到近代，民俗的娱乐功能越是突出。例如各个民族的年节民俗活动几乎都以娱乐为主。人不可能日复一日，永无休止的劳作，必须在适当的时间举行适当的活动，休息体力、调适精神，享受自己的创造成果。年节期间的娱乐活动正是为了满足这种需要。各种民族歌曲、舞蹈、游戏、民族性的体育项目、技艺、比赛等活动，都能起到娱乐、放松、调节身心的作用。

（五）审美功能

在人们的日常生活中，民俗发挥着审美功能。这可以从两个方面去看：一是民俗事象的感性形式；二是它的内在意蕴。如服饰习俗，服饰是人类智慧的创造，也是人类独有的特殊习俗。服饰具有两重民俗性格：一是保护身体；二是装饰。其在自身古老传承的同时，既具有历史的继承性，又有不同时代的革新与创造。如果单从服饰习俗的产生、发展看，从早期原始氏族部落用树叶、草，或条带物来遮蔽和保护自身性器官，到有羞耻感而穿衣物，再到区分人的不同地位，以及美化自身的内在要求。这些都表明服饰习俗的变化，人们在保护身体的同时，越来越重视其美化和装饰作用，因此服饰习俗可以满足人们的感性层面的审美需要，具有审美价值。

第四节　研究民族民俗的目的和意义

目前世界各国经济发展迅速，国际交往越来越深入，由此带来各国文化的相互碰撞和冲突也就增多，跨文化交流已经成为一种必然趋势。然而民俗作为民族文化的重要组成部分，是一种历史的积淀，并且前所未有的受到国际化趋势的挑战和冲击，民俗文化遗产的开发与保护已成为非常重要的课题。

一、研究民族民俗的目的

在世界各国文化不断深入交流的情况下，把民俗作为一门文化学科来研究是一种必然。

（一）丰富民俗相关学科的理论知识

我国民俗学泰斗钟敬文先生在 1998 年指出，民俗学是研究民间民俗文化的一门科学。它的主要任务是以科学的态度，对历史与当代的民俗事象进行调查、收集、整理、描述、分析和论证，探求它的本质结构、基本特点与社会功能，揭示其发生、发展、传承、演变、消亡的一般规律，为人类社会的健康发展服务。通过对民族民俗的研究，能够完善和丰富民俗学研究所涉及的理论类型、技术方法以及民族学、文化人类学、社会学、语言学、文艺学和历史学等多学科理论知识。

（二）使人们正确认识民俗的价值

只有对民俗进行研究，通过调查、收集、整理、描述、分析和论证，人们才能正确地认识到民俗的价值，因为世界上，尤其是我国拥有丰富的民俗资源，这些资源是散落在民间的，并且多数是口传的，因此很容易流失。只有通过对这些资源的研究，人们才能正确认识到它的价值，并根据科学依据对这些资源中有用的部分加以开发和保护，并对其中的陈规陋习进行摒弃和改进。

二、研究民族民俗的意义

在现代生活中，人们越来越快的生活节奏使得许多民俗文化濒临消亡，这是不可避免的事实。对民族民俗的研究能使我们找到民族自身生存与发展的根基、智慧、灵感和各种具体的表现形式，因此研究民族民俗有着深远的意义。

（一）有利于维护民族团结

各民族的互相信任、互相尊重是民族团结的前提。每个民族对自己的风俗习惯都有着特殊的感情，有的引以为豪，有的奉为神圣，有的不仅自己恪守不移，而且丝毫不容他人亵渎。一个民族往往把他人对自己民族风俗习惯的尊重、理解，看成是对自己整个民族的尊重和理解，从而表现出愉快、友好。反之，如果本民族的风俗习惯受到嘲弄、侵犯或轻视，就会被认为是对本民族的歧视和侮辱，从而表现出不快、愤怒，甚至仇恨，由此可能造成民族间的隔阂、不和，有时甚至造成冲突。因此研究民族民俗能够使各个民族之间增进了解，从而增进相互间的理解和尊重，更有利于维护民族团结和国家稳定。

（二）有利于弘扬民族文化

民俗是民族文化的重要组成部分，各民族一些风俗习惯本身就是以歌曲、舞蹈、体育的形式表现的。许多民族往往通过自己的风俗习惯来保存和发展本民族的文化艺术。民俗作为先民感性活动之一，承载着先民的心理期盼和生活方式，物化为民众的礼仪程式和行为惯制。民俗活动作为一种民众自由创造并参与的活动，对于民众的心性养成具有重要作用。优秀的民俗文化融合社会理性价值观和个体感性生命形式，成为民众喜闻乐见的休闲和娱乐艺术形式。因此民俗作为一种鲜活的文化样式，其现代价值与意义在于弘扬优秀的民俗文化，使其走出国门，走向世界。

（三）有利于开发民族民俗资源

通过对特定民族的民俗环境、民俗载体、民俗情境和民俗活动的研究，针对已经发现的有经济价值和文化价值的民俗文化，通过一定的现代技术方法进行发掘、整理、设计、创造和建设，使民族民俗资源能够以恰当的方式走进现代社会生活之中，从而能够更好地发挥它的经济价值和文化价值。

（四）有利于民族文化的保护

在当今全球经济一体化、文化单一化的严峻形势下，传统民俗文化正面临着同化、衰弱，甚至消亡的危险。促进人类文化生态多元化的理念，如今已经成为全世界人民的共识，人们积极主动地采取切实可行的抢救措施保护民间物质和非物质文化遗产。通过对民族民俗的研究，能够更好地保护民俗文化，从而有利于保持全人类的民俗文化多样性，因为民俗文化多样性是人类文化多样性的基础，对解决现代人类社会某些危机和繁荣现代文化有潜在的作用。

（五）有利于民族地区各项事业的发展

每个民族的民风、民俗各具特色，多姿多彩，民俗主要表现在衣、食、住、行、生产、生活等方面的实物和反映人们生活情趣的民间手工艺术品以及反映历史生活面貌的抄本、图画、文字等文物文献，包括民族服饰、餐饮器具、民居建筑、村落老街、交通设施、民间工艺品多种类型。通过对这些民族民俗的研究，能够使人们更好的了解民族地区经济发展的优势和特色，从而有利于推动精神文明建设和民族地区各项事业的发展。

总之，民族民俗是一个民族在长期历史过程中约定俗成的一种民间文化，通过民众口头、行为和心理表现出来的事象。民族民俗由于地区、政治、历史、经济基础、宗教等方面的不同，表现出丰富性、多样性和神秘性，它可以与文学、艺术、媒体等实现文化互补。通过对民族民俗的研究，能够使我们在发扬其优良传统的同时弃其糟粕。民族民俗是现代社会中十分重要的旅游资源。

【思考题】

1. 什么是种族，世界种族如何划分？
2. 什么是民族，世界民族如何分布，我国民族如何分布？
3. 什么是民俗，民俗如何形成？
4. 简述民俗的研究对象和内容。
5. 简述民俗的特征和功能。
6. 简述研究民族民俗的目的和意义。

第二章　中外民族民俗的形成与发展

【学习目标】
- 了解我国民族的形成与发展
- 掌握我国当代民族人口的分布及民俗特点
- 掌握我国民族民俗的分类方法
- 了解国外民族民俗的形成与发展

【知识要点】
- 斯大林、毛泽东、费孝通等关于民族的理论思想
- 我国当代民族人口分布与民俗特点
- 我国民族民俗的分类方法

中华民族是我国 56 个民族儿女共同拥有的一个神圣的名字。在漫长的历史进程中，各族人民密切交往、相互依存、交流融合，形成了中华民族多元一体的格局，结成了牢不可破的血肉纽带和兄弟情谊，共同捍卫国家统一和民族团结，共同推动国家发展和社会进步。

第一节　中国民族的形成与发展

我国是各族人民共同缔造的统一的多民族国家。我国各民族大杂居、小聚居的交错分布，促进了各个民族之间经济文化的交流与发展，共同创造了辉煌灿烂的中华文明。

一、旧石器时代

中国众多的民族源出何处？许多考古发现和史学典籍证明，中国众多的民族既不是由一个民族集团衍生而来，也不是只发源于某一个地区，在起源上有

着多元的特点。中华民族在历史上经历了数十万年以上的原始社会时期。迄今为止在中国境内发现的古人类化石遗址和考古学文化，有以下几种代表。

元谋人　早期类型直立人的代表。1965 年 5 月在云南省元谋县上那蚌村附近元谋盆地东侧山麓的小丘上，发现同属一个年龄不大的人体的左上内侧、右上内侧两颗门齿化石。后来又在在元谋人化石所在的褐色黏土层里发现了石器、炭屑和哺乳动物化石。这表明 170 万年前中华民族的祖先已在这里繁衍生息。

蓝田人　1963 年在陕西省蓝田县发现蓝田人头骨、颌骨化石及其文化遗物。蓝田人属中更新世时代，包括蓝田县城东的九间房公王岭和城西北的泄湖陈家窝两个点，前者距今 78～80 万年，后者距今 50～60 万年，两地相距 29 千米，除发现人类化石外，还出土有石器、动物化石、炭屑等。

北京人　距今约 40～50 万年，北京人化石自 1921～1966 年经过历次发掘，共有头盖骨 6 个、头骨碎片（包括单独的面骨）14 块、下颌骨 15 块、股骨 7 段、胫骨 1 段、肱骨 3 段、锁骨 1 根、月骨 1 块、零散和附连在颌骨上的牙齿 153 颗，代表 43 个个体。还有大量的石器、骨器和角器，以及丰富的用火遗迹。

丁村人　1953 年在山西襄汾丁村一带，发现旧石器和动物化石，1954 年和 1976 年两次发现人类化石。丁村遗址是中国旧石器时代中期典型遗存之一。在石器中，三棱大尖状石器最具特色。丁村文化距今 10～15 万年。

山顶洞人　1930 年在北京市周口店龙骨山北京人遗址洞穴顶部发现，故名。属华北地区旧石器时代晚期的人类化石，距今约 18 000 年。除人类化石外，还出土有穿孔饰物及大量哺乳动物化石，并发现中国迄今所知最早的埋葬方式。

我国发现的旧石器时代的人类遗址还有马坝人、长阳人、资阳人、柳江人、河套人等，古人类化石遗存十分丰富。我国属于考古学上称为旧石器时代的人类文化遗存共有 200 多处。这表明人类在中国的不同地区曾经产生、繁衍不同的文明，形成了不同的民族。

二、新石器时代

新石器时代文化遗址遍布中国大地，从内蒙古到海南岛，从东海之滨到西藏高原到处都有发现，迄今总计在 6 000 处以上，典型的有以下几种。

仰韶文化　1921 年首先在河南省渑池县仰韶村发现，故名。时代为前5000～前 3000 年。其分布以渭、汾、洛等黄河支流汇集的中原地区为中心，共发现遗址 1 000 余处。重点发掘的有陕西的西安半坡、郑州大河村等十余处。仰韶文化的陶器以手制红陶为主，房屋遗址发现 400 多处，建筑形式有半地穴及地面营造等。仰韶居民主要从事农业，兼做采集和渔猎，一般认为早、中期为母系氏族社会的繁荣时期，晚期开始向父系氏族公社过渡。

龙山文化　泛指黄河流域中下游地区，相当于新石器时代晚期的文化遗存，也有人称为金石并用时代。1928 年在山东章丘县龙山镇城子崖首次发现而命名。龙山文化内涵丰富，主要分布在山东境内，时间为前 2500～前 2000 年。河南龙山文化分布在豫西、豫北、豫东等地区，发展为中国文明初期的青铜文化，年代为前 2600～前 2000 年。陕西龙山文化主要分布在泾河、渭河流域，年代为前 2300～前 2000 年。其共性是以农业经济为主，石器、骨器、陶器等手工业也有一定的发展，在某些遗址发现了铜器，揭开了青铜文化的序幕。

此外，甘肃、青海地区的大地湾文化、马家窑文化，山东的大汶口文化，湖北的大溪文化，长江中下游地区的崧泽文化、良渚文化，浙江宁绍平原的河姆渡文化，内蒙古东部和辽西的红山文化，云南、西藏的新石器文化等，反映我国新石器时代文化遗存的普遍和丰富多彩，形成我国各民族历史发展的源头。

距今四五千年以前至夏商周时期是中国民族形成的一个重要历史时期，当时中国就已形成了五大民族集团。

华夏　夏、商、周吸纳周边羌、戎、狄、苗、蛮等民族群落，逐渐演变为"华夏"，这是汉族的前身。以中原华夏族为中心，周围按东、西、南、北四个方向分布着大大小小的民族和部落。

北狄　在中原的北方、东北和西北方，主要是被称为"北狄"的民族和部落。北狄又可分为"狄"与"东胡"两部分。狄就是后来被称为丁零和突厥的一些部落和民族，是今天的维吾尔、哈萨克、柯尔克孜、乌孜别克等民族的祖先。东胡是主要居住在今华北北部和东北地区的各民族。他们的后人是今天的蒙古、满、鄂伦春、鄂温克等民族。

东夷　先秦时期，今淮河流域和山东半岛等地的民族被称为东夷，在商代以后逐渐融入华夏族。

西戎　居于今甘、宁、青地区，包括氐、羌系民族。氐人曾于南北朝时在中原北部建立前秦政权。前秦灭亡后，氐人就逐渐融入了汉族之中。羌人中的一支"发羌"就是后来的吐蕃，即今天藏族的先民。

南蛮　商周时期，在长江以南及巴蜀等地的民族被统称为南蛮。是今天许多南方民族的祖先。

在这个时期，华夏兴起于中原并向四周开拓发展，被称为东夷、南蛮、西戎、北狄的各族则不断进入中原地区，彼此以各种形式交往融合。春秋战国时期，随着各诸侯国之间激烈的相互兼并，华夏族和四周民族接触广泛而频繁，例如赵武灵王胡服骑射等民族融合的历史故事，各民族联系日益紧密。

三、我国各个历史时期的民族发展情况

前 221 年，秦统一中国，结束了战国时期群雄的割据与纷争，中国众多民族都在秦的统辖之下。统一也打破了不同民族交往的政治藩篱，各民族之间交往的内容、空间空前扩大。形成了中央集权的统一多民族国家，这为中华民族的进一步发展奠定了坚实的基础。

汉朝（前 206—公元 220）时期，随着疆域的扩大，华夏族吸收了更多周边民族，形成了汉族。汉族的形成不仅为其自身政治、经济、文化的发展开创了新路，也使汉族与其他民族的关系翻开新的一页，还为整个中华民族的形成与发展提供了条件。汉朝国力空前强大，于公元前 60 年在西部控制了今新疆；在北方越过长城，统一了南匈奴，控制了今内蒙古地区；在南方，它的行政机构一直设立到海南岛。中国多民族国家得到进一步发展。

魏晋南北朝（220—589）时期，政权更迭，天下动荡，除两晋有短暂统一外，中国的许多民族经历了 200 多年的分离割据状态。不同民族即使在动荡中也未停止交往融合。此时大量的汉民为避战乱，南迁到长江流域和珠江流域，北迁到甘肃、四川、辽宁、内蒙古等关外边地。这是中国历史上最大的一次民族迁徙，也是最大的一次民族分布格局的变动，由此导致了各民族大杂居局面的初步形成。

隋、唐（581—907）时期，国家复归统一。各民族的政治、经济、文化联系空前发展，原杂居共处的各民族不断融合，两个王朝都与少数民族关系密切。依靠强大的经济和军事实力，唐朝政权控制了北到黑龙江和贝加尔湖、西到巴尔喀什湖和中亚两河流域的广袤地区。在今日中国的版图中，除西藏以外其他地区都是唐朝的领土。唐朝在少数民族地区设立了大量的羁縻府、州、县，经中央册封的这些地区的少数民族出身的都督、刺史等官职，成为地方政权的统治者，这很好地处理了中央与地方政府的关系，也较好地处理了民族之间的关系。

宋、辽、金（960—1234）时期，结束了五代十国 50 多年的分割状态，宋先后同契丹的辽朝、女真族的金朝形成了长期南北对峙的局面。这种格局也对民族的自身发展、彼此交往、相互融合产生了多方面的影响。

元朝（1271—1368）时期，蒙古帝国先后统一了高昌回鹘、西辽、西夏、金朝、大理，西藏也归入中央王朝的版图，疆域进一步扩大。元朝创设行省制度，民族地区也都在行省的管理之下。同时设立宣政院直接管理西藏，设澎湖巡检司管理澎湖、台湾，在云、贵、川等民族地区设立土司制度，中央王朝和少数民族地区的关系更为密切，国家形成大一统的局面，为中华民族的发展提

供了有利的条件。

明、清（1368—1911）时期，统一的多民族国家在发展中巩固。明王朝维持着国家统一的局面，对民族地区逐步采取委派官吏和土官共同治理的制度，史称"改土归流"，是强化中央统治的一项重大措施。清统一了长期和明朝冲突的蒙古地区，在新疆平定准噶尔叛乱、驱逐了外来势力，在西藏加强治理，在东南收复台湾。维护和巩固了对边疆地区的治理，现代中国的版图基本形成。

四、斯大林、毛泽东的民族理论思想

马克思主义民族理论是由马克思和恩格斯在 19 世纪创立的关于民族和民族问题的科学理论，是马克思主义科学体系的重要组成部分。20 世纪列宁和斯大林根据帝国主义和无产阶级革命时代的新情况、新问题，继承和发展了马克思主义民族理论，提出了关于民族和殖民地问题的学说，形成了列宁主义民族理论。马克思主义民族理论在前苏联有了很大的发展。

（一）斯大林的民族理论思想

斯大林一生撰写了大量有关民族问题的论著，为马克思主义理论宝库增添了新的内容。他在领导前苏联的几十年中，民族地区的各方面都有了长足发展。

1. 民族平等思想

民族平等思想是马克思主义民族理论的基本原则。1901 年，在斯大林的第一篇理论著作《俄国社会民主党及其当前任务》中指出"每一个民族，不论其大小，都有它自己本质上的特点，都有只属于该民族而其他民族所没有的特殊性。""一切民族，不论大小，都处于同等的地位，每个民族都是和其他任何民族同样重要的。"为了消灭民族间事实上的不平等，斯大林还提出"为了使各民族在事实上平等，而不只是在法律上平等，就必须帮助落后民族提高他们的文化水平和经济水平，这是建设各民族劳动群众之间兄弟合作的条件之一。""没有这种帮助，就不可能建立为社会主义最终胜利所必须的不同民族和部族的劳动者在统一的世界经济范围内的和睦共处和兄弟合作。"

2. 民族自决权问题

被压迫民族有民族自决权是马克思列宁主义的又一基本原则，列宁将民族自决权写进了党纲。斯大林继承了列宁的这一思想，他在《马克思主义和民族问题》一书中，阐述了民族自决权的涵义，即"民族有权按自治原则处理自己的事情，它甚至有权分离"。他在第三次全俄苏维埃代表大会上进一步指出，民族自决权是"该民族的劳动群众的自决权，而不是资产阶级的自决权。自决原则应当是争取社会主义的手段，应当服从社会主义的原则"。

3. 反对大俄罗斯主义

斯大林对大俄罗斯主义是深恶痛绝的。在俄共（布）十二大报告中，斯大林把同大俄罗斯沙文主义做斗争作为党的"当前第一项任务"，提出："大国沙文主义是大俄罗斯人过去的特权地位的反映"。

4. 民族融合、民族消亡的条件

民族的产生、发展、消亡是个自然历史过程，斯大林在经典作家有关论述的基础上，勾勒了"各民族在将来融合道路上发展的图画"。他在《民族问题和列宁主义》一文中，批评了一种错误观点，即"认为全世界无产阶级专政时期的第一个阶段将是民族和民族语言消亡的开始，将是统一的共同语言形成的开始，那是错误的。""当世界社会主义经济体系已经充分巩固，社会主义已经深入到各民族人民的日常生活中，各民族已经在实践中深信共同语言优越于民族语言的时候，民族差别和民族语言才开始消亡，且让位于一切人们共同的世界语言。"能否用"从上面下命令的方式一下子实现民族差别的消灭和民族语言的消亡"，斯大林认为"这种看法是最错误不过的了。"

斯大林不仅在民族理论方面颇有建树，还将理论付诸民族工作实践。他领导下的前苏联民族工作取得了很大成就，广大少数民族摆脱了长期的落后状态，进入了社会主义社会。

（二）毛泽东的民族理论思想

马克思列宁主义民族理论从 20 世纪初开始传入中国，经中国共产党的传播和实践，在中国有了很大的发展。以毛泽东为首的中国共产党第一代领导集体，把马克思列宁主义民族理论与中国的国情、民族实际相结合，创造性地发展了马克思列宁主义民族理论，成功地解决了当时中国的民族问题，逐步形成了毛泽东民族理论，成为毛泽东思想的重要组成部分。

1. 关于民族识别与民族平等

新中国一成立，我国公开宣布废除民族压迫制度，民族不分大小一律平等。长期受到歧视与压制的各民族，纷纷要求恢复自己的民族成分。毛泽东指出："政治上不要区分哪个是民族，哪个是部族和部落。"如果生搬硬套斯大林民族主义中四个要素，中国许多少数民族就不能构成民族，而只能是"部族"和"部落"，党的民族平等和民族区域自治一系列民族政策，就不能在"部族"和"部落"中执行。正因为毛泽东揭示了中国民族形成的特殊规律，所以 1956 年前后的民族识别工作中，一大批本来还处于奴隶社会制度、封建领主制度、封建地主制度，甚至是原始社会各个不同发展阶段的族群被确认为民族，成为社会主义民族大家庭的一员。

经过科学识别，国务院正式确认了 55 个少数民族，加上汉族，全国共有 56 个民族。民族识别工作的成功，使我国历史上长期深受民族歧视、压迫，甚至不被承认或被迫隐瞒民族成分的各少数民族，从此有了自己受国家宪法和法律保护的统一族称。

2. 关于民族团结

实现各民族的团结，是马克思主义处理民族关系的根本原则之一。毛泽东认为只有消除大汉族主义思想，才能消除民族隔阂，实现相互信赖、平等团结。所以他提出"在一切工作中坚持民族平等和民族团结政策"，并且肯定了新中国团结友爱的民族关系。在解决民族隔阂，实现民族团结方面，他认为首先应该反对民族主义，其重点是大汉族主义。其次是对各民族干部群众加强民族政策教育，注意检查民族关系，及时发现问题并解决问题。再次要加强民族交流，增进友谊。适当的时候派出懂民族政策、对少数民族怀有深厚感情的工作人员前往民族地区，在认真调查研究的基础上发现并解决问题，这样不但可以消除民族隔阂，还可以加强民族之间的相互理解和团结。毛泽东关于民族团结的思想，对建立平等团结、友爱互助的新型社会主义民族关系起到了巨大作用。

3. 关于民族区域自治

毛泽东民族理论中的区域自治是在国家统一领导下的自治。它以各少数民族聚居区的地方为基础，实行区域自治，设立自治机关，行使自治权利。前提是各民族自治地方都是中国不可分离的部分。中国的民族区域自治是少数民族当家作主，自己管理自己的内部事务，这是有中国特色的社会主义民主制度之一。它不单纯指民族自治或地方自治，而是民族因素与区域因素的结合，是政治因素和经济因素的结合。因而既有利于自治民族的发展，又有利于其他民族和整个自治地方的发展。为此必须大力培养少数民族干部。正如毛泽东指出的，要认真在各少数民族中进行工作，推行区域自治和训练少数民族自己的干部是两项中心工作。我国通过民族区域自治实现少数民族当家作主的权利，是多民族国家解决国内民族问题的一个成功范例。

4. 关于发展民族经济

建国初期，为了改变当时我国经济十分落后的状况，以毛泽东为代表的中国共产党人提出"各民族共同发展繁荣"，这是对马列主义民族理论的一个创造。各民族间消灭事实上的不平等，只能从各民族的共同发展繁荣着手。毛泽东认为"少数民族在政治上、经济上、国防上都对整个国家、整个中华民族有很大的帮助。"在发展少数民族经济的过程中，毛泽东非常重视社会改革，认为是促进了社会的进步，只有少数民族自己觉悟起来，才能更加有效地发展经济。毛泽东指出："帮助各少数民族,让各少数民族得到发展和进步,是整个国家的利益。"因此我们要积极帮助少数民族发展经济建设,不断促进各民族共同繁荣。

新中国成立 60 多年以来,在以毛泽东为代表的第一代领导集体正确的民族理论与民族政策推动下,我国取得了各民族经济的共同繁荣和国家政治的稳定,我国的综合国力不断提高。

五、费孝通先生关于民族理论的观点

费孝通是中国民族学和社会学的奠基人之一,他为学术发展做出了卓越贡献。其最著名的理论是"差序格局"理论、"多元一体"理论、"长老统治"理论等,其中关于民族理论方面最重要的是"中华民族多元一体格局"理论。

1988 年 11 月,费孝通教授在香港中文大学主办的"泰纳演讲"上作了"中华民族的多元一体格局"的重要演说。他认为中华民族作为一个自觉的民族实体,是在近百年来中国和西方列强对抗中出现的,但作为一个自在的民族实体则是几千年的历史过程所形成的。中华民族的主流是由许多分散孤立存在的民族单位组成,经过接触、混杂、联结和融合,同时也有分裂和消亡,形成一个我中有你、你中有我,而又各具个性的多元统一体。

他认为中华民族多元一体格局有六大特点。第一是中华民族多元一体格局存在着一个凝聚的核心,这个核心先是华夏族团,后是汉族。汉族人主要聚居在农业地区,但也大量深入到少数民族聚居地区,形成一个点线结合,东密西疏的网络,这个网络正是多元一体格局的骨架。第二是汉族主要从事农业,少数民族中有很大一部分从事牧业,在统一体内形成内容不同但相互补充的经济类型。第三是除回族、畲族外,少数民族一般都有自己的语言,但汉语已成为共同的通用语言。第四是导致民族融合的具体条件是复杂的,但主要是出于社会和经济的需要。汉族的农业经济是汉族凝聚力的来源。第五是中华民族成员众多,人口规模大小悬殊,是个多元的结构。第六是中华民族成为一体的过程是逐步完成的。先有各地区的初级统一体,继而形成长城内外北牧南耕(农)的两大统一体,后又以汉族为特大核心,通过各民族流动、混杂、分合、通商等,将各民族串联在一起,形成了中华民族自在的民族实体,并取得大一统的格局,近代则在共同抵抗西方列强的压力下形成一个休戚与共的自觉的民族实体。在中华民族统一体中存在着多层次的多元结构,各层次的多元关系又存在着分分合合的动态,和分而未裂、融而未合的多种情况。

形成多元一体格局有从分散的多元结合成一体的过程,在这过程中必须有一个起凝聚作用的核心。汉族就是多元基层中的一元,由于他发挥凝聚作用把多元结合成一体，这一体不再是汉族而成了中华民族，一个高层次认同的民族。

费孝通教授的"中华民族多元一体格局"理论，从当代中国各民族关系现状和大局来探讨或建构中国各民族相处和联系的历史过程，为如何理解现实中国国内各民族的关系和互动提供了一个极富创见的结构图，这一理论为从宏观角度研究我国的民族关系作出了很大贡献。

第二节　中国当代民族人口的分布及民俗特点

中华民族是一个有五千年文明历史、对东方文化和全人类的文明有过巨大贡献的民族。我国少数民族虽然人口少，约 1.1 亿，但分布地区很广，居住的面积约占全国总面积的 60%。主要分布在东北、内蒙古自治区、西北地区、西南地区、中南和东南地区。

一、我国当代民族人口的分布

据 2000 年全国人口普查公报的统计，祖国大陆 31 个省、自治区、直辖市的人口总数为 126 583 万人，其中汉族 115 940 万人，占全国人口的 91.59%，少数民族 10 643 万人，占全国人口的 8.41%。与 1990 年第四次人口普查相比，汉族人口增加了 11 692 万人，增长了 11.22%，少数民族人口增加了 1 523 万人，增长了 16.70%。汉族人口占总人口的比重由 91.99% 下降到 91.59%，各少数民族人口的比重由 8.01% 上升到 8.41%。

尽管少数民族人口在全国总人口中的比重不到 10%，但分布十分广泛，少数民族自治地方面积占全国的 60% 以上。由于历史和地理等方面的原因，少数民族地区的人口密度与内地沿海汉族地区比较，差距悬殊。例如少数民族聚居的西藏自治区人口密度仅为 1.8 人/平方千米。总的来说，我国少数民族人口的分布有以下两个特点。

第一，小聚居和大杂居。少数民族人口主要集中在西南、西北和东北各省、自治区。内蒙古、新疆、西藏、广西、宁夏 5 个自治区和 30 个自治州、120 个自治县（旗）、1 200 多个民族乡是少数民族聚居的地方。但在这些地区又都杂居着不少汉族，其比例也相当高。如在内蒙古、广西、宁夏三个自治区中，汉族人口都超过了少数民族人口，在新疆，汉族人口占 40% 以上。同样在各汉族地区也杂居着许多少数民族。近 20 年来，少数民族杂、散居人口增长快，民族杂居、散居的县市越来越多。

第二，分布范围广，但主要集中于西部及边疆地区。2000 年人口普查数据表明，各民族平均分布在 30 个省区，有 29 个民族分布在全国所有的省区中。全国拥有 56 个民族的省区有 11 个，占 31 个省区的 35.5%。尽管少数民族分布范围很广，但其人口仍主要集中在西部及边疆地区。2000 年人口普查显示，广西、云南、贵州、新疆的少数民族人口之和占全国少数民族人口的一半以上，再加上辽宁、湖南、内蒙古、四川、河北、湖北、西藏、吉林、青海、甘肃、重庆和宁夏，以上 16 个省区的少数民族人口占全国少数民族人口的 91.32%。我国陆地边境线全长 2 万多千米，绝大部分是少数民族地区，具体分布如下。

我国东北三省、内蒙古自治区主要分布着蒙古、满、朝鲜、达斡尔、锡伯、赫哲、鄂温克、鄂伦春等民族。

我国西北地区主要分布着维吾尔、回、哈萨克、柯尔克孜、裕固、撒拉、塔吉克、乌孜别克、东乡、保安、土、塔塔尔、俄罗斯等民族。

我国西南地区主要分布着白、哈尼、彝、傣、苗、藏、傈僳、佤、拉祜、纳西、景颇、布朗、阿昌、普米、怒、德昂、独龙、基诺、布依、侗、水、仡佬、羌、门巴、珞巴等民族。

我国中南、东南地区主要分布着壮、瑶、土家、畲、黎、仫佬、京、毛南、高山等民族。

二、我国当代民族民俗及特点

中华民族在长期的历史发展过程中，形成了各具特色的风俗习惯，包括衣食住行、婚姻、丧葬、禁忌、节庆、宗教等很多内容。这些民俗内容主要反映在以下几个方面。

（一）语言

首先，我国有 55 个少数民族，每个民族的人口总数各不相同，因此少数民族语言文字使用人口数量不等，相差悬殊。

其次，我国少数民族语言文字的语系庞杂。我国境内的语言非常丰富，这在世界上是罕见的。55 个少数民族中，除回族、满族已全部用汉语外，其他 53 个民族都有自己的语言。

全国 55 个少数民族，共使用 72 种语言。这些语言分别属于五个语系：汉藏语系、阿尔泰语系、南岛语系、南亚语系和印欧语系。具体参见本章第三节。

（二）衣食住行

人类在交往过程中，衣食住行是人们生存的最基本要素，各个民族的民俗在这四个方面的积淀也是非常深厚的。

1. 服饰

服饰是人类特有的劳动成果，生活习俗、审美情趣、色彩爱好，以及种种文化心态、宗教观念，都积淀于服饰之中。服饰是民族的外部"微志"，绚丽多姿的少数民族服饰有着悠久的发展历史，是中华服饰的重要组成部分。

中国少数民族服饰绚丽多彩，精美绝伦，各具特色。它是各民族优秀历史文化的重要组成部分。服饰制作从原料、纺织工艺，以至样式、装饰都保持着鲜明的民族和地区特色。以捕鱼为主要经济生活的赫哲族早年曾以鱼皮为衣。曾长期从事狩猎的鄂伦春、鄂温克等族用狍皮兽筋缝制衣服。经营畜牧业的蒙古、藏、哈萨克、柯尔克孜、裕固等民族，穿戴多为牲畜皮毛。从事农业的少数民族则以当地出产的棉麻丝为原料，纺织布帛丝绸，缝制衣服。

少数民族的纺织、鞣皮、擀毡等工艺，有着悠久的历史。如黎族的木棉布、藏族的氆氇、维吾尔族的爱得丽丝绸、鄂伦春的皮毛制品等久负盛名。

中国少数民族服饰款式纷繁，大体上有长袍和短衣两类。穿袍子的民族一般戴帽蹬靴，穿短衣的民族多缠帕着履。袍子形式也多种多样，有蒙古、满、土等民族的高领大襟式，有藏、门巴等族的无领斜襟式，有维吾尔等族的右斜襟式，还有坎肩式长袍；短衣有裤和裙之别。

裙子款式有百褶裙、筒裙、短裙、连衣裙等。无论是袍、衣、裙、裤，不同的民族在结构、工艺、风格等方面都有差别，同是高领大襟袍，有开叉和不开叉的，有前后开叉的，有前后开叉和周围镶边的。黎、傣、景颇、德昂等民族妇女都穿筒裙，但黎族为棉制锦裙、景颇族为毛织花裙、德昂族为横条纹裙、傣族多为布料裙。

中国少数民族的刺绣、蜡染等工艺相当发达，并广泛用于服饰装饰上，是民族服饰的一个特点。刺绣是各民族普遍喜爱的工艺，一般运用在头巾、腰带、围裙以及衣襟、环肩、下摆、袖口、裤脚、裙边等易损部位，既起装饰作用，又有实用价值。刺绣包括桃花、补花、绣花等多种工艺，绣花的手法有平绣、编绣、结绣、盘绣等，花纹图案有自然景物，吉祥图案和几何纹样等。

我国少数民族服饰特点如下。

第一，我国少数民族众多，分布广阔，民族服饰多姿多彩，服饰文化内容丰富。我国55个少数民族中，有些民族又具有众多的支系。如苗族分为红苗、黑苗、白苗、青苗、花苗五大类，其中花苗包括大头苗、独角苗、蒙纱苗、花脚苗等，皆以不同的服饰划分。不但不同的民族有不同的服饰，就是同一民族内也因支系不同而有不同的服饰，这使得我国少数民族的服饰格外丰富。

第二，由于自然环境的差异和民族风俗习惯、审美情趣不同，中国少数民族服饰显示出北方和南方、山区和草原的巨大差别，表现出不同的风格特点。

中国的自然条件南北迥异，北方严寒多风雪，森林草原宽阔，生活在那里的北方少数民族多靠狩猎畜牧为生；南方湿热多雨，山地盆岭相间，那里的少数民族多从事农耕。不同的自然环境、生产方式和生活方式，造成了不同的民族性格和民族心理，也造成了不同的服饰风格和服饰特点。生活在高原草场并从事畜牧业的蒙古、藏、哈萨克、柯尔克孜、塔吉克、裕固、土等少数民族，穿着多为牲畜皮毛，用羊皮缝制的衣裳、裤、大氅多为光板，有的在衣领、袖口、衣裳襟、下摆用彩色布或细毛皮镶饰。藏族和柯尔克孜族用珍贵裘皮镶边的长袍和裙子显得雍容厚实。哈萨克族的"库普"是用驼毛絮里的大衣，十分轻暖，服装的风格是宽袍大袖、厚实庄重。南方的少数民族地区适宜植麻种棉，自织麻布和土布是衣裙的主要用料，织布的工具多十分简陋，但织物精美，花纹奇丽。因南方天气湿热，服装多坦胸露腿，衣裙短窄轻薄，其风格生动活泼，式样繁多，各不雷同。

2. 饮食

由于各少数民族所处不同社会历史发展阶段，以及地域、环境、物产、宗教信仰等不同，几乎每个少数民族都有各自不同的饮食习俗，并最终形成了独具特色的饮食文化。

生活于东北地区白山黑水之间、三江平原一带的少数民族，主要有满、赫哲、鄂伦春、鄂温克等族。满族以定居耕作农业为主，以狩猎为辅。满族人最喜欢食用"福肉"（清水煮白肉），过年时主要吃饺子和"年饽饽"，冬季的美味是白肉酸菜火锅。赫哲族以狩猎为主，由于气候寒冷，故以鱼、兽为主要饮食，最突出的是将生鱼拌以佐料而食的"杀生鱼"。生活在大小兴安岭的鄂伦春和鄂温克族，以狩猎为主，喜生食狗肝和半生不熟的各类兽肉。

北方的蒙古族，由于地处沙漠和草原，其饮食以羊肉和各种奶制品为主，一般羊肉不加调味品，以原汁煮熟，手扒食用，喜庆的宴会以全羊席为最高礼节。西北地区的哈萨克、乌孜别克、塔吉克、柯尔克孜等民族，其饮食原料与蒙古族没有多大区别，只是面食较为丰富，且多以油炸为主。作为绿洲民族之一的维吾尔族，日常饮食以牛乳、羊肉、奶皮、酥油、馕、水果、红茶为主。

藏族居住于青藏高原，以畜牧业为主，兼营农业。其饮食以牛、羊、马、骆驼、牦牛的肉和乳为主，并大量食用青稞、小麦，以及少量的玉米、豌豆。平常饮食为糌粑、青稞酒。

西南少数民族多居于深山密林之中，形成了自己的独特饮食。肉食以猪和鱼为主，还有各种昆虫和蛆虫；主食为大米；喜欢腊干或腌薰的肉和各种腌制的菜；喜欢饮用由各种植物或粮食为原料酿制的酒。

我国各少数民族在长期的历史发展中，曾出现不少著名的菜肴流派，主要有清真菜、蒙古族菜、满族菜等。各民族的饮食多与气候有关，居住在高寒地区的民族喜食高脂肪、高蛋白食物；居住在亚热带地区的民族爱吃酸味食物；居住在潮湿地区的民族常吃辛辣的食物。此外，各个民族都有一些独特的风味食品，如满族的打糕、酒糕、柿糕、白煮；朝鲜族的沙锅狗肉、朴地龙、泡菜、冷面；蒙古族的马奶酒、手把肉、全羊席、馅饼；回族的油香、卷果、白水羊肉；维吾尔族的手抓饭、烤羊肉串、烤全羊；哈萨克族的手扒肉；藏族的青稞酒、酥油茶、火烧肝、虫草炖羊肉；白族的生皮（烤猪肉）、炖梅、雕梅；壮族的团圆结（豆腐圆）、大肉粽子、五色饭；侗族的腌肉酱、酸鱼肉、泡米油茶、糯米苦酒；苗族、土家族的酸菜、酸肉、酸鱼；彝族的疙瘩饭、坨坨肉；瑶族的灌肠粑、油炸青苔、香茅草烤鱼、香竹糯米饭等。

3. 民居建筑

我国各地的居住建筑，又称民居。居住建筑是最基本的建筑类型，出现最早，分布最广，数量最多。由于中国各地区的自然环境和人文环境不同，各地民居也显现出多样化的面貌。

我国汉族地区传统民居的主流是规整式住宅，以采取中轴对称方式布局的北京四合院为典型代表。北京四合院分前后两院，居中的正房最为尊贵，是举行家庭礼仪、接见贵宾的地方，各幢房屋朝向院内，以游廊相连接。北京四合院庭院方阔，尺度合宜，宁静亲切，花木井然，是十分理想的室外生活空间。华北、东北地区的民居大多是这种宽敞的庭院。

我国少数民族地区的居住建筑也丰富多样。我国西南的苗、瑶、侗、傣族等地区，由于气候炎热湿润，故住宅多以穿斗式木结构房屋为主，在承重柱之间的围护结构通常不用砖瓦等砌筑，而主要以竹编成栅栏，或者在竹栅栏上糊泥，即"木骨泥墙"，这样在夏季时不容易挡住凉爽的穿堂风。傣族的竹楼是典型的干栏式建筑，建筑材料以竹、木为主，通常上层住人，下层为畜圈或堆放杂物的地方。我国西南地区普遍湿润多雨，因此有很多"风雨桥"，即在桥上搭建亭子用以遮风避雨。此地区的住宅尤其是傣族、侗族的建筑，屋顶坡度很大，檐角起翘明显，目的是使雨水迅速由屋顶流到地面，加速排水。另外这种建筑形式也使建筑外型更加轻巧美观。

在西藏地区及四川西部生活的藏族、羌族同胞也发展出适应本地区气候条件的特色民居。由于该地区处于高原，且广布高山，羌族同胞就地取材，用当地极易获得的石材建造了"碉楼式"住宅。藏族民居多为平屋顶，呈棱台状的堡垒式建筑，平屋顶方便人们平时晾晒衣物和食物，材料多为石材。如布达拉宫就是这种建筑样式最为经典的范例。

西北地区的回族因信仰伊斯兰教，宗教建筑（如清真寺）多采用穹顶模式，成为当地建筑的显著特色。而普通回族民居则多用黄土夯筑而成，通常也做成平顶式样，这与当地少雨水，且位于黄土高原的气候特征相适应。另外，黄土高原上的汉族同胞也因地制宜的发展出"窑洞"式住宅。土族的"地窖院"（在平地上开掘竖井，在井内的垂直面上向内开凿居室，严格说应该算做窑洞的一个形式）也是我国民居历史中的伟大创造。

位于干旱区的新疆维吾尔族人，创造了特色的"阿以旺"，就是以夯土夯筑成平顶房屋，并以多个单元组合成院落的形式，这种夯土建筑冬暖夏凉，很好的抵御新疆地区白天的酷热和晚间的寒冷。

居住在东北地区（吉林、辽宁、黑龙江和内蒙古自治区东北部）的少数民族，如满族、鄂伦春族等，由于生活在大兴安岭的林海之中，那里丰富的木材资源促使他们发展出"井干式"住宅，即用粗重的原木以"井"字形层层叠垒，直至房屋成形，这种房屋坚固厚重，能很好的抵御东北地区冬季刺骨的严寒，以及熊、虎等大型食肉动物的威胁。

生活在蒙古高原的蒙古族、达斡尔族过着逐水草而居的游牧生活，因此住宅的拆卸和重组是否方便很重要，于是诞生了"蒙古包"。人们到了适宜放牧的地方，只要支起木架，在木架上蒙上毡毯和兽皮，就成了简易的住宅；当要转到另一牧场时可轻松拆卸，放在一个大车中就能拉走，十分方便。

我国东南地区的福建、广东、江西、台湾、香港等地，生活着一个特殊的群体——"客家人"，他们的祖先是东晋时期由于战乱陆续南迁的中原汉族，由于初到南方人生地不熟，出于自我保护和强烈的宗族观念，客家人创造出土楼式建筑，通常为圆形或方形，外墙为坚固的三合土夯筑而成，并有射击孔，可以抵御外敌的侵扰，房屋全部向内部敞开，表现出强烈的向心性，通常一个宗族同住一楼，共同抵御外敌骚扰。

4. 交通

汉族自古地处中国中原地区，后遍布东北、西北及长江以南地区。自秦朝修驰道到近代修铁路、公路，汉族一直在交通方面优于其他少数民族。我国少数民族地区环境复杂，对外交通受自然条件的限制比较大。但我国勤劳而聪颖的少数民族却能够因地制宜地创造出一些特殊的交通工具。

我国东北民族地区分布着满、蒙古、赫哲、达斡尔、鄂温克、鄂伦春、朝鲜等民族。他们传统的陆路交通方式有驯鹿驮运、滑雪板、骑马、马拉车、狗拉"爬犁"等。在西北黄河等河流边居住的回、撒拉、保安等民族曾用革囊和皮筏、木筏等水上运输工具。在西南地区，为过江渡河，各族人民创造了各式桥梁，如侗族的木桥，傣族的竹桥，独龙族的藤桥，川西甘孜的泸定桥，藏族、怒族和傈僳族的溜索等。

在人力运输方面，各民族地区传统的方式有肩挑、人背、手提、头顶、人力车等。在畜力运输方面，民族地区传统的运输方式主要是畜力驮运和使用畜力车。畜力驮运方面又可分为马帮（主要在云贵高原、康藏、桂西北等地区）、牛帮（西北草原和青藏高原）以及驼帮（西北地区）等。

随着现代交通的发展，许多地区的畜力运输已被火车、汽车等代替。在个别少数民族地区，畜力运输仍占重要地位。我国少数民族的特色交通工具如下。

勒勒车　达斡尔族人采用勒勒车作为交通工具。这种车的车轮大、车身小，用牛拉，从十多岁的儿童到五六十岁的老太太都会驾驭。如果把勒勒车串联起来，一个人能驾驶七八辆，这些车起动起来，像一条游动的龙，适于穿山越岭，可载重三四百千克。

猪槽船　云南的怒族地区有怒江、独龙河、澜沧江等江河，为往来于两岸，怒族人创造了特殊的独木舟。最早的独木舟实际上只是一段木头，人们抱着木头在江中泅渡，后来当地人在木头上凿槽，制造出最原始的独木舟，由于形同猪槽，故称"猪槽船"。

溜索　傈僳族人生活的地区属于横断山区，山高谷深，岭谷并列，不少地方洄流湍急。于是傈僳族创造了很简陋的渡河工具——溜索。溜索是用牛皮或竹片编成粗的绳索，横跨在河两岸，两端系在树根或大石头上。绳索上悬挂着特制的竹篮，人过河时坐在或躺在竹篮中，用手攀着绳索缓缓地从一岸滑行到另一岸。但绳索经过长期日晒雨淋，逐渐磨损，遇到大风可能折断，为了更安全，现在溜索都改建成钢索桥。

狗橇　以渔猎为生的赫哲族人，主要生活在黑龙江省的三江平原地区。"狗橇"被赫哲人称作"拖日科衣"，它是由6厘米多粗的硬杂木组成，长二三米，宽不到1米，高半米左右，两头上翘的雪橇由猎狗拉动，轻便灵巧。

桦皮船　生活在大兴安岭北部地区的鄂伦春族人，社会生产以狩猎为主，采集和捕鱼为辅。由于鄂伦春族渔猎的地区交通十分不便，人们通常以驯鹿和马作为交通工具，而最具特色的是桦皮船。它用松木做架，外面用桦皮包裹，船身长达5米，宽0.8米，非常轻捷。一只桦皮船可载两三人，陆行载于马上，遇水用其渡河，还可作为捕鱼和打捞的重要工具。

（三）婚姻丧葬

婚姻构成两性共同生活的社会关系，是人生中的重大礼仪，自古以来就是人类社会的重要生活内容。我国各民族因生活地区、传统习俗不同，婚姻丧葬风俗也各不相同。

1. 婚姻

婚姻礼仪作为一种世代相传的文化现象，在演进过程中具有相当的传承性和稳定性。

（1）婚姻的过程

自古以来，婚姻礼仪一直遵循周代确立的"六礼"，即"纳采、问名、纳吉、纳征、请期、亲迎"这六种从议婚至完婚的仪式和礼节，随着社会的发展，"六礼"的程序不断简化。尽管各地区之间的婚俗不尽相同，但其总的演进趋势都是由繁到简，各地的婚姻礼仪大都分为以下四个阶段。

①议婚　又称"议亲"，是商议男女婚姻的最初阶段，旧时包括"求婚"、"过帖"、"相亲"等几道程序，到准备定婚为止。在这一过程中，往往是由男女双方父母根据对方的门第、家境及品貌等条件决定婚事成否，男女当事人是没有发言权的。

②订婚　经过议婚阶段，男女两家对婚事都持肯定意见，便可正式定婚，即"许亲"、"定亲"。男方向女方家郑重送去聘礼，多少视家境而定。此程序相当于"六礼"中"纳吉"的后一部分内容和"纳征"，晋南一带称"过大礼"。

③出嫁与迎娶　定婚以后，如果男女双方都已到当地认可的结婚年龄，男方家长便设筵邀请女方家长和媒人，一块选定迎娶的日子。由于民间认为迎娶的日期关系到男女双方的一生，所以由双方家长往来磋商。迎娶又叫"迎亲"、"娶媳妇"，等于"六礼"中的"亲迎"。通常是由新郎亲自到女家迎娶新娘，也有媒人或小叔子带领迎亲队伍前往迎娶，新郎在家坐候。

④婚礼　迎娶队伍回到男家以后，鼓乐大作，鞭炮连声，男方亲友、邻里一拥而出，迎接新娘。新娘花轿讲究落在一床红被上，新娘索取"下轿钱"后，由一"全福人"搀扶，踩着红毡进门。婆婆随后用笤帚在轿内象征性地扫三下，并取一把土拿回家放在新房炕角席子下，这叫"扫轿土"，大约是和"不带娘家土"的习俗相对。新郎新娘进门后，接着就要"拜堂"，又称"拜天地"。拜堂的地方一般在洞房门前，设一张供桌，上面供有天地君亲师的牌位，供桌后方悬挂祖宗神幔。新郎新娘就位后，由两位男宾唱导，行三跪九叩礼，参拜天地、祖宗和父母。然后女东男西，行夫妻对拜礼。拜堂完毕后，新郎新娘在众人簇拥下进入洞房。在洞房门前或门槛上事先放一马鞍，等新娘前脚跨过去，便立

即将马鞍抽去。洞房内除了一些生活用品外，还要在门口贴喜联，窗户贴大红双喜字，屋内点大红花烛。

（2）婚姻的形式

一是女到男家，即女嫁男娶。把女子送到男家成亲，谓嫁；将女子接到男家成亲，曰娶。此俗流传甚广，汉民族大多采取这种方式。

二是男到女家，即从妻居住，民间俗称"倒插门""招女婿"，但有些地区则为成俗，即将男子接到女家成亲才是正常现象。

三是独立成家，既不到男家成亲，也不到女家成亲，而是一旦成亲就自立门户。喀尔喀的蒙古人即有此俗，但虽是独立成家，婚礼仍在男家举行。

除了以上这三种基本的婚姻方式，由古及今，各民族还产生了许多其他的婚姻形式。古代有一些比较特殊的婚姻形式，如买卖婚、交换婚（俗称"换亲"）、童养婚（女小男大，或男小女大），姑表婚、转房婚、冥婚等。

姑表婚　指兄弟姊妹子女间通婚，俗称"对开亲"或"扁担亲"，这是原始族婚遗留的落后婚俗。旧社会在土家族、少数汉族和其他少数民族中均有，解放后，姑表婚已基本消失。

交换婚　是两家互换姊妹为妻，或互换女儿为媳的婚姻，是一种平等的议婚形式，也有包办、节财的因素在内。

转房婚　是古代"夫兄弟"、"妻姊妹"的残留形式。兄亡故后，如其弟尚未婚且愿意，有权与其寡嫂结婚，俗称"弟坐兄床"或"转茶"。弟去后寡媳，若其兄愿意，也有权收弟媳为妻，俗称"兄坐弟床"。若兄弟皆不愿，寡嫂媳方可外嫁，但必须守孝三年；婆家要索"赎身钱"和"满堂酒"；除娘家送的东西外，其他财物不能带走；若有儿女，一般带女不带儿。这类婚姻现已罕见，实质是视妇女为一般私人财产的封建习俗。

（3）我国各民族的婚俗特色

我国各民族在婚姻习俗上有很大不同。阿昌族婚俗讲究偷鸡头与抬锅盖。藏族婚俗讲究情卦和抢帽子。傣族婚俗流行卖鸡肉找对象。景颇族婚俗，以花草树叶作情书。侗族婚俗流行踩脚后跟试情意。满族婚俗讲究用秤杆揭盖头。哈尼族婚俗流行隔墙谈情与牛粪抹衣。维吾尔族婚俗中，结婚有五个阶段。苗族婚俗以草标作密码和揉耳朵示爱。锡伯族婚俗流行闹洞房解衣扣。蒙古族婚俗讲究骑马迎亲与抱木枕头。瑶族婚俗流行串情人咬手背。彝族婚俗流行泼水迎亲和摔跤婚礼。壮族婚俗讲究隔街相望找情人。赫哲族婚俗，通常在婚礼上吃猪头猪尾巴。普米族婚俗流行逮新娘和锁新人。基诺族婚俗讲究耳朵里插鲜花。白族婚俗讲究用树枝探缘、草鞋定亲。门巴族婚俗中，舅舅试新郎。京族婚俗讲究踢沙折枝试情意。独龙族婚俗讲究饮茶定亲。裕固族婚俗讲究马踏新房射新娘。保安族婚俗讲究三天不吃男家饭。德昂族婚俗讲究赠烟盒，撒大米、茶叶。鄂温克族婚俗流行驯鹿与神像。塔吉克族婚俗讲究撒面粉、喝盐水。布朗族婚俗流行偷女婿和偷新娘。仡佬族婚俗中，盘郎和过门要换三双鞋。土族婚俗流行水泼接亲客。达斡尔族婚俗，说亲先吃闭门羹。柯尔克孜族婚俗流行捆绑成夫妻。纳西族婚俗流行冷水淋头和酥油贴脸。东乡族婚俗流行新郎偷厨和戏公伯。拉祜族婚俗，宴席结婚不办离婚办。畲族婚俗流行考厨师和调新郎。傈僳族婚俗中，恋爱暗号多又多。土家族婚俗讲究香袋和哭嫁歌。哈萨克族婚俗流行姑娘追和啃羊骨。朝鲜族婚俗讲究踩麻袋和推木雁。黎族婚俗讲究爱你多深，咬你多深。布依族婚俗讲究浪哨对歌和丢花包。佤族婚俗流行杀鸡看卦和侧卧谈恋爱。

2. 丧葬

丧葬是一种宗教性质的社会现象，世界上各民族都有各自的习俗。解放前，由于各民族所处的社会发展阶段不同，自然环境和经济活动不同，宗教信仰也有所差异，因此丧葬习俗是多种多样的。

（1）丧葬程序

以汉族为例，传统丧礼有如下一些程序。停尸，把尸体安放在规定的地方。招魂，即为死者招魂使其有所归依。吊丧，即亲友闻噩耗而聚集在死者周围哭悼。殡仪，即入殓。送葬，即将死者送往墓地埋葬。少数民族也各有一套丧礼，主要包括报丧、洗尸、停尸、出殡、葬后祭祀。

一般情况下，依照汉族和许多少数民族的习俗，死者都是在家中去世的。接气在一些民族的丧葬习俗中十分重要。汉族认为接气是关系到传宗接代的大事，家中若有人临将亡故，亲属不论在何方都得设法赶回，最好能在亲人咽下最后一口气前赶到，这是汉族民间古老的风俗，俗称"奔丧"。纳西族认为接气关系到死者灵魂能否平安到达祖籍地。彝族认为如果不接气，死者就会留恋生者。满、哈尼、朝鲜等民族也有类似的说法，例如满族在一般情况下，老人临终以前子女要守在身边，尤其是长子时刻不离，一直到死者咽下最后一口气，俗称"送终"或"接气"。在临去世前，要将寿衣给老人穿好，一旦咽气马上用红布将祖宗板和镜子蒙上。一些地方的彝族老人咽气时，十岁以下的晚辈亲戚都要去"接气"，即用一根空竹筒向死者口中吹一口气，接气时忌讳有人哭泣。元江哈尼族在老人即将断气时，长子应迅速用自己的衣角蒙住老人的嘴，嘴对嘴吸三口气。白族在老人弥留之际，儿孙要轮流盘坐在老人左右，把老人背靠自己胸膛抱在怀里，让老人在自己的怀抱中死去。

在汉族民间的冥界观念中，通往地狱之路是充满艰险的，所以许多地方的汉族人，在亲人死后要立即往死者口中放入硬币、碎银子等，以便死者上路后有盘缠，称"放口含"。死者断气后，汉族和一些少数民族还有将屋顶捅一个洞，意思是让死者灵魂升天或驱逐鬼魂。例如广西部分地区的汉族在死者断气后，亲人要用竹竿捅破屋顶打开一道天窗，意思是让死者的灵魂由通天洞直升天堂。云南一些地方的彝族，在老人亡故后，死者家属要请三位"毕摩"到家中主持丧事，这时家属需在死者亡故时所睡的地方按死者面孔所见的屋顶开一个洞，大小以能见到天空为限，然后在死者周围撒上少许火药，点燃生成火焰，以示驱走附在死者身上的邪魔。

洗尸是各民族丧葬仪式不可缺少的一道程序。汉族有人死后买水洗尸的风俗，认为若不替死者买水沐浴，死者的灵魂在阴间将没有饮用水，也不能涉水过河。少数民族的买水习俗也各有不同，一般都用清水或热水沐浴，唯有广西苍梧要以大柚叶煮水浴尸。

在很多少数民族地区，死者尸体未僵化之前要为其擦洗身体，以便死者能干干净净的去另一个世界。洗尸完毕，接着是为死者穿寿衣。寿衣是赴阴间所穿，因此忌用"洋布"，只能用土布、丝绸等。但又不能用缎子，"缎"的谐音为"断"，有断子绝孙的意思，太不吉利。死者穿戴整齐"安睡"之后，各地的汉族都要在死者的脚下点燃一盏油灯，俗称"脚头灯"，有的地方叫"照冥灯"或"长命灯"等。

停尸期间要守丧，这是为了防止猫狗跨过尸体，据说猫狗一旦从尸体上跳过会引起诈尸，即尸体突然直立起来，汉、壮、土家、达斡尔等民族都有此说法；还要防止猫狗接近尸体后与尸体换气作祟，若冒犯亡灵会闹得全家不宁。

各民族对出丧时刻也十分讲究且各有不同。汉族一般是依据风水先生推算的吉时出殡。云南金平县的苗族，黑苗多在早上出殡，而花苗则在午后或黄昏出殡。贵州望谟县的苗族（白苗）是在天刚亮出殡。黑龙江抚远县赫哲族多在晌午出殡。广东连南南岗等地瑶族多在中午或午后出殡。鄂伦春族要赶在日出之前完成下葬，他们认为棺材不被阳光照射才能使死者的灵魂平安到达阴间。

哭丧是中国丧葬礼俗的一大特色。哭丧仪式贯穿在葬仪的始终，出殡时的哭丧仪式是最重要的。出殡时必须有全体后代，尤其是男人们"唱哭"，哭丧时"唱"出的歌叫哭丧歌，例如壮族习惯请两位民间歌师来唱哭丧歌。许多民族还有哭丧歌舞仪式，彝族人称此为"跳脚"。

到达墓地后，汉族人还要等到入穴的吉时才把棺材放到挖好的墓穴里下葬。一些少数民族不讲究下葬的时刻，而讲究按不同的方位下葬，大致说来，死者头的朝向有以下几种形式。

头朝西脚朝东 这种葬法较多，例如云南勐海县的布朗族、金平县的拉祜族、海南岛白沙县南溪乡的黎族、黑龙江省松花江下游的赫哲族、台湾省南投县的布农族、西藏米林县的珞巴族。珞巴族认为死者头部向西意味着跟着太阳走，因此用红日西坠表示一个人的去世。

头朝东脚朝西 实行这种葬法的有云南耿马县芒美乡和勐海县巴卡囡、贺开族等寨的拉祜族，镇康县大寨乡的德昂族，贵州赫章县海角寨的苗族，以及海南岛一些黎族地区。海角寨苗族认为脚向西意思是老家在西，表明祖宗是由西方迁徙而来。

头朝南脚朝北 台湾省兰屿雅美族人死后头朝南方埋藏。花莲县大港口阿美族埋葬死者是脚朝北，头朝南，面向西。四川木里县项脚蒙古族乡的纳日人，死者入葬是头朝南。

头朝北脚朝南 海南岛白沙县西水乡黎族埋葬死者即如此。云南贡山县第四区独龙族死者头朝北、腹朝东、背朝西、足朝南，这样头部正好朝向独龙河上游，独龙族认为，如不这样埋族人就会连续不断地死去。

此外还有其他一些葬向，比如黑龙江省逊克县鄂伦春族安葬死者，头朝西北，脚朝东南。云南省宁蒗县跑马坪乡彝族行火葬时，女性死者面向北，男性死者面向东。拉伯乡纳西族举行火葬时死者面向东北方四川的木里，据说他们的祖先是由木里迁徙而来，有怀念故土之意。

（2）丧葬方式

土葬 即人死之后用土掩埋。就解放前的情况来看，不少行土葬的民族都有以血缘或地域为单位的公共墓地。墓穴多为长方形竖穴土坑，死者多以木棺盛殓，大多实行一次性永久葬法。葬式以单人仰身直肢最为普遍，极个别地区有碎尸葬。死者大都有一定的埋葬方位，且一般都有随葬品。

火葬 即人死之后用火焚尸，是一种比较古老的葬俗。不同的民族仪式有所不同，但普遍的看法是为了烧死魔鬼，消除祸根。

崖洞葬 在我国的南方地区比较多见，葬法是将尸体放入崖洞中，尸体呈蹲式，崖洞外用石头砌成墙，封住洞口。湖北三峡地区的崖洞葬选择在长江两岸的绝壁高处。贵州的罗甸地区选择崖脚或半山腰上的崖洞。岩洞葬对死者处理的方式有两种：一是丧家将尸体暂时寄放于岩洞中，待到吉时再把尸体取出重新安葬，这种暂时存放棺椁于岩洞中的葬式严格的讲不能算是崖葬；另一种是名副其实的崖洞葬，就是一直把尸体放在岩洞中，不再进行二次葬的葬式。

悬棺葬 悬棺以四川、福建、贵州最为典型。黔东南一些深山苗族地区至今仍有此葬法。崖洞葬和悬棺葬都是将木棺置放于离地面几十米，甚至几百米的悬崖绝壁上。

风葬　西藏、东北、内蒙古等地流行风葬。藏族人的葬法是将尸体焚化，再带到高山顶上顺风扬撒。藏族人认为亡者的骨灰被风刮到哪里，哪里就是他的转世之地。鄂伦春人和鄂温克人的葬法是将尸体装入柞木钻成的棺材或用兽皮裹尸，架在野外的树上任其风干，然后再捡骨埋葬。

此外还有树葬、水葬、天葬、衣冠葬等形式。衣冠葬是中国特有的一种葬式，就是棺椁内没有死者的尸体，仅以死者的衣服鞋帽为替代物。这种葬法至今仍有沿用，如辛亥革命的先行者孙中山的陵墓——南京中山墓，就是一座衣冠墓。

（四）宗教、节庆、禁忌

1. 宗教

道教　在瑶、土家、布依、仫佬和毛南族中影响较深；在壮、侗、苗、京、土家、彝、黎、纳西、羌等少数民族中，也有一定的传播和影响。

佛教　大约在1世纪前后传入中国，在漫长的发展过程中，逐渐形成汉传佛教、藏传佛教、南传上座部佛教三大系统，在我国少数民族中拥有较多的信仰者。汉传佛教主要影响白、彝、纳西、拉祜族部分人口，并与这些民族的传统文化相融合。藏传佛教主要在藏区形成、发展，并影响了蒙古、土、裕固、珞巴族等。南传上座部佛教主要在傣、德昂、阿昌等南方少数民族中传播。

伊斯兰教　于7世纪中叶传入中国，逐渐成为回、维吾尔、哈萨克、东乡、撒拉、保安、乌兹别克、柯尔克孜、塔吉克、塔塔尔等十个少数民族信仰的宗教，主要分布在新疆、宁夏、甘肃、青海、陕西、云南、河南、山东、河北、北京等省、自治区、直辖市。

基督教和天主教　于近代传入中国，利用开医院、办学校、给少数民族创制文字等方式进行传教活动，逐渐影响云南、贵州和东北等边境地区的少数民族。朝鲜、俄罗斯、羌、彝、白、哈尼、景颇、傈僳、独龙、拉祜、佤、怒、苗、高山等少数民族的部分群众信仰基督教或天主教。

萨满教　影响着赫哲、鄂伦春、鄂温克、达斡尔、满等少数民族群众的思想意识。原始信仰在我国南方的壮、苗、土家、侗、瑶、布依、佤、黎、高山、傈僳、怒等少数民族中仍有较大影响。彝、纳西等少数民族还保留着毕摩信仰和东巴教等民族传统信仰。

2. 节庆

节日是世界人民为适应生产和生活的需要而共同创造的一种民俗文化，是世界民俗文化的重要组成部分。节庆活动是在固定或不固定的日期内，以特定主题活动方式，约定俗成、世代相传的一种社会活动。

（1）节日的由来

中国各民族的节日主要来源于以下六个方面。一是来源于宗教祭祀活动，尤其是古代原始宗教和原始祭祀。二是来源于古代农事生产活动，有农事活动就产生了历法、节令，人们依照节令来安排生产活动，农忙以后或是两个节令相交的日子便成为节日。三是来源于对重要历史事件和历史人物的纪念活动，如五一劳动节、端午节等。四是来源于大型商业集市活动。五是来源于群众性的文艺、体育及社交活动。六是来源于人们改造生存环境及解决社会问题的一些重要活动，如三八妇女节、六一儿童节等。

据统计，我国 56 个民族从古到今共有 1 700 多个节日，其中少数民族有 1 200 多个，汉族有 500 多个。中国节日数量之大在世界上首屈一指，这与悠久的历史文化和众多的民族成分密切相关。

（2）节日的类型

宗教节日　世界三大宗教在我国都有传播，不仅历史悠久而且范围广泛，尤其是佛教和伊斯兰教。伊斯兰教的开斋节、古尔邦节、圣纪节等，在回、维吾尔、哈萨克、柯尔克孜、塔吉克、乌孜别克、塔塔尔、撒拉、东乡、保安等少数民族中具有广泛影响，已经成为这些民族民俗和传统文化的重要组成部分。藏传佛教的节日有传大召、传小召、瞻佛节、塔尔寺灯节等。云南西双版纳傣族佛教徒过的关门节（"奥瓦萨"）与开门节（"豪瓦萨"），属于小乘佛教的净居把斋活动，民间听经、献奉物币，都充满了敬佛色彩。

农事节日　包括农耕种植、林业、牧业、渔猎业及副业等。著名的少数民族农事节日有彝族火把节和护山节、藏族望果节和雪顿节、侗族活路节、怒族祭山节、蒙古族马奶节、景颇族采草节等。

纪念节日　这类节日大都是各民族为纪念本民族历史上的重大事件和缅怀本民族英雄人物而确立的，一般都有准确的日期。如三八妇女节、五四青年节、六一儿童节、七一党的生日、八一建军节、十一国庆节等。

庆贺节日　如庆贺新年、庆祝丰收等节日。最典型的有春节、藏历年、开斋节、傣族的泼水节、哈尼族的十月节等。

社交游乐节日　社交活动是人类社会生活的重要内容，它在民族娱乐性节日中已有充分体现。比如朝鲜族的洗头节、达斡尔族的药泉会（矿泉浴）、傈僳族的臭泉浴（温泉浴）、藏族淋浴节等节日以卫生健康为目的。朝鲜族和哈尼族的老人节、朝鲜族的回婚节、彝族的娃娃节、高山族的少年节、俄罗斯族的金婚节等节日以尊老爱幼为主题。苗族姊妹节、侗族和哈尼族姑娘节、高山族的背篓会等。

3. 禁忌

禁忌作为一种精神民俗，是民族传统文化中的一个组成部分，是人们对神圣的、不洁的、危险的事物所持态度而形成的某种禁制。危险和具有惩罚作用是禁忌的两个主要特征。它产生于人类早期的原始社会，并从各民族生产生活的各个方面中积淀下来，主要体现在以下几个方面。

饮食禁忌　如回、维吾尔、东乡等民族禁食猪肉，禁食自然死亡的动物及一切猛兽奇禽的肉，禁食猪、马、驴、骡、狗、猫和一切动物的血。大多数藏族人都喜爱吃肉，但有些人忌吃鱼、猪肉、鸡肉、蛋。仫佬族忌吃猫肉、牛肉、蛇肉。水族五岁以下孩童忌吃鸡肝、鸡胗，少年忌吃鸡翅尖。土家族吃饭时忌端碗立于他人背后，面向其背吃饭，幼童忌吃鸡爪、猪鼻和猪尾，忌吃敬神祭品，未婚男女和儿童忌吃猪蹄。

服饰禁忌　指各民族的服饰及穿着、打扮方面的忌讳。如傣族忌穿着随便，尤其忌反穿衣，穿着打扮忌男女不辨，禁忌男穿女服，或女着男装。柯尔克孜族忌穿坦露胸背的衣服，禁止穿短裤、背心在室外活动或外出做客。拉祜族禁忌用破筒裙的碎布缝补男子的衣服，否则男子在打猎时会受枪伤或被野兽所伤。

生育禁忌　是指各民族的妇女怀孕和分娩的忌讳。如布依族孕妇的丈夫忌狩猎、捕鱼，忌产妇回娘家分娩。黎族孕妇不得跨动物尸体，否则会怀死胎；孕妇不能吃蛇肉、猴肉，否则会生怪胎；丈夫不得安装刀把、锄头把、犁耙把，否则妻子会难产。朝鲜族妇女怀孕后不能吃鸭肉、兔肉、狗肉、猪肉；不能坐笤帚；不能搬动陶蒸笼、瓦缸等物；不能看人家办丧事、迁坟、救火等。达斡尔族孕妇不能往灶里看，不能铺熊皮，以免流产；忌男人进产房，认为男人易踩孩子。

婚姻禁忌　指各民族在婚姻生活中的忌讳。如贡山怒族严禁族内婚。达斡尔族女子结婚年龄忌偶数。哈尼族忌虎、牛属相婚配，认为婚后属虎者会伤属牛者；忌日蚀、月蚀日成婚，否则婚后必生怪胎。拉祜族禁止在父母忌日办婚事，否则将一世艰辛。新婚夫妇忌用有缺口的碗，否则生下的子女也会"缺嘴"。黎族男女订婚时，忌用白鸡，认为白鸡会使夫妻不和睦。藏族忌讳亲戚间结婚，男女双方在七代内都不能通婚。鄂温克族举行结婚仪式时，新婚夫妇要敬火神。

丧葬禁忌　如哈尼族老人死时忌无人接气，出殡前家人禁洗脸、洗脚、洗头等。拉祜族禁忌单人参加葬礼，否则其灵魂将与亡魂配对留在阴间，因而参加葬礼的人必须成双成对；禁止将凶死者埋在公共墓地，否则凶死事件会不断发生。满族忌棺材从门而出，认为门是为活人所设，死人不可用，故有窗户出棺之俗。锡伯人死后，亲人在给死尸行洗礼、穿寿衣之前忌嚎啕大哭；报丧时忌直说"死"字，而用"殁了"、"百岁"等代替。

宗教禁忌　是各个民族在宗教、图腾崇拜中的忌讳。如傣族男孩在七八岁时都要出家到佛寺里当一段时期和尚，称为"小和尚"，和尚在寺院修身时禁忌与女人谈笑，禁忌俗人和妇女抚摸其头。阿昌族每年夏历二月属猫（虎）日祭"窝生院"（一种最凶恶的鬼）时，以家门上插一面小红纸旗为标志，此时忌妇女，尤其忌孕妇进入；家堂神龛忌外人碰触，否则会致祸。鄂伦春族忌猎人狩猎时遇到参天大树、深洞怪石、悬崖峭壁，认为那些是"白那查"（山神）的住所，不得喧闹，否则将触犯山神；猎人不准用刀乱捅篝火，以防触犯"火神"。京族渔民织成新渔网，未下水捕鱼之前，及在捕鱼季节里，都要在海边举行祭祀活动，祈求神灵的护佑。景颇族每户都有专门为鬼开辟的鬼门，忌外人通过；祭鬼的地方不可去；不许在"鬼桩"上拴马、晒衣，以及在附近解手。

节日禁忌　如拉祜族禁止在大年初一下地干活、砍柴、洗衣、舂碓、杀生、割菜、做生意、借东西、放养牲畜等；禁忌在大年初一说错话、做错事。畲族正月初一忌挑粪、抬轿、吹喇叭，忌行乞，忌食狗肉；二月十九日观音生日忌挑烘；三月三日忌下田等。土家族农历腊月二十九日，年饭上甑后妇女忌动针线；腊月三十忌挑水，不准杀生，意为让各种动物安全愉快地过年；正月初一早晨未吃东西前，忌说不吉利的话，忌吵架、骂人、哭泣；正月及农历七月的初一至十五，忌给孩童剃头；每年小暑前，从辰日到丑日止，禁宰杀、钓、猎，忌穿红衣，忌举乐。锡伯族正月初二到十五，妇女禁做针线活，称为"忌针"；二月初二禁劈柴；大年三十忌在别人家吃饭；大年初一到初五，不准向外倒尘土、污水，不准顺着烟炕道睡觉。布朗族神龛和家神柱是供奉祖先的地方，任何人不得靠在旁边，否则会冒犯祖先，给家庭带来不幸。

礼仪禁忌　主要是指各个民族社交礼仪中的忌讳。如纳西族忌在公共场所高声喧哗、说粗话；骑马到村前必须下马，不能把马拴在祭天的地方。鄂伦春族晚辈不能直呼长辈的名字，也不允许把长辈的名字告诉别人；在老人和长辈面前，年轻人说话语气要恭敬，不能用手指着老人说话，否则会影响下一代孩子的健康。白族规定起床后的第一杯早茶要先敬给老人，吃饭时要让老人坐上席，老人先动筷子；在老人面前不说脏话，不跷二郎腿。到俄罗斯族的人家做客时，要先敲门，得到主人允许后方可进屋，进屋要摘帽，坐在主人让给的座位上，不能坐床。普米族规定客人离开时不能随手关门；对长者和父母不能开玩笑、讲坏话、说谎话；吃饭时父母不能打骂孩子；不能从长辈面前走过。

总之，我国各民族在上述几方面禁忌颇多，此外还有民居建筑、性生活、农事、饲养等很多方面的禁忌，这些会在各章每个民族的习俗中介绍。

第三节 中国民族民俗的分类方法

民俗是各族人民的生活方式，"十里不同风，百里不同俗"。我国民族众多，每个民族的民俗差异性很大，即使是同一民族的不同支系内部，民俗也有不同的表现形式，因此对我国的民族民俗进行分类还未形成统一的标准。本节的划分方法是按照地域和语系语族划分，这是由民族定义中的特征所决定的。而按照人口数量的划分则是基于对本书篇幅限制的考虑。最后介绍我国民俗学术界传统的民俗分类方式。

一、按照地域划分

我国各民族的民俗按居住的地理区域可分为四类。第一类是东北三省和内蒙古自治区，这里主要分布着蒙古、满、朝鲜、达斡尔、锡伯、赫哲、鄂温克、鄂伦春等民族。第二类是西北地区，主要分布着维吾尔、回、哈萨克、柯尔克孜、裕固、撒拉、塔吉克、乌孜别克、东乡、保安、土、塔塔尔、俄罗斯等民族。第三类是西南地区，主要分布着白、哈尼、彝、傣、苗、藏、傈僳、佤、拉祜、纳西、景颇、布朗、阿昌、普米、怒、德昂、独龙、基诺、布依、侗、水、仡佬、羌、门巴、珞巴等民族。第四类是中南、东南地区，主要分布着壮、瑶、土家、畲、黎、仫佬、京、毛南、高山等民族。每一类所包含的民族又有一些共同点，比如东北地区的民族多信仰萨满教；西北地区的民族多信仰伊斯兰教；西南地区的民族多信仰佛教，包括藏传佛教和小乘佛教等。

二、按照语系语族划分

语言是人类思想最直接的表现，是人们最重要的交际工具，是一种重要的社会现象。语言沟通是不同民族接触的先决条件，而共同的语言是构成民族的重要特征之一。换句话说语言文字是民族的一个重要特征，也是民俗的构成内容，许多非物质民俗都是由语言传承下来的。我国各族民俗按照其所使用的语言来划分，可以分为五类。

第一类是属于汉藏语系的民族民俗。汉藏语系又可分为汉语和藏缅、苗瑶、壮侗三个语族。属于藏缅语族的有藏、门巴、珞巴、羌、独龙、景颇、彝、傈僳、哈尼、拉祜、纳西、基诺、怒、土家、佤、阿昌等民族语言。属于苗瑶语族的有苗、畲等民族语言。属于壮侗语族的有壮、布依、傣、侗、水、仡佬、毛南、黎等民族语言。

第二类是属于阿尔泰语系的民族民俗。阿尔泰语系又可分为蒙古、突厥、满—通古斯三个语族。属于蒙古语族的有蒙古、达斡尔、东乡、裕固、土、保安等民族语言。属于突厥语族的有维吾尔、哈萨克、柯尔克孜、乌孜别克、塔塔尔、撒拉等民族语言。属于满—通古斯语族的有满、锡伯、赫哲、鄂温克、鄂伦春等民族语言。

第三类是属于南亚语系的民族民俗，有德昂、布朗等民族语言。

第四类是属于印欧语系的民族民俗，有斯拉夫语族的俄语和印度—伊朗语族的塔吉克语。

第五类是有待确定语言系属的民族民俗，如朝鲜族和京族。

三、按照人口数量划分

各个民族人口数量与其民俗之间没有直接关系，因为分类必须基于逻辑，尤其在学术研究中，尊重逻辑已成为一种工作准则。但在实际工作中，仅靠逻辑的操作会遇到很多问题。对于民族民俗来说，不能说某些民族的人口数量多，其民俗就很丰富；反之，人口数量较少的民族不一定民俗资源不丰富。本节基于在有限篇幅内，为合理介绍我国 56 个民族民俗，选择以 2000 年我国第五次人口普查的数据为依据，按民族人口数量基本划分为三个部分。

第一部分是我国民族人口数量在 500 万以上的民族，包括汉、壮、满、回、苗、维吾尔、土家、彝、蒙古、藏等 10 个民族。

第二部分是我国民族人口数量在 100～500 万的民族，包括布依、侗、瑶、朝鲜、白、哈尼、哈萨克、黎、傣等 9 个民族。

第三部分是我国民族人口数量在 100 万以下的民族，包括锡伯、赫哲、撒拉、土、东乡、保安、裕固、柯尔克孜、塔吉克、乌孜别克、塔塔尔、俄罗斯、傈僳、佤、拉祜、纳西、景颇、布朗、阿昌、普米、怒、德昂、独龙、基诺、水、仡佬、羌、门巴、珞巴、仫佬、京、毛南、达斡尔、鄂温克、鄂伦春、畲、高山等 37 个民族。

四、其他分类方式

钟敬文先生认为民俗可以分为物质民俗、社会民俗、精神民俗、语言民俗。

陶立璠对民俗的分类与钟敬文先生差不多，他在《民俗学概论》中把民俗分为四类：物质民俗、社会民俗、口承语言民俗、精神民俗。

乌丙安在《中国民俗学》中把民俗分为四类：经济的民俗、社会的民俗、信仰的民俗、游艺的民俗。

张紫晨在《中国民俗与民俗学》中采用平列式方法把民俗分为十类：巫术民俗；信仰民俗；服饰、饮食、居住民俗；建筑民俗；制度民俗；生产民俗；岁时节令民俗；人生仪礼民俗；商业贸易民俗；游艺民俗。

划分民俗范围和类别的原则总是与民俗的定义联系在一起。我国民俗学者把民俗定义为群体内模式化的生活文化，所以就以民俗事象所归属的生活形态为依据来进行逻辑划分，对于民俗来讲我国传统的观点把民俗分为物质生活民俗、社会生活民俗和精神生活民俗。

物质生活民俗包括生产民俗（农业、渔业、采掘、捕猎、养殖等物质资料的初级生产）、工商业民俗（手工业、服务业和商贸业等物质资料的加工服务）、生活民俗（衣、食、住、行等物质消费方面）。社会生活民俗包括社会组织民俗（家族、村落、社区、社团等组织）、岁时节日民俗（节期与活动所代表的时间框架）、人生礼俗（诞生、生日、成年、婚姻、丧葬等人生历程）。精神生活民俗包括游艺民俗（游戏、竞技、社交等娱乐）、民俗观念（诸神崇拜、传说、故事、谚语等所代表的民间精神世界）。

第四节　世界民族民俗的形成与发展

目前全世界共有 68.18 亿人口（依据 IMF 数据库 2011 年 4 月 11 日发布的2010 年世界总人口数），分属 2 000 多个民族。其中有人口 1 亿以上的民族，也有不足千人的民族。中国汉族是世界上人口最多的民族；菲律宾棉兰佬岛的塔萨代族是人口最少的民族，仅 24 人。

据 1978 年统计，全世界人口在 1 亿以上的民族有 7 个，即汉人、印度斯坦人、美利坚人、孟加拉人、俄罗斯人、巴西人、日本人；人口在 1 000 万以上的民族有 60 个，包括比哈尔人、旁遮普人、爪哇人、朝鲜人、泰米尔人、埃及人、豪萨人、德意志人、意大利人、英格兰人、法兰西人、墨西哥人、哥伦比亚人等；人口在 100 万以上的民族有 200 多个。以上这些民族人口总数超过全球总人口的 96％，而其余不足 4％的人口中，还包括 1 800 多个民族。

世界五大洲的民族人口分布极不平衡,亚洲约占全球人口的 58%,非洲占 10.5%,美洲占 14%,欧洲占 17%,大洋洲占 0.5%。

从最近一个时期的世界民族统计资料来看,随着全球人口的持续增长,民族的总体数目呈下降趋势。在民族、文化融合日益加快的形势下,小民族的数目逐渐减少,一些小民族聚合为大民族,因此大民族的数目日渐增多。

一、世界民族的形成与发展

民族不是自从有人类就存在的,而是人类社会发展到一定阶段才产生的。国外民族的形成与发展经历了漫长的历史,其整个发展历程和变化原因如下。

(一)移民

人类在旧石器时代的绝大部分时间里,只居住在亚洲、非洲和欧洲,进入澳大利亚和美洲大陆的历史最多不过几万年,进入波利尼西亚群岛的时间则更晚,约在前 1000 年。

世界上大规模的移民,发生在欧洲各国"民族大迁徙"时期。7~11 世纪阿拉伯人进入北非,以及后来突厥人的西迁和蒙古人的西征,对亚、非、欧地区民族成分的变化影响很大。"地理大发现"时期,大量欧洲移民涌向美洲大陆,还有"奴隶贸易",都对美洲及非洲的民族构成产生了深远影响。

19 世纪后半期,随着资本主义的发展,又有大批欧洲移民流向美洲,部分移居澳大利亚、新西兰、北非和南非。第二次世界大战后,由于帝国主义者制造民族矛盾,引起一些大规模的移民。近 20 年来,由于西欧地区工业的迅速发展,又引起了一个新的移民浪潮。目前西欧各国的外来移民已超过 1 200 万人。

(二)人口增长

在旧石器时代晚期(约 15 000 年前),全球人口只有几百万。进入新石器时代,尤其是进入金属时代以后,人口增长迅速。在最近 3 个世纪里,全世界人口大约增加了 7 倍,由 1650 年的 5.4 亿增加到 1978 年的 42.6 亿。而世界各地人口增长的速度很不均衡,从目前情况看发展中国家一般高于发达国家,这也必然导致全球民族构成的变化。

(三)民族共同体自身的发展变化

随着一些新独立国家的诞生和发展,世界上出现了不少新的民族成分,如第二次世界大战后的非洲即如此。与此相反,有的民族与其他民族结合或被同化,这也影响着世界民族构成的变化。此外,如民族矛盾、宗教冲突、种族差别、语言同化、政治上不平等、经济发展不平衡,以及外来侵略等,都直接或间接地影响民族成分的变化。

二、世界民族人口的分布及民俗特点

世界人口地理分布是人口增长过程在空间的表现形式。它是一种复杂的社会现象，既受自然条件的影响，也受制于社会、经济、政治制度。

由于世界各国自然环境和经济发展水平的差异，所以人口的地理分布是不均衡的。世界人口空间分布可分为人口稠密地区、人口稀少地区和基本未被开发的无人口地区。

据统计，地球上人口最稠密的地区约占陆地面积的7％，却居住着世界70％的人口，而且世界90％以上的人口集中分布在10％的土地上。人口在各大洲之间的分布也相当悬殊。欧洲和亚洲约占地球陆地总面积的32.2％，但人口却占世界人口总数的75.2％。尤其是亚洲，世界人口的60％居住于此。非洲、北美洲和拉丁美洲约占世界陆地面积的一半而人口还不到世界总人口的 1/4。大洋洲更是地广人稀。南极洲迄今尚无固定的居民。欧洲和亚洲人口密度最大，平均每平方千米有90人以上；非洲、拉丁美洲和北美洲平均每平方千米在20人以下。大洋洲人口密度最小，平均2.5人/平方千米。

世界人口按纬度、高度分布也存在明显差异。北半球的中纬度地带是世界人口集中分布区，世界上有近80％的人口分布在北纬20°～60°之间，南半球人口只占世界人口的11％以上。世界人口的垂直分布也不平衡，55％以上的人口居住在海拔200米以下、不足陆地总面积28％的平原和低地。由于生产力向沿海地区集中的趋势不断发展，人口也随之向沿海地带不断集中。目前各大洲中距海岸200千米以内临海地区的人口比重，已显著超过了其面积所占的比重，并且沿海地区人口增长的趋势还会持续。

从国家方面看，人口分布情况也类似。目前世界上约有200个国家和地区，其中人口1亿以上的有11个国家，它们是中国（13.41亿人）、印度（12.16亿人）、美国（3.10亿人）、印度尼西亚（2.34亿人）、巴西（1.93亿人）、巴基斯坦（1.67亿人）、孟加拉（1.64亿人）、尼日利亚（1.56亿人）、俄罗斯联邦（1.40亿人）、日本（1.27亿人）和墨西哥（1.09亿人）。这11国人口总数共有41.58亿，约占世界总人口的60.99％。此外世界上还有一些人口非常少的国家，如瑙鲁（0.7万人）、安道尔（5万人）、圣马利诺（2.3万人）、摩纳哥（3万人）、梵蒂冈（1 380人）。

世界各民族生活的地区环境差异较大，不同民族历史背景各不相同，因此世界各民族的民俗体现在日常生活的方方面面，表现出多样性、差异化等特点。此外，民俗还具有集体性与模式性、传承性与播布性、稳定性与变异性、民族性与地域性、原始性与神秘性等特征。

三、世界民俗的分类方法

国外对民俗的系统研究远比我国要早。世界上对民俗的分类较多，20世纪上半叶对后来影响较大的分类有下列两种：一种是纲目式的，按照逻辑以大纲统属细目；另一种是平列式的，按照材料的分量定类，不管类与类之间是否具有逻辑上的并列关系。

英国的博尔尼女士（C S Burne）在《民俗学手册》中大致把民俗按精神领域、行为领域、语言领域划分为三大类。

法国的山狄夫在《民俗学概论》中提出了另一个三分法：他认为民俗可以分为物质生活、精神生活和社会生活三种。物质生活又包括经济上的物质、生存的方法和盈利与财富。精神生活包括方言、民间学识与运用、民间智慧、艺术和神学。社会生活包括家族、社团、特别组合。

这两个分类是纲目式的，便于突出民俗事象之间的逻辑联系和民俗分类框架的系统性。另一种分类是平列式的，如瑞士的霍夫曼·克莱耶（Hoffmann Krayer）把民俗分为18类，即民俗分为乡村、建筑物、用具、象征物、技艺与一般艺术、人民心理现象、惯习及其原物（如首饰等）、饮料及食物、惯性、民族法律、信仰、家庭医药、民间诗歌、民间故事、民间戏剧、历法历书、民间语言、名号（如地名、人名、神名、动植物名等）。

本书基于篇幅和整体框架结构的考虑，将每个洲的民族民俗构成一章。关于欧洲民俗则因涉及国家众多，按欧洲语系的划分进行了综合。世界各国民俗类型也极其复杂，本书将其分为物质民俗和非物质民俗两个部分进行介绍，以此突出各章节的整体性与结构性。

【思考题】

1. 简述我国民族的形成与发展。
2. 简述我国民族人口的分布情况。
3. 论述我国民族民俗的特点。
4. 简述我国传统民俗的分类方法。
5. 简述世界民族人口的分布情况。
6. 简述国外关于民俗的分类方法。

第三章 我国人口数量500万以上的民族民俗

【学习目标】
- ● 了解我国人口数量在 500 万以上的民族及分布，及其语言文字
- ● 掌握汉、壮、满、回、苗、维吾尔、土家、彝、蒙古、藏的民族风俗

【知识要点】
- ● 建筑与饮食习俗
- ● 服饰习俗
- ● 婚丧习俗
- ● 节庆习俗
- ● 宗教、礼仪与禁忌

　　根据 2000 年我国第五次人口普查的数据显示，我国人口数量超过 500 万的民族有 10 个，这些民族不仅有着悠久的历史、灿烂的文化，还有各自丰富多样的民族习惯和民俗生活。

第一节 汉 族

　　汉族是我国人口最多的民族，人口约 11.6 亿，占我国总人口的 91.6%。主要分布在中国的松辽平原及黄河、长江、珠江等大河中下游流域的农业发达地区，散居于全国各地。

　　汉族有自己的语言和文字，现在通用的简化汉字是从殷商甲骨文和商周金文演变而来的。汉族的语言通称汉语，属汉藏语系，是世界上历史最悠久、最丰富的语言之一。汉语分为北方、吴、湘、赣、客家、闽北、闽南、粤等八大

方言。现代汉语普通话以北方方言为基础，以北京语音为标准音。

一、建筑与饮食习俗

（一）民居建筑

汉族由于分布广泛，传统住房因地区不同而有不同的样式。居住在华北平原的汉族，传统住房多为砖木结构的平房，院落多为四合院式，以北京四合院为代表。居住在东北的汉族，传统住房与华北基本相似，区别在墙壁和屋顶，住房很厚实，主要是为了保暖。居住在陕北的汉族，根据黄土高原土层厚实、地下水位低的特点挖窑洞为住房，窑洞不仅冬暖夏凉，而且不占耕地面积。居住在南方的汉族，其传统住房以木建房屋为主，讲究飞檐重阁和律卯结构。由于南方各地习俗和自然条件不同，在住房建筑布局上也有差异。如丘陵山地的楼房依山而建，江浙水乡则注重前街后河，福建的土楼庞大而美观，苏州的楼阁小巧而秀丽。

无论南方还是北方的汉族，其传统民居的共同特点都是坐北朝南，注重室内采光；以木梁承重，以砖、石、土砌护墙；以堂屋为中心，以雕梁画栋和装饰屋顶、檐口见长。

（二）饮食习俗

汉族的基本饮食结构以粮食作物为主食，以各种动物食品、蔬菜为副食，饮食习惯为一日三餐。汉族主食为小麦、玉米、稻米等，辅以蔬菜、豆制品和鸡、鱼、猪、牛、羊肉等副食，茶和酒是传统饮料。汉族人习惯将大米做成米饭、粥或米粉、米糕、汤圆、粽子、年糕等；将小麦面粉做成馒头、面条、花卷、包子、饺子、馄饨、油条、春卷、炸糕、煎饼等。讲究并善于烹任是汉族的一大饮食特点。不同地区的汉族人用炒、烧、煎、煮、蒸、烤和凉拌等烹饪方式，形成了粤、闽、皖、鲁、川、湘、浙、苏等八大菜系，闻名于海内外。

二、服饰习俗

汉族的服饰比较复杂，从古到今变化很大。古代服装有裙装、袍服等。到近现代，汉族男子穿简化的长衫和马褂，头戴呢帽、皮帽、毛线帽，也有的穿西式礼服、戴呢帽。女子最初穿简化的上衣、下裙，以后流行穿改良的旗袍，也有的以连衣裙作礼服。公职人员和知识分子穿中山装，城乡男女则穿对襟和大襟式的衣服。20 世纪 50 年代，城市男女多穿蓝干部服，男女服装的区别只在于领口不同和衣袋的多少。进入 80 年代以后各地流行穿西服、夹克、风衣、运动衫、呢大衣、羽绒服等。

三、婚丧习俗

(一) 婚姻习俗

在婚制方面，古代汉族虽通行一夫一妻制，但纳妾现象较为普遍，近代俗称"讨小老婆"或"娶姨太太"，而寡妇一般不准改嫁，特别是封建社会后期，理学兴起，规矩甚严，有的要终身穿素服守寡。

在婚姻形式方面，旧时除明媒正娶外，还有买卖婚、表亲婚、换亲婚、转房婚、招养婚（俗称"入赘"）、典妻婚、童养婚、指腹婚、孝婚以及冥婚等。

汉族婚礼习俗源远流长，民族色彩浓郁。早在春秋战国时期即已形成一套完整的礼仪，即"纳彩"、"问名"、"纳吉"、"纳征"、"请期"、"亲迎"等，称为"六礼"。

"纳彩"即男家请媒人向女家提亲，叫"说媒"。"问名"即双方交换年庚，近代称"换龙凤帖"，然后卜卦"合婚"。"纳吉"即为"订婚"。"纳征"为男家向女家下聘礼，俗称"彩礼"。"请期"就是选择好婚期吉日征求女方意见。"亲迎"即为迎娶新娘。从古至今，婚俗虽因时代变化，或贫富相异而有繁简之别，但基本仪式程序相似。即使到了现代，自由恋爱兴起，仪式程序更趋简化，不过媒人（介绍人）通言、相亲、定亲和迎娶等习俗仍有一定保留。"六礼"中以"亲迎"内容最为丰富，主要习俗有铺房、哭嫁、撒谷豆、举火、泼水、障面、穿红衣、新娘足不履地、坐花轿、跨马鞍、拜堂、撒帐、交杯、闹房等。

(二) 丧葬习俗

汉族丧葬旧的传统是讲究重殓厚葬，并夹杂着许多迷信的习俗。汉族自古盛行棺木土葬，葬礼隆重，分殓、殡、葬三个阶段进行。

殓　就是给尸体穿衣下棺。人初死入殓前要给死者招魂、沐浴。殓分小殓和大殓两步。小殓是给尸体裹衣衾，一般用布帛，富庶人家用丝绸，有的皇族用玉衣。大殓是把尸体装进棺材。棺材称"寿材"，男棺刻有"寿"字，女棺刻有"福"字，有的则刻以"福禄寿"三字的合写体。

殡　就是入殓后停柩于殡宫，殡期长短不一，主要由奔丧者而定。古代多停棺 3 个月而葬。汉族传统习俗，父母死亡，儿女必奔丧，否则为不孝。而亲朋好友将来哀悼祭奠死者，称之为"吊丧"或"吊唁"。

葬　就是掩埋死者遗体，即棺木入土。旧俗入葬前往往要看风水、择坟地，谓"择吉地"。送葬又叫出殡。送葬时古代汉族一般是"孝子"在前执绋，挽柩者唱挽歌。挽歌到近、现代演变为哀乐。亲朋好友写挽词或挽联送葬，到近、现代又演变成送花圈，在花圈上写挽联。古时还有以人殉葬的习俗。

葬礼以后，有做七、断七、百日、周年等追悼仪式，并将牌位送归祠堂，这已从葬礼时对人的礼仪转为对"鬼灵"、"祖灵"的礼仪。另外，汉族还有"归葬"的习俗，就是将死于他乡的遗体归葬原籍。

四、节庆习俗

春节　旧时称为元旦，俗称过年，时间从正月初一至十五。初一零时起各家各户燃放鞭炮，辞旧迎新。天刚破晓，乡间妇女到井（河）边"抢新水"。这一天一般不走亲访友，不杀生，有的人吃斋。城乡都有贴春联、贴门神的习惯。从年初一开始，城内就开展舞龙舞狮活动。年初二，各家各户清早起来杀鸡热粽供神，叫做接财神，乡间称为祭，即"开年"。亲戚朋友互相来往拜年，一般是晚辈携带礼品到长辈家里拜年。初七是人日，老人说这是众人的生日。这天早上，各家各户煎年糕、炒粉利、热粽子吃，晚上还杀鸡饮宴。乡间在十二、十三这两天欢聚在庙里观看演春傩和师公戏。

农历正月十五元宵节　又称为上元节、春灯节，是中国民俗传统节日。中国幅员辽阔，历史悠久，所以关于元宵节的习俗在全国各地不尽相同，其中吃元宵、赏花灯、舞龙、舞狮等是元宵节几项重要的民间习俗。

清明节　清明前后几天，各家各户做五色糯饭，备上祭品去拜山（扫墓），以祭祀先人。

端午节　农历五月初五，这一天各家用苇叶把糯米包成羊角粽，又名凉粽或三角粽。人们还用艾绒制成猴状或三角符状的香囊，挂在小孩胸前以防病。晚饭后，各家用当天从街上买回来的香蒲草、艾叶枝、酒饼果叶、路边青等草药来煮水洗澡，据说可以治皮肤病及去邪气；据说饮雄黄酒可以解毒；或以朱砂粉点于小孩额中，可以防生疮痱。

中元节　农历七月十五，又称"鬼节"或"盂盆会"。中元节是道教的说法，又称亡人节、七月半。民间多在此节日怀念亲人，并对未来寄予美好的祝愿。

中秋节　农历八月十五，亲朋好友以月饼互相馈赠。出嫁的女儿也买月饼、柚子等回娘家。晚上合家团聚，焚香拜祭月神，南宁汉人叫赏月。小孩手拿各式花灯，游街串巷，嬉戏为乐。

重阳节　农历九月初九，二九相重，称为"重九"。民间在这一日有登高的风俗，又称"登高节"，还有重九节、茱萸、菊花节等说法。由于九月初九"九九"谐音"久久"，有长久之意，所以常在此日祭祖、推行敬老活动。

下元节　为中国民间传统节日，农历十月十五，亦称"下元日"、"下元"。道家有三官，天官、地官、水官，谓天官赐福，地官赦罪，水官解厄。下元节就是水官解厄旸谷帝君解厄之辰，俗谓是日。

冬至节　俗称"过冬"或"拜冬节"。南宁汉族普遍有过冬至节的习俗，故有"冬大过年"之说。到了这天各家各户除了做汤圆外，还备三牲祭祖先神祇，晚上合家欢饮。

腊月二十三　又称"小年"，是中国传统文化民间祭灶、扫尘、吃灶糖的日子。这一天人们还有扫尘、剪窗花、写春联、沐浴、理发等习俗。

除夕　又称年三十晚，腊月三十或二十九，是一年的最后一天。这一天家家户户大团圆，杀鸡备酒肉，祭祖先诸神，祈求新的一年招财进宝，合家平安幸福。祭毕，全家欢宴，菜肴丰盛，其中必有一条鱼，菜肴须有剩余，以应"年年有余"的吉兆。当晚老人不睡觉称为"守岁"，小孩得了压岁钱后，也都一同守岁。到了子时，家家鞭炮齐鸣，此谓"除旧迎新、迎春接福"。

此外还有土地诞节、糍粑节、六月六 "食新节"、十月初一"送寒衣"等节日。

五、宗教、礼仪、禁忌

（一）宗教

原始宗教——巫鬼信仰，汉族先民在古代原始社会信仰原始宗教。其特点是信鬼神，重祭祀。

儒教　前 2 世纪，汉武帝确立儒家的官学地位以后，儒家思想逐渐成为汉族的正统思想。儒家思想的核心在"仁"与"礼"。"仁"的意思是"爱人"，即对别人怀善意与宽容。"礼"是维护家族、社会、国家的各种等级关系，使之和谐巩固的制度和观念。

道教　创始于公元 2 世纪，在古代巫术、方术、黄老之学的基础上产生。道教教义，信仰居于名山洞天福地仙境中的神仙真人，宣传天道循环、善恶承负、因果报应的宗教信条，主张通过修正、修善、积德、修性的途径，达到成神成仙、长生久视的目的。

佛教　起源于印度，创始人是释迦牟尼佛。佛教的原始教义认为现实的人生存在许多痛苦，痛苦的原因在于人自身的惑（贪、嗔、痴）、业（身、口、意），并由轮回报应造成。摆脱痛苦的途径唯有依佛教经、律、论三藏，修持戒、定、慧三学，洞察人生痛苦的本源，断除生老病死的根本，使贪、嗔、痴等烦恼不再起于心头，从而得到根本的解脱。

其他宗教　历史上汉族人还信仰祆教、摩尼教、景教，这些宗教盛行于唐代，后逐渐衰落。还有信仰伊斯兰教的汉族，后来被社会及本人自动归入回族之中，成为回族的一部分。近代还有少数汉族人信仰基督教、天主教等。

（二）礼仪与禁忌

汉族多在正月初一、初二、初三忌生食，即年节食物多于旧历年前煮熟，过节三天只需回锅。以为熟则顺，生则逆，因而有的地方在年前将一切准备齐全，过节三天有不动刀剪之说。

在过去汉族不少地区的怀孕妇女忌食兔肉，认为吃了兔肉生的孩子会生兔唇。还有的地方禁食鲜姜，因为鲜姜外形多指，唯恐孩子手脚长出六指。未生育的妇女忌食狗肉，认为狗肉不洁，而且食后容易导致难产。

喜庆日忌穿白色衣服；对人忌说"13点"；忌说男人"乌龟"；许多地方忌用"4"字，因为"4"与"死"谐音；热恋中的男女忌同吃一只梨，探望病人忌送梨，因"梨"与"离"谐音；乔迁新居、祝寿忌讳"送钟"，因"送钟"与"送终"同音。

第二节　壮　族

壮族是中国少数民族中人口最多的一个民族，人口约 1 618 万。主要分布于广西、云南省文山壮族苗族自治州、红河哈尼族彝族自治州和曲靖地区、广东连山、贵州从江、湖南江华等地。壮族在宋代史籍中称为"撞"、"僮"。解放后称"僮"。1956 年改族名为"壮族"。壮语属汉藏语系壮侗语族壮傣语支，分南北两大方言。1957 年创制了以拉丁字母为基础的壮文。

一、建筑与饮食习俗

（一）民居建筑

居住在坝区和城镇附近的壮族，其房屋多为砖木结构，外墙粉刷白灰，屋檐绘有装饰图案。居住在边远山区的壮族，其村落房舍多数是土木结构的瓦房或草房，建筑式样一般有半干栏式和全地居式两种。

干栏也叫木楼、吊脚楼。多为两层，上层一般为 3 开间或 5 开间，住人；下层为木楼柱脚，多用竹片、木板镶拼为墙，可作畜厩，或堆放农具、柴火、杂物；有的还有阁楼及附属建筑。一般干栏都依山傍水，面向田野，采光好。

（二）饮食习俗

多数地区的壮族习惯日食三餐，有少数地区的壮族日食四餐，即在中餐和晚餐之间加一小餐。早、中餐比较简单，一般吃稀饭，晚餐为正餐，多吃干饭，菜肴也较为丰富，以大米、玉米为主食。

日常蔬菜有瓜苗、小白菜、油菜等各类青菜，豆叶、红薯叶、南瓜苗等也可以为菜。以水煮最为常见，也有腌菜的习惯，腌成酸菜、酸笋、咸萝卜、大头菜等。壮族不禁食任何禽畜肉。

壮族喜爱猎食烹调野味、昆虫，对三七的食疗颇有研究。壮族还擅长烤、炸、炖、腌、卤，嗜酒，口味麻辣偏酸，喜食酥香菜品。主要特色菜有辣血旺、火把肉、壮家烧鸭、盐风肝、脆熘蜂儿、五香豆虫、油炸沙虫、皮肝糁、子姜野兔肉、白炒三七花田鸡、岜夯鸡等。

壮族自家还酿制米酒、红薯酒和木薯酒，其中米酒是过节和待客的主要饮料，有的在米酒中配以鸡胆称为鸡胆酒，配以鸡杂称为鸡杂酒，配以猪肝称为猪肝酒。饮鸡杂酒和猪肝酒时要一饮而尽，留在嘴里的鸡杂、猪肝则慢慢咀嚼，既可解酒，又可当菜。

壮族有许多著名的菜肴和小吃，主要有马脚杆、鱼生、烤乳猪、花糯米饭、宁明壮粽、状元柴把、白切狗肉、壮家酥鸡、清炖破脸狗、龙泵三夹。

二、服饰习俗

壮族男子多穿对襟上衣，纽扣以布结之，胸前缝一小兜，与腹部的两个大兜相配，下摆往里折成宽边；下裤短而宽大，有的缠绑腿；扎绣花纹的头巾。壮族妇女偏好蓝黑颜色，喜穿长裙、短衣，头包青色绣花帕，腰系精致围腰。上衣分对襟和偏襟两种，右衽上衣，衣领、袖口、襟边都绣有彩色花边；下着黑色宽肥的裤子；也有穿黑色百褶裙，上有彩色刺绣，下有彩色布贴，色彩绚灿耀眼。扎布贴、刺绣的围腰，戴绣有花纹图案的黑色头巾。节日或赶墟歌场穿绣花鞋，披戴绣花垫肩。

壮族女子喜爱银饰，上衣为密纽、窄腰、小袖，盛装穿细褶筒裙，多姿多彩。胸兜、鞋、帽上喜绣鸟兽、人物、花卉纹样，色彩艳丽。礼服挂满银链、银扣、银项圈、银头饰，银光闪闪，富丽堂皇，光彩照人。

三、婚丧习俗

（一）婚姻习俗

壮族婚姻的基本形态是一夫一妻制。各支系都普遍实行氏族外婚，但同姓不同宗可以通婚。婚姻形式基本实行自由恋爱和父母包办的双轨制。男女青年婚前有社交自由，但双方即便情投意合，也须征得父母同意后才能结婚。自由婚姻的主要方式是男女青年通过唱山歌择偶。

媒人说婚通常要进行若干次，第一二次去女家，若女方父母亦有意，则以便饭招待。如此往返三五次，即可议定亲事，并"合八字"订婚。订婚礼银很重，一般须送与女子全套银制饰物。壮族社会普遍保留着结婚后、生育前"不落夫家"的婚姻习俗。女子婚后第三日即回娘家长住，待怀孕后才正式到夫家生活，此时即称"坐家"或"落夫家"。已婚女子在"不坐家"期间，有权与青年男子对唱山歌和进行其他自由社交。但若与其他男子发生性关系以至怀孕，如被发现，必须由"寨老"调处，对通奸男子进行处罚，处罚方法通常是以五尺红布挂于门上，表示为原夫"接红"，同时赔偿原夫部分礼银，以示歉意。如通奸男子将女子拐去，原夫有权邀亲友追究，拐骗者必须向原夫退赔全部礼金。已婚女子"不落夫家"时间一般以是否怀孕生子为限，若三五年仍不孕，而且弟妹已长大结婚，这时即便不孕也得"落夫家"，反之则改嫁。壮族有招赘习俗，招赘女家通常要派媒人到男家说媒，从妻居男子改与女家姓。夫死妻子可以改嫁，也可以转房。但转房仅限于兄死弟无妻，嫂转为弟妻。

（二）丧葬习俗

壮族人死后，停尸于正厅，以柚叶、桃叶或姜煎水浴尸换装。入殓时孝男孝女放声号哭，也有唱《丧歌》的习惯表示诀别。一般停尸三日，亲戚故旧来吊，洒酒供祭，将死者生前喜爱的器物置于尸旁，用铜钱遮眼、塞口，或填以糯米饭、茶叶，意为使死者在往阴间的路上有赶路饭和买路钱。有的以朱砂点五官，叫做"开光"。尸体遮盖白布，擂鼓或燃放鞭炮致哀。如死者为妇女，还必须向外家报丧，等外家来人"见面"后方能入殓。

壮族有"二次葬"的传统。一般葬后三年揭棺，捡取骸骨放入陶缸内（此环节叫"捡金"，装尸骨的罐子叫"金罐"）置于岩洞或土洞中，选择"吉壤"再行安葬，称"二次葬"，至此死者成为祖先神灵而受供奉。非正常死亡的死者，被认为将变成恶鬼，因此必须火葬。请道公诵经打斋，骨灰随道公跳过火坑，才承认其阴魂与祖先神灵有同等地位。

四、节庆习俗

壮族人几乎每个月都要过节，其中一些节日和宗教活动关系密切，比如居住在云南的部分壮族，家历正月祭献"老人厅"；二月初二杀猪祭龙山；三月初三祭雷神；五月祭龙；六月祭献杨六郎；七月十四的祭祖较隆重，家家户户都要杀鸡宰鸭，供奉祖先。此外最隆重的节日莫过于春节、三月三等。

春节　一般在腊月二十三过送灶节后便开始着手准备。二十七宰年猪，二十八包粽子，二十九做糍粑。除夕这天，全家欢聚在一起，煮初一全天吃的米饭，叫"压年饭"，这是预祝来年五谷丰登的意思。大年初一居住在山区的壮族人还有汲新水的习俗，妇女们穿着新衣新鞋来到河边水渠，挑新水回家，汲回来的新水加红糖、竹叶、葱花、生姜煮沸后，全家和客人都要喝。初二以后方能走亲访友相互拜年，一直延续到十五元宵，有些地方甚至到正月三十整个春节才算结束。

三月三　按过去的习俗为上坟扫墓的日子，届时家家户户都要派人携带五色糯米饭、彩蛋等到先祖坟头去祭祀、清扫墓地。对歌也是三月三的一项主要活动，因此又称"歌圩"或"歌节"。歌圩是壮族民间传统文化活动，也是男女青年进行社交的活动。在壮语中被称作"窝墩"、"窝岩"，意为"去野外玩耍"。

牛魂节　农历四月初八，又称脱轭节。这天要给牛脱轭，刷洗身子，放牧到水草丰美的地方。牛栏要打扫干净，铺上干爽稻草。不准役使，更不准鞭打，还要给牛唱山歌，喂牛吃米饭。过去有些寨子里还建有牛魔王庙，过节这天要杀猪祭祀，村民们在庙里聚餐。

五、宗教、礼仪、禁忌

（一）宗教

古代壮族没有形成统一的宗教，其先民由自然崇拜发展到祖先崇拜和多神信仰。壮族普遍崇拜祖先，每户正堂屋的神壁上都供奉"天地国亲师之位"和祖先神位。唐宋以后，佛教、道教先后传入，建立了寺庙。1858 年以后，天主教传入，1862 年基督教教传入，但都未传开。各家都有神龛，敬奉祖先。不少地区有巫公、巫婆进行占卦等。

（二）礼仪与禁忌

按照壮族礼仪，客人到家须给客人力所能及的最好的食宿，对客人中的长者和新客尤其热情。用餐时须等最年长的老人入席后才能开饭；长辈未动的菜，晚辈不得先吃；给长辈和客人端茶、盛饭，必须双手捧上，而且不能从客人面前递，也不能从背后递给长辈；先吃完的要逐个对长辈、客人说"慢吃"再离席；晚辈不能落在全桌人之后吃完。

路遇老人，男的要称"公公"，女的则称"奶奶"或"老太太"；遇客人或负重者，要主动让路，若与负重的长者同行，要主动帮助并送到分手处。壮族人忌讳农历正月初一杀牲。有的地区青年妇女忌食牛肉和狗肉。妇女生孩子的头三天忌讳外人进家门。忌讳生孩子尚未满月的妇女到家里串门。

第三节　满　族

满族，原称满洲族，满民、满人等，人口约 1 068 万。满族散居中国各地，以居住在辽宁的为最多，其他散居在吉林、黑龙江、河北、内蒙古、新疆、甘肃、山东等省区。满语属阿尔泰语系满—通古斯语族满语支，满文是 16 世纪末参照蒙古文字母创制的，现今只有少数老年人会说满语。满族人能歌善舞，主要的舞蹈有秧歌舞和单鼓腰铃。满族乐器主要是八角鼓。满族人有自己民族的满戏，又名"八角鼓戏"。

一、建筑与饮食习俗

（一）民居建筑

满族的住房，一般院内有一影壁，立有供神用的"索伦杆"。满洲族传统住房一般为西、中、东三间，东头的一间朝南开门，是外屋又称东下屋；中间称堂屋；西头的两三间房屋为卧室，称里屋或西上屋。西上屋设南、西、北三面炕，满族人喜欢睡火炕，家家户户都是南北大炕，屋子西面沿着山墙还有窄炕，把南北炕联起来，俗称"万字炕"，其中以西炕为尊，南炕为大，北炕为小。南炕居长辈老人，北炕住小辈；西炕则为祖宗神位，墙上供着祖先神板，炕上设摆香案，一般不住人，最忌小辈和妇女坐。满族房舍的南、北、西三面"皆辟大窗户"，且分上下两层，窗棱以万字或工字为格。此外房梁上常悬着悠车，用桦木制成，成长方形或椭圆形，出生的婴儿放在里面睡觉，母亲边悠车边哼着摇篮曲。所以有民谣说："东北有三怪，窗户纸糊在外，大姑娘叼烟袋，生了孩子吊起来。"

（二）饮食习俗

满族人一日三餐，习惯早晚吃干饭或稀饭，中午吃用黄米或高粱做成的饼、糕、馒头、饽饽、水团子等，做干饭也多用小米、高粱、玉米。满族的副食中肉类以猪肉为主，还有牛、羊肉及狍、野鸡、鹿、河鱼、哈什蚂等。菜肴主要有白肉、血肠、酸菜火锅，颇具特色。

蔬菜除日常食用的家种白菜、辣椒、葱、蒜、土豆外，还有采集来的蕨菜、刺嫩芽、大叶芹、枪头菜、柳蒿、四叶菜等山野菜，及木耳、各种蘑菇等。或炸或熬或炖，吃法不一，是满族的传统食俗。冬季菜肴主要是酸菜和豆腐。

满汉全席是我国最著名的、规模最大的古典筵席，是满、汉族合宴名称，席上的珍肴有熊掌、飞龙鸟、猴头、蛤土螺、人参、鹿尾、驼峰等，其中以猪肉为主。做法多是烧、烤、煮、蒸，火锅类、涮锅类、砂锅类菜肴占突出地位。

满族人好饮酒，主要有烧酒和黄酒两种。黄酒为小黄米（黏米）煮粥，在冬季发酵酿成，家家都能自制。满族人还酿制果酒，常见的有山葡萄酒、元枣（猕猴桃）酒和山楂酒。另外，过去满族人多喜喝松罗茶，而今新宾满族则多喜喝花茶。

满族人喜食野果，如山葡萄、山里红、元枣子、山核桃、桑葚、英额（稠李子）、松子、榛子等。果品除鲜食和干食外，还有用蜂蜜渍制而食，称作蜜饯。满族人喜吃甜食，过节时吃"艾吉格饽"（饺子）。还保留了饽饽、酸汤子、萨其玛、火锅等许多有民族特色的食品。

二、服饰习俗

满族男女非常讲究头饰，特别是女子成年以后即蓄发绾髻，盘髻的式样有架子头、叉子头和两把头，还缀以金银簪饰和各色花卉。满族妇女日常戴平顶帽，帽子用绒或皮制成，绣有云头花纹，并留有帽沿，后面拖着大飘带。青年妇女则爱戴扇形冠，冠为黑色，用青绒、素缎或纱制成，也称做"旗头"。满族男子头顶上留辫子，剃去周围的头发。平日戴小帽和毡帽，小帽也称便帽，章炳麟称其为"瓜皮帽"，是用六瓣黑缎制成，帽顶缀一丝结或珠子，六瓣合缝，象征着六合一统，有吉祥之意。

旗装是满族男女老少一年四季都穿着的服饰，旗装裁剪简单，圆领，前后襟宽大，而袖子较窄，四片裁制，衣衩较长，便于骑马；窄窄的袖子，便于射箭。由于袖口附有马蹄状的护袖，又称马蹄袖。满族男子多穿带马蹄袖的袍褂，腰束衣带，或穿长袍外罩对襟马褂，夏季头戴凉帽，冬季戴皮制马虎帽。衣服喜用青、蓝、棕等色的棉、丝、绸、缎等衣料制作，裤腿扎青色腿带，脚穿棉布靴或皮靴，冬季穿皮制乌拉。满族女子喜穿长及脚面的旗装，或外罩坎肩。服装喜用各种色彩和图案的丝绸、花缎、罗纱或棉麻衣料制成。有的将旗袍面上绣成一组图案，在衣襟、袖口、领口、下摆处镶上多层精细的花边。脚着白袜，穿花盆底绣花鞋，裤腿扎青、红、粉红等各色腿带。盘头翅，梳两把头或旗髻。喜戴耳环、手镯、戒指、头簪、大绒花和鬓花等各种装饰品。满族男女都喜爱在腰间或衣服的大襟上挂佩饰。

满族妇女不缠足，鞋子绣有漂亮花饰，鞋底中央垫有 10 厘米高的木质鞋跟，穿这样的鞋走起路来，可保持昂首挺胸的身姿和腰肢摇曳的步态。

三、婚丧习俗

（一）婚姻习俗

满族实行一夫一妻制，在过去十六七岁即可订婚，由父母包办。满族青年男女相爱后，婚前有一个"相看"的程序，即男方母亲到女方家看姑娘的容貌，询问年龄，并考察姑娘家的情况等。如果各方面满意，男方母亲就送一份礼物给女方家，婚事就算确定了。结婚前几天，男方家要给女方家送彩礼（俗称过礼），彩礼一般较丰厚，有衣服、首饰、器皿和现金等。结婚前一天，新娘由陪娘陪伴，坐轿或坐车到男方家附近预先借好的住处下榻，俗称"打下墅"，第二天由男方在下榻处迎娶新娘。此后新人要拜天地，在进入洞房之前，新娘要跨过一个火盆，寓意将来的日子红红火火；还要跨过一副马鞍，以示全家老小平平安安。进入洞房后要坐帐，也叫"坐福"，所谓"坐福"实际上是"坐斧"，将一把新斧子置于被褥下，新人坐在上面，寓意坐享幸福。小孩们在一旁把花生、大枣、栗子等干果撒在炕上，寓意早生贵子。

（二）丧葬习俗

满族先人在历史上曾经实行过天葬、土葬、火葬、水葬等丧葬形式，后来主要以土葬为主。但满族人对横死的人，如上吊、车祸、淹死、痨病（肺结核）的死者都必须火化，不能土葬。

满族一般人家在老人死后要顺炕放三块木头，俗称"停尸排子"，把死人放在上边，头朝西，脚朝东。死者的嘴里放一个铜钱或者硬币，叫"含殓"。

停灵三天：第一天报丧，通知远近亲友，当晚家人不能睡觉，叫做"守灵"；一般要在屋里停放一夜，第二天入殓、祭奠，当人们抬尸时，不能走门，要走窗户，因为门是留给活人走的；第三天出灵，即出殡，出殡的时候长子手举"灵头幡"走在灵车前头，灵车后其他子女打着"铭旌"，就是细长的布条，像旗帜一样，系在一根长棍上，布条的周围镶狼牙边。

出殡回来要摆筵席宴请参加送葬的亲戚朋友，叫做"辞灵饭"。祭奠日期有"一七"，也叫"头七"，就是人死后的第七天，家人和子女要携带供饭、供果等到坟头焚烧。以后是"三七"、"五七"、"七七"祭奠。到了一百天还要祭奠，叫"烧百日"。祭奠完毕，家人和子女在坟前脱去孝服叫"脱孝"。到了一周年时要"烧周年"，比较隆重，再以后要"烧三周年"。每年到了清明节，家人和子女要上坟祭奠。

四、节庆习俗

满族许多节日均与汉族相同，主要有春节、元宵节、二月二、端午节和中秋节。节日期间一般都要举行珍珠球、跳马、跳骆驼和滑冰等传统体育活动。此外还有一些本民族特有的节日和习俗。

春节 满族有挂旗过年的习俗，春节时满族八旗每个旗的人都分别在门上挂自己的旗。这些挂旗图案优美，色彩鲜艳，象征着一年的吉祥开端。

走百病 满族妇女的节日。"走百病"在民间很讲究，必须在特定时间进行，妇女们聚合在一起，或走墙边，或过桥，或去郊外，目的是驱病除灾，是一种消灾祈求健康的活动。

添仓节 每年正月二十五，满族农村家家讲究煮黏高粱米饭并放在仓库，用秫秸棍编织一只小马插在饭盆上，意思是马往家驮粮食，寓意丰衣足食。

二月二 俗称"龙抬头日"。当日晨间，满族人家把灶灰撒在院中，灰道弯曲如龙，故称"引龙"。然后在院中举行仪式，祈求风调雨顺。全家人还要吃"龙须面"和"龙鳞饼"。妇女们这天不能做针线活。

虫王节 六月天易闹虫灾。满族过去在六月初六这天，一户出一人到虫王庙朝拜，杀猪祭祀，求虫王爷免灾，保证地里的收成好。

中元节 满族以七月十五为中元节，也视为超度亡灵的"鬼节"。这天各处寺院设立道场，燃灯念经，举行各种超度仪式。

开山节 满族人民在每年中秋后，或农历九月中旬（具体时间不定）为采集草药获得丰收而进行祝福活动。

颁金节 "颁金"是满语，意为满族命名之日。明崇祯八年（1635 年 10 月 13 日），后金汗王努尔哈赤的儿子爱新觉罗·皇太极废除女真（又译为诸申）的旧称，将族名定为满洲。为纪念这一天，皇太极正式宣布，满族人将这天作为节日进行隆重庆祝。1989 年 10 月，在丹东首届"满族文化学术研讨会"上，正式把每年的 12 月 3 日定为"颁金节"。

腊八节 腊月初八，古代称"腊日"，是腊月最重要的节日。从先秦起，腊八节都是祭祀祖先和神灵，祈求丰收和吉祥的节日。人们除了在腊八节祭祖敬神外，还要逐疫，这项活动来源于古代的傩（古代驱鬼避疫的仪式），史前时代的医疗方法之一即驱鬼治疾。据说佛教创始人释迦牟尼的成道之日也在十二月初八，因此腊八也是佛教徒的节日，又称"佛成道节"。

小年 满族过小年的习俗与汉族相同，腊月二十三日为"小年"。届时家家户户要祭祀灶神，俗称"送灶王爷"。

五、宗教、礼仪、禁忌

（一）宗教

满族主要信仰萨满教，早期分宫廷萨满和民间萨满两种。民间萨满又分以跳神为职业的萨满和管祭祀的家萨满两种，现已消失。萨满教的宗教活动主要是与自然崇拜、图腾崇拜和祖先崇拜有关的各种祭祀活动。由于自然崇拜，满族人祭天、祭地；由于图腾崇拜，满族人对动物神、植物神十分尊崇，祭鸦、祭狗、祭佛多妈妈、祭柳；由于祖先崇拜，满族人对祖先敬畏有加，各种年节都要祭告祖宗。

萨满法师日常要为氏族的成员医病，负责为氏族内部的各种大事测算吉凶，还要主持各种祭祀典礼。在各种宗教仪式上，萨满法师具有神力，做法时的装束怪异，手持各种法器，如腰铃、铜镜、抓鼓等，法器上刻绘着各种神灵图案。

此外，满族还信仰佛教。蒙古族信仰藏传佛教（喇嘛教），因此蒙古族在清朝的地位仅次于满族，喇嘛教很快传入满族。

（二）礼仪与禁忌

满族重视礼节。过去见长辈要行"打千"礼，男子曲右膝，右手沿膝下垂；妇女双手扶膝下蹲。平辈亲友相见，不分男女行抱腰接面大礼。满族以西为上，一般满族家庭都在西屋的西炕墙高处置一木架，叫祖宗板，上供一个木匣，装有家谱和神书，每逢家祭，此处便是挂神位的地方。室内西炕不得随便坐人或堆放杂物。最主要的禁忌是不打狗、杀狗、不吃狗肉、不用狗皮制品，忌讳戴狗皮帽或狗皮套袖的客人。此外满族人敬乌鸦，忌讳打骂乌鸦。

第四节　苗　族

苗族是一个发源于中国的国际性民族，人口约 894 万，主要分布在贵州、湖南、云南、湖北、海南、广西等省（区）。苗族有自己的语言，属汉藏语系苗瑶语族苗语支。原先苗族有自己的文字，后来逐渐消失。20 世纪 50 年代后期苗族又开始创制了拉丁化拼音文字。现今大部分苗族人通用汉文。

一、建筑与饮食习俗

（一）民居建筑

苗族房屋多为木结构，以瓦、杉皮或茅草等盖顶，黔中或黔西的苗族地区有用薄石板盖顶。山区多为吊脚楼，海南岛和云南昭通等地的苗族人住长形茅草房或以树干交叉搭成的"权权房"，湘西一带则为石屋。

苗族多居住在山区，住房多以树栅为墙，削树皮为壁，片石为瓦，或以土筑墙，竹片或木片作瓦，内分卧室、厨房和畜厩，摆设简单。部分苗族居住在坝区，住房有水土结构的瓦房，内分三室，左右室各设一侧门，中室设大门，即正门。在部分苗族中，正门一般不得随便出入，凡家中遇有婚丧嫁娶或祭祀等活动，方能由正门出入。

（二）饮食习俗

大部分地区的苗族，一日三餐以大米为主食；油炸粑粑也很常见；肉食多为家畜、家禽，四川、云南等地的苗族喜吃狗肉。苗家的食用油除动物油外，多是茶油和菜油，以辣椒为主要调味品。苗族的菜肴种类繁多，常见的蔬菜有豆类、瓜类、萝卜，大部分苗族人都善做豆制品。各地苗族普遍喜食酸味菜肴，酸汤家家必备。酸汤是用米汤或豆腐水放入瓦罐中 3～5 天发酵后，即可用来煮肉、煮鱼、煮菜。

苗族人保存食物，普遍采用腌制法，蔬菜、鸡、鸭、鱼、肉都喜欢腌成酸味的。日常饮料以油茶最为普遍；湘西苗族还有一种特制的万花茶；酸汤也是常见的饮料。特色食品主要有血灌肠、辣椒骨、苗乡龟凤汤、绵菜粑、虫茶、万花茶、捣鱼、酸汤鱼等。

二、服饰习俗

喜戴银饰是苗族姑娘的天性，她们挽发髻于头顶，戴高约 20 厘米、制作精美的银花冠，花冠前方插有 6 根高低不齐的银翘翅，上面大都打制着二龙戏珠图案。有的地区银冠上除插银片外，还插高约 1 米的银牛角，角尖系彩飘，更显得高贵富丽。银冠下沿圈挂银花带，下垂一排小银花坠，脖子上戴的银项圈有好几层，多以银片打制花和小银环连套而成。前胸戴银锁和银压领，胸前、背后戴银披风，下垂许多小银铃。耳环、手镯都是银制品。两只衣袖上有以火红色为主色的刺绣，袖口还镶嵌着一圈较宽的银饰。

苗族男子多用布包头，身穿短衣裤。苗族妇女的穿戴比较讲究，尤其是盛装极为精美，花饰很多，有的裙子有 40 多层，故名"百褶裙"，衣裙上面绣制的各种图案异彩纷呈，工艺十分精湛。

三、婚丧习俗

（一）婚姻习俗

苗族是一夫一妻制。在一年一度的花山节（农历正月初五，又名"踩花山"）期间，身着节日盛装的男女青年欢聚对歌，表演踩鼓、跳狮子和芦笙舞，热闹非凡。

青年男女在婚恋中必不可少的食品是糯米饭。湖南城步的苗族把画有鸳鸯的糯米粑作为信物互相馈赠。举行婚礼时，新娘新郎要喝交杯酒，主婚人还要请新郎新娘吃画有龙凤和娃娃图案的糯米粑。

（二）丧葬习俗

苗族实行木棺土葬，不同情况另作处置，如在外凶死者不归家入堂，麻疯病人死后，火化后再将骨灰下葬。家人去世，在门前鸣放火枪报丧，亲朋闻讯带着钱、粮赶来协助料理后事。正常死亡者一般都要请指路师傅吟诵《指路经》，吹芦笙、打鼓日夜不停。殉葬物是死者生前使用过的衣、裤、鞋、伞等生活用品。

苗族的丧仪还有一些特殊做法。金平县的白苗和花苗人死后，用麻布包好悬挂在屋内；黑苗、青苗将尸体停放在凳子上，供家族亲友悼念。元阳大山白苗老人死后，将死者遗体置于一张竹床上，一端用麻绳系于屋梁上，一端插入墙壁上的孔洞中。入殓仪式在坟地举行。河口瑶山区八角村至今还保留着特有的悬尸习俗，人死后用篾编制的箩筐装起来挂在房后，然后择日安葬。

四、节庆习俗

苗族节日较多，除传统年节、祭祀节日外，还有专门与"吃"有关的节日。如吃鸭节、吃新节、杀鱼节、采茶节等。过节除备酒肉外，还要备节令食品。

苗年 一般在正月第一个卯日，历时三五天或15天。年前各家各户都要备丰盛的年食，除杀猪、宰牛羊外，还要备足糯米酒。年饭丰盛，讲究"七色皆备"、"五味俱全"，并用最好的糯米打"年粑"，互相宴请馈赠。

杀鱼节 苗语称"停米"，意为"杀鱼"，每年的农历三月举行。杀鱼之前先要用化香树叶舂融后放到河里使鱼昏厥。杀鱼节开始的时间确定后，从最下游河段开始杀鱼，每隔三天杀鱼的河段往上游移动一段。各个河段开始杀鱼前都要举行相应的祭祀仪式，并通知邀请上下游各寨的人都可以来参加。杀鱼这天，天亮前妇女不能出门背水或做其他事。杀到鱼后大伙就在岸上烧起堆堆篝火，用三颗石头支起铁锅，用清水煮鲜鱼。吃完"鱼饭"，青年叉手们趁兴到邻近的小支流上开展"杀叉杆"比赛。现在"杀叉杆"已成为苗族杀鱼节中的一项传统民间体育竞技活动。

祭鼓节　苗族民间最大的祭祀活动，每隔 7 年小祭，每隔 13 年大祭。农历十月至十一月的乙亥日进行，届时要杀一头牯子牛，跳芦笙舞，祭祀先人。

踩花山　一般在每年农历正月初一、初三、初六举办。这几天都要立花杆，举行隆重的踩花山活动。苗家男女老少穿金戴银，从四面八方赶到花杆脚下，吹芦笙、弹响篾、跳脚架、耍大刀、斗牛、摔跤、斗画眉鸟、爬花杆。

打背节　每年农历正月初三到十五举行，是苗族男女青年的节日，主要流行于云南富宁县境内的部分地区。

五、宗教、礼仪、禁忌

（一）宗教

苗族主要信仰原始宗教，重视拜山神、树神、猎神、雨神、火神等自然神灵。遇有暴风骤雨，要烧黄蜡祭鬼。小孩生病，要拜献石头神；大人生病，要杀猪祭水井神，并取"灵水"治病。家有不幸要"做牛鬼"，即"推牛还愿"，祈求神灵保佑。苗族人相信财神，并有"开财门祭"，即钉一块红布于门上，魔公呛咒，杀鸡献祭，以示求财。祖先崇拜在苗族中也很盛行，最大的祭祖节日是每年秋后的"西松"节。平时家人遇到不吉利的事，或做恶梦等，要杀鸡祭祖，并请魔公呛咒转达子孙对祖先神灵的祈求。一些苗族人也信仰道教；崇奉观音、关帝、天王菩萨和盘瓢神等。有的苗族称巫师为"白马"；有的称为"昂"；有的称为"宛能"；昭通部分苗族称为"波摩"，"波摩"曾用汉文书写、诵读士音的经书。近百年来，基督教、天主教传入云南苗族地区，也有所传播。

（二）礼仪与禁忌

在苗族人家做客，切记不能夹鸡头吃，也不能夹鸡肝、鸡杂和鸡腿、鸡胆。鸡杂要敬老年妇女，鸡腿则是留给小孩的。当客人离开主人家时，一定要有礼貌地说声"哇周"，意为"谢谢"，感谢苗家对你的盛情款待。

有些苗族地区，忌随时洗刷饮甄、饭包、饭盆，只能在吃新米时洗，以示去旧米迎新米，随时洗刷会洗去家财，饭不够吃。在山上饮生水忌直接饮用，须先打草标，以示杀死病鬼。忌动他人放在路边的衣物，以免传染麻疯病。忌孩子在家中乱耍小弓箭，恐射中祖先。忌跨小孩头顶，否则孩子长不高。忌妇女与长辈同坐一条长凳。

第五节　回　族

　　回族是回回民族的简称，是中国分布最广的少数民族，人口约983万，信仰伊斯兰教，在居民较集中的地方建有清真寺，又称礼拜寺。回族人主要聚居于宁夏回族自治区，在甘肃、新疆、青海、河北、河南、云南、山东也有不少聚居区。回族的通用语为汉语，第二语言为阿拉伯语。小儿锦是回族当中广泛流行的一种用阿拉伯字母拼写汉语的拼音文字，其中还夹杂许多阿拉伯语、波斯语的词汇和经堂用语专用词汇，同时还有少量的当地方言汉字。

一、建筑与饮食习俗

（一）民居建筑

　　由于回族遍布全国，各地回族民居大都随环境条件而变化，总体上与当地汉族民居或其他少数民族民居有较大相似性。在北方农村，回族多住平房，结构形式较为多样化，如西北的许多回民喜欢盖"虎抱头"式的房屋，有明有暗，按辈分或婚姻状况住宿。宁夏南部山区的回民习惯在平房上面加盖一小间房子，类似岗楼，俗称"高房子"或者"小高楼"，供主人静心礼拜诵经，以防小孩或外人干扰。除平房外，回族民居中还有一些窑洞住宅、砖瓦平房等。

（二）饮食习俗

　　回族分布较广，食俗也不完全一致，如宁夏回族偏爱面食，喜食面条、面片。甘肃、青海的回族则以小麦、玉米、青稞、马铃薯为日常主食。油香、馓子是各地回族喜爱的特色食品，是节日馈赠亲友的必备礼品。民间特色食品有酿皮、拉面、打卤面、肉炒面、牛头杂碎、臊子面等。多数人家常年备有发酵面，供随时使用。居住在城市的回族人一年四季习惯饮用奶茶作为早餐。

　　肉食以牛羊肉为主，食用各种有鳞鱼类，如青鱼、鲢鱼、鳇鱼等。回族擅长煎、炒、烩、炸、爆、烤等烹调技法，有色香味俱佳的名贵菜肴，也有独具特色的家常菜和小吃。西北地区的回族还喜食腌菜。

　　回族饮料较讲究，凡是非流动水、不洁净的水均不饮用。忌讳在饮用水源旁洗澡、洗衣服、倒污水。回民也喜饮茶，西北地区回族的盖碗茶很有名，宁夏回族居民的八宝茶、罐罐茶也很有特色。回族的特色食品主要有清真"万盛马"糕点、羊筋菜、金凤扒鸡、翁子汤圆和绿豆皮等。

二、服饰习俗

回族服饰有鲜明的民族特色，在回族聚居区中依然保持着中亚人的传统穿衣打扮。最显著的特征是具有回族特色的穆斯林服饰，男子多戴白色小圆帽，女子戴各种花色的头巾。男子的圆帽分两种：一种是平顶的；另一种是六棱形的。回族妇女常戴头巾：老年妇女戴白色的，显得洁白大方；中年妇女戴黑色的，显得庄重高雅；未婚女子戴绿色的，显得清新秀丽。不少已婚妇女平时也戴白色或黑色的带沿圆帽，分两种：一种是用白漂布制成的；另一种是用白线或黑色丝线织成的，往往还织成秀美的几何图案。服装方面，回族老汉爱穿白色衬衫，外套黑坎肩（老乡称"马夹"）。回族老年妇女冬季戴黑色或褐色头巾，夏季戴白纱巾，并有扎裤腿的习惯。青年妇女冬季戴红、绿或蓝色头巾，夏季戴红、绿、黄等色的薄纱巾。山区回族妇女爱穿绣花鞋，并有扎耳孔、戴耳环的习惯。

三、婚丧习俗

（一）婚姻习俗

回族的婚姻必须遵循伊斯兰教的规定，把结婚视为天命和圣行。婚姻须双方同意，在自愿的原则下，经家长和媒人施以聘礼，才能举行婚礼。

回族青年婚前要由男方下聘订亲，并择婚礼日期。订亲叫吃粮茶，结婚要请阿訇赞圣证婚，"赞圣"就是赞美安拉促成了这一对青年的美满婚姻，并由阿訇向新郎、新娘讲授伊斯兰教常识，要求男女双方遵守"依玛尼"（信德），背诵清真言，问他们各自的"经名"（宗教名字），若无经名便由阿訇为他们起名。还要问新郎是否已送新娘"迈赫尔"（礼物），因为礼物是夫妻恩爱的象征。最后由阿訇正式念"尼柯哈"，即证婚词，这是婚礼必行的程序，有了证婚词才能说明婚姻得到宗教的正式承认。然后还要举行扒果活动，由阿訇事先把象征长生不老的长生果、早生贵子的枣子、表示富贵的金属小钱及花生、水果粮、米花、核桃等吉祥物放置桌上，抓三把执于新郎事先准备的帕布中（有的地方撒在新郎内衣里），再交给新娘。待客人走后夫妻共享，表示夫妻恩爱，同甘共苦，白头偕老，也是阿訇对新婚夫妇的良好祝愿。婚礼结束，可根据家庭经济状况，准备较丰盛的饭菜待客，开宴前先请阿訇（或师傅）"光道口"后，前来祝贺的亲朋好友才能开始就餐，但禁止喝酒（近代受汉族影响，很多回族人都在阿訇走后饮酒狂欢），一般到晚间还有闹房活动。

（二）丧葬习俗

其一，回族实行土葬，忌火葬。传说是根据伊斯兰教关于安拉造化人类始祖阿旦，是由泥土造成，死后仍归于土中而来的，有"入土为安"之说。其次，主张速葬。回族的丧葬根据伊斯兰教"三日必葬"的规定，一般是早上无常（回族人称逝世为"无常"），下午埋；晚上无常，次日早上埋，不能超过三天。也有个别情况在第四天埋葬的。其三，从俭节约。回族由于受伊斯兰教"葬必从俭"的影响，在处理丧事上，主张薄葬，提倡勤俭节约，反对铺张浪费。其四，一律平等。回族在处理丧事上，无论是地位较高的掌权者、有一定影响和威望的阿訇学者，还是普通的教民、鳏寡孤独无人照料的人，不管是长寿的百岁老人，还是十几岁的少儿，毫无贫富贵贱、大小之区分，一律平等。其五，有自己的场地。回族不管是聚居区，还是与汉族杂居区，都有为自己留好的坟地，决不允许非穆斯林的死者埋葬，也不到汉族和其他民族的坟地埋葬。

四、节庆习俗

开斋节　也叫肉孜节，是回族穆斯林最盛大的节日。在回历每年 9 月，凡男子在 12 岁以上，女子 9 岁以上都要封斋。即从日出后到日落前不得进食，直到回历 10 月 1 日开始为开斋。届时要欢庆三天，家家宰牛羊等招待亲友庆贺，并要做油香、馓子等节日食品。

古尔邦节　即献牲节，在回历 12 月 10 日。节日当天不吃早点，到清真寺做过礼拜之后宰牛献牲。献牲的牛羊要体态端正、无缺损，宰后的牲畜按传统分成三份：一份施散济贫；一份送亲友；一份留自己食用，但不能出售。

阿述拉节　西北部回族节日，即时要选用当地的五谷杂粮，掺上牛羊杂碎煮熟食用，节日期间宴请客人必备手抓羊肉，还有用鸡肉做成各种菜肴。据说，阿述拉节的斋戒可以消抹一年的罪过。

圣纪节　亦称圣忌节，冒路德节，为伊斯兰教的三大节日之一，是穆斯林为了纪念伊斯兰教圣人穆罕默德创建伊斯兰教，在他诞辰和逝世的这天举行集会，以后逐渐成为伊斯兰教的节日。

五、宗教、礼仪、禁忌

（一）宗教

回族群众多信仰伊斯兰教，在居住较集中的地方建有清真寺，由阿訇主持宗教活动，经典主要是"古兰经"，信徒称"穆斯林"。按伊斯兰教历，每年 12 月 10 日为古尔邦节。每年的这一天，有宰牲献祭的习俗沿袭至今。

另外伊斯兰教规定，每年教历 9 月为斋月，在斋月里要封斋，要求每个穆斯林在黎明前至落日后的时间里，戒饮、戒食、戒房事，其目的是让人们在斋月里认真反省自己的罪过，使富人亲身体验饥饿的痛苦。

（二）礼仪与禁忌

在日常生活中，回族人见面都要问安，客人来访要先倒茶，还要端上瓜果点心或自制面点招待，所有家庭成员都来与客人见面、问好。若遇上老年客人，还要烧热炕请老人坐，并敬"五香茶"或"八宝茶"。送客时全家人都要一一与客人道别、祝福。远客、贵客还要送出村庄或城镇。

回族人忌食猪肉、狗肉、马肉、驴肉和骡肉，不吃自亡的、非伊斯兰教者宰杀的畜禽肉，不吃动物的血等。忌讳别人在自己家里吸烟、喝酒。禁用食物开玩笑，也不能用禁食的东西作比喻，如不得形容辣椒的颜色像血一样红等。禁止在人前袒胸露臂。凡供人饮用的水井、泉眼，一律不许牲畜饮水，也不许任何人在附近洗脸或洗衣服。取水前一定要洗手，盛水容器中的剩水不能倒回井里。回族的日常饮食很注意卫生，饭前饭后都要用流动水洗手，多数回族人不抽烟，不饮酒，就餐时长辈要坐正席，晚辈不能与长辈同坐在炕上，须坐在炕沿或地上的凳子上。舀水、舀饭均不得往外舀。

第六节　维吾尔族

维吾尔族中的"维吾尔"是民族自称，意为"团结"、"联合"。人口约 841 万，主要聚集在新疆维吾尔自治区。另外在湖南的桃源、常德也有分布。维吾尔族说维吾尔语，属阿尔泰语系突厥语族的西匈语支，分中心、和田、布罗三个方言。8 世纪曾用过突厥如尼文，9～15 世纪用过回鹘文，现使用以阿拉伯字母为基础的维吾尔文。

一、建筑与饮食习俗

（一）民居建筑

维吾尔族的传统建筑具有明显的干旱地区建筑特点。多以土坯砖为建筑材料，少用甚至完全不用木料，房顶多穹窿顶或平顶，墙壁较厚，拱形门窗，窗口少而且小，天窗较大用来采光。屋内砌土炕，供起居坐卧，有火墙、炉灶，以取暖、做饭。住房多成方形院落，屋内多装饰民族图案。大门忌向西开，房前屋后种果树、花木，屋前搭葡萄架成一凉棚。有些住房还有较宽的前廊。

（二）饮食习俗

维吾尔族人日食三餐，早饭吃馕和各种瓜果酱、甜酱，喝奶茶、油茶等，午饭是拉面、米饭等各类主食，晚饭多是馕、茶或汤面等。喜食面食和牛羊肉，主食的种类有数十种，最常吃的有馕、羊肉抓饭、包子、面条等。维吾尔族喜欢饮茯茶、奶茶，夏季多食瓜果，有烤食羊肉串的习俗。逢年过节或婚丧嫁娶的日子都必备抓饭待客，抓饭的种类很多，花色品种十分丰富。

特色食品有馕、抓饭、烤包子、拌面等，还有很多著名的风味菜肴和小吃，如烤全羊、手抓羊肉、帕尔木丁、薄皮包子、烤羊肉串等，此外还有油馓子、银丝擀面（维吾尔语称"玉古勒"）、哈勒瓦、羊杂碎、曲连（面食）、烤南瓜、葡萄干、哈密瓜、黄萝卜（胡萝卜）酱等。

二、服饰习俗

维吾尔族老年男性喜欢穿右衽斜领无纽扣的"袷袢"（长上衣），腰系长带，足着"买斯"（软底鞋），且外套"喀拉西"（套鞋）。中青年男性喜穿小花或花格衬衣，西式长裤，外着西服或便服，喜穿皮鞋。

妇女无论冬夏喜着裙装，西式上装配以长裙，足穿长筒袜和皮靴，头戴花帽或系纱巾，冬季围大方巾。现在城乡妇女均喜欢戴首饰，以耳环、手镯、戒指比较多见，也戴项链。年青姑娘有画眉的习惯，将两眉连在一起。维吾尔族姑娘以长发为美，婚前梳十几条细发辫，婚后一般改梳两条长辫，辫梢散开，头上别新月形梳子为饰品。

维吾尔族男女老少都戴四楞小花帽，花帽品种繁多，维吾尔语音译为"朵帕"，一般都用黑白丝线或彩色单线绣出各种民族形式的花纹图案，以绣花、挑花、绊金、绊银、串珠等方法，手工缝织而成。

三、婚丧习俗

（一）婚姻习俗

维吾尔族婚姻在本民族内缔结，男女青年的婚姻大多是自由恋爱结合的。举行婚礼的前一天，男方家将准备好的礼物送到女方家。结婚当天早晨，在女方家里举行"尼卡"（证婚）仪式。举行仪式时，男女两人站定，由阿訇居中主持婚礼，念《古兰经》，仪式结束后新郎回家做迎亲的准备。这天新郎和新娘两家同时在各自的家中设喜宴招待宾客，下午由男方的伴郎们陪同新郎前往女家迎亲。按照习俗，新娘到婆家时男家的大门前要点燃一堆驱魔除邪的神火，由一位客人钳一点火星在新娘头上绕三圈，新娘再绕火堆走一圈才能登堂入室，进入新房。婚礼的第二天在男家举行"揭盖头"仪式，这天下午新娘头蒙面纱，坐在炕沿或床沿上，在宾客逗笑嬉戏的高潮时由一位少女突然将新娘头上的盖头揭去，新娘害羞藏娇，不声不语，此刻新房内一片欢腾，一对对青年男女在欢快的旋律下翩翩起舞，以示祝贺。新郎新娘也跳起热情奔放的"赛乃姆"双人舞，宾客们则拍手唱和。第三天新娘回娘家（回门），男方家要送礼物，女方家准备各种食物招待，岳父岳母以衣物等赠送女婿，然后双方亲家还要彼此宴请对方及亲朋好友，以表感谢。

（二）丧葬习俗

遵照伊斯兰教教规，维吾尔族实行土葬，主张速葬。他们以白布裹尸，用抬尸床将尸体送至墓地，挖穴安葬，不用棺材，不用任何陪葬品。墓丘多为长方形，也有圆形的。坟地周围砌围墙，不许牲畜进入，不许取土挖土。人死后，死者的亲属要戴孝以表示哀悼。死后的第 3 天、第 7 天、第 40 天及周年之际，家属要请阿訇念经，做抓饭、炸油香等招待亲友，为死者祝福，称为"乃孜尔"。

四、节庆习俗

维吾尔族传统节日有肉孜节、古尔邦节、诺鲁孜节等。维吾尔族十分重视传统节日，尤其以古尔邦节最为隆重。届时家家户户都要宰羊、煮肉、赶制各种糕点等。屠宰的牲畜不能出售，除将羊皮、羊肠送交清真寺和宗教职业者外，剩余的用作自食和招待客人。

过肉孜节时，成年教徒要封斋一个月。肉孜节意译为"开斋节"，按伊斯兰教教规，节前一个月开始封斋，即在日出后和日落前不准饮食，期满 30 天开斋，恢复白天吃喝的习惯。开斋节前，各家习惯炸馓子、油香、烤制各种点心，准备节日食品。节日期间人人都穿新衣服、戴新帽，相互祝贺。节日期间杀羊或骆驼，到清真寺去作聚礼，唱歌跳舞庆贺。

五、宗教、礼仪、禁忌

（一）宗教

维吾尔族人民在历史上曾信仰过萨满教、摩尼教、景教和佛教等。摩尼教在汉文史籍中曾称为"明教"，15 世纪时成为维吾尔族全民信仰的宗教。伊斯兰教有不同的教派，维吾尔族大多数人信仰逊尼派的教法学派之一哈乃斐派，也有相当一部分人信神秘主义派别的苏菲派，还有少部分人信仰瓦哈比派。逊尼派自称正统派，崇奉《古兰经》，相信末日和来世，注重五功（念经、礼拜、封斋、纳税、朝觐）。每天五次礼拜，每七天一次主麻（集体礼拜）。礼拜寺是逊尼派教徒进行宗教活动的场所。礼拜寺的种类和大小不同，有居民礼拜寺，主麻礼拜寺和行人礼拜寺等多种。

（二）礼仪与禁忌

维吾尔族人民热情好客，崇尚礼节。路遇尊长、朋友，都要把右手放在胸前，上身前倾，并道"撒拉姆"以示问候。走路让长者先行，谈话让长者先说，让长者坐在上座，小辈在长者面前不准喝酒、抽烟。亲友相见必须握手问候，互相致礼问好，然后右臂抚胸，躬身后退一步，再问对方家属平安。妇女在问候之后，双手扶膝，躬身道别。

维吾尔族禁止在清真寺和麻扎（墓地）附近喧哗。吃饭时不能随便拨弄盘中食物；不能随便到锅灶前面；不能剩饭。饭毕有长者领作"都瓦"时禁忌东张西望或立起。在衣着方面忌短小，上衣一般要过膝，裤腿达脚面，最忌在户外着短裤。在屋内就坐时要跪坐，禁忌双腿直伸、脚底朝人。接受物品或请茶时要用双手，忌用单手。

维吾尔族人禁吃猪肉、驴肉等肉食动物，禁食一切动物的血和自亡的、非伊斯兰教徒宰杀的牲畜。只吃穆斯林（伊斯兰教徒）宰杀的牛、羊、骆驼、马肉，和鸡、鸭、鱼肉。

第七节　土　家　族

土家族自称为"毕兹卡"，意思是"本地人"。人口约 804 万，绝大部分居住在湖南、湖北省及四川省。土家族有自己的语言，大多数人通汉语，目前只有几个聚居区还保留着土家语。没有本民族文字，通用汉文。

一、建筑与饮食习俗

（一）民居建筑

土家族大多居于木质吊角楼，一般是"左青龙，右白虎，前朱雀，后玄武"。依山的吊角楼，在平地上用木柱撑起分上下两层，上层通风、干燥、防潮，是居室；下层是猪、牛栏圈或用来堆放杂物。一般为横排四扇三间，三柱六骑或五柱六骑，中间为堂屋，供历代祖先神龛，是家族祭祀的核心。根据地形，楼分半截吊、半边吊、双手推车两翼吊、吊钥匙头、曲尺吊、临水吊、跨峡过洞吊，富足人家雕梁画栋，檐角高翘，石级盘绕，大有空中楼阁的诗画意境。

（二）饮食习俗

土家族平时每日三餐，闲时一日两餐；春夏农忙、劳动强度较大时吃四餐。土家族还喜食油茶汤，日常主食除米饭外，以包谷饭最为常见，有时也吃豆饭，粑粑和团馓是土家族季节性的主食。

土家族菜肴以酸辣为主，几乎餐餐不离酸菜，民间家家都有酸菜缸，用以腌泡酸菜。豆制品也很常见，如豆腐、豆豉、豆叶皮、豆腐乳等。土家族尤其喜食合渣，即将黄豆磨细，浆渣不分，煮沸澄清，加菜叶煮熟即可食用。民间常把豆饭、包谷饭加合渣汤一起食用。酒是土家族节日或待客时的必备饮料。其中常见的是用糯米、高粱酿制的甜酒和咂酒，度数不高，味道纯正。特色食品有粑粑（糍粑）、腊肉、油茶等，还有合菜、团馓、绿豆粉（米粉）、油炸粑。

二、服饰习俗

土家族男子穿琵琶襟上衣，缠青丝头帕。妇女着左襟大褂，滚两三道花边，衣袖比较宽大，下着镶边筒裤或八幅罗裙，喜欢佩戴各种金、银、玉质饰物。在土家族的心中，繁多的色彩中红色最受人青睐。

三、婚丧习俗

（一）婚姻习俗

土家族男女大多经对歌相爱结婚。土家族女子出嫁前有"哭嫁"的风俗，为了准备哭嫁，女孩稍懂事时就要学习哭嫁。哭嫁时同村亲友的女孩都来陪哭，陪哭的人哭得越伤心、越动听、越感人越好，姑娘如果不会哭嫁就会受到歧视和讥笑。男方必须送粑粑到女方家，参加哭嫁的人数多、范围广，而且有专门的哭嫁歌。婚前哭嫁的时间短则五六天，长则一两个月。要与家人、亲戚、朋友哭嫁，哭的内容有"哭爹娘"、"哭哥嫂"、"哭姐妹"、"哭媒人"、"满堂哭"、"表姐妹哭"、"堂姐妹哭"等。

（二）丧葬习俗

土家族丧葬基本是土葬，古代也有火葬、悬棺葬、船棺葬的习俗，现已基本消失。土司制度前，土家族实行火葬，之后实行土葬，葬礼由土老司主持操办，土老司祭祀亡人时，将天窗口的纺车倒纺三下，念经送亡人过天桥上天庭。然后假扮亡人，围绕"哈哈台"转圈出门，死者子女跟随土老司哭丧，土老司唱丧歌，吹牛角，顿时火炮连天，哭唱哀鸣，极为悲痛，历时几天几夜。然后将装好遗体的棺木抬上山埋葬。至民国时期，土家族丧葬由道士主持，停尸三、

五、七日后，由道士根据主人家境做不同等级的道场。一般道场都履行下柳床、开路、荐亡、交牲、上熟、散花辞解、解灯、打烧棺、辞灵、扫堂等具体操作程序。死者亲属披麻戴孝，跟随道士行丧礼，还请人唱孝歌，以哀吊亡人。新中国成立后，土老司、道士停止活动，以开追悼会唱丧歌代替道场。

四、节庆习俗

土家族节日民俗较多，除了我国传统节日以外，土家族独特的节日有牛王节、赶年节和六月六节等。

牛王节　节日的时间因地区而异，一般为农历四月初八。这一天给所有的牛披红挂彩，用最隆重的礼仪来祭奠神牛。还要让牛休耕，并喂它上好的饲料。土家人感激牛为丰收辛勤耕耘，并为它立祠祭祀。

赶年节　或"提前过年"是土家族最隆重、祭祀活动最丰富、民族特色最浓厚的节日。汉族过年是腊月三十，土家族过年比汉族提前一天。若家里有亡人还要再提前一天过年，人们称之为过"赶年"。土家人过年时要在堂屋神龛下摆祭品、敬家神、祭祖先。

六月六节　土家地区内各处六月六节内容不同。湖北的清江流域，六月六为向王节，人们焚香烛、放鞭炮、备酒肉、祭祀向王——廪君，祈求他保佑人们在水面上航行平安。利川、龙山等地的土家人相信黑神能驱邪除秽、消灾免病。六月六这天燃烧香烛，抬着披红挂彩的黑神游行，名曰"烧黑神"。湘西严姓的土家人在六月六这天过年。有部分土家人认为六月六日是太阳的生日，要敬祭太阳神，祈求太阳神赐给阳光，温暖万物，确保丰收。有的地方以六月六日为吃新节，人们煮酒杀牲敬神，感谢、祈祷神灵赐与丰收。

五、宗教、礼仪、禁忌

（一）宗教

土家族处于原始宗教崇拜阶段，有祖先崇拜、自然崇拜、英雄崇拜、图腾崇拜等多种形式。祖先崇拜是指土王、八部大神、向王、向王军，并建有庙、祠堂，定期祭祀。自然崇拜认为万物皆是神，如日、月、星、辰、雷、雨等；另外还信仰梅山神、梯玛神，狩猎时要拜祭"阿密麻玛"、土地神、岩石神、火神、水神等。图腾崇拜是崇拜远古时期的英雄或祖先。

受汉族影响，土家族过去有巫师驱鬼。有的地方信道教，每逢年节都要大敬祖先，初一、十五还有小型敬奉仪式。农历六月六日为祭土王，十月朔日祭冬，宰鸡鸭设筵宴客。此外，土家族还敬灶神、土地神、五谷神、豕官神，在修房造屋时祭鲁班，祭品除酒肉外，还要有一只大公鸡。

白虎在土家人心目中举足轻重，土家族自称是"白虎之后"。相传远古时期，土家族五姓部落的酋领"廪君"率领部落成员乘土船沿河而行，行至盐阳，杀死凶残的盐水神女，定居下来。后来廪君逝世，他的灵魂化为白虎升天。从此土家族便以白虎为祖神，时时处处不忘敬奉。每家的神龛上常年供奉一只木雕的白虎。结婚时男方家正堂的大方桌上要铺虎毯，象征祭祀虎祖。

（二）礼仪与禁忌

土家族人很注重礼仪，见面要互相问候，家有来客必盛情款待。一般说请客人吃茶是指吃油茶、阴米或汤圆、荷包蛋等。无论婚丧嫁娶、修房造屋等红白喜事都要置办酒席，一般习惯为每桌九碗菜、七碗或十一碗菜，但无八碗桌、十碗桌。因为八碗桌被称为吃花子席，十碗的"十"与"石"同音，都被视为对客人不敬，故回避八和十。

土家族人吃饭时忌端碗立于他人背后面向其背吃饭，据说这样会使人"背时"。忌幼童吃鸡爪，否则认为日后写字似鸡爬；忌吃猪鼻，否则认为日后睡觉打鼻鼾；忌吃猪尾，恐其日后事事落后；忌吃敬神祭品，否则记忆力差。

孕妇在屋不可用刀砍物，否则认为胎儿身上会有刀痕；不可将线绕于颈间，否则胎儿脐带会盘于其颈；禁在孕妇屋中钉木桩或钉子，以免胎儿出生后排不出小便；禁在孕妇家中动土、折门窗、随意移动已固定的家具、重撞房屋等，以免胎儿被震堕胎。

第八节　彝　族

彝族是中国具有悠久历史和古老文化的民族之一，有诺苏、纳苏、罗武、米撒泼、撒尼、阿西等不同自称。人口约 776 万，主要分布在云南、四川、贵州三省和广西壮族自治区的西北部。彝族有自己的语言文字，彝语属于汉藏语系藏缅语族，有六种方言。彝族文字是一种音节文字，形成于 13 世纪，现存的老彝文约有 1 万多个字，1975 年通过彝文规范方案，并开始在四川彝族地区试行。

一、建筑与饮食习俗

（一）民居建筑

彝族的房屋结构有的和周围汉族相同，凉山彝族居民住房多用板顶、土墙；

广西和云南东部彝区有形似"干栏"的住宅。

土掌房——彝族独特的民居建筑，与藏式石楼非常相似，一样的平顶，一样的厚实；所不同的是它的墙体以泥土为料，修建时使用夹板固定，填土夯实逐层加高后形成土墙（即所谓"干打垒"）。平顶的制作也与石楼相似，具备晒场的功能。土掌房分布在滇中及滇东南一带，这一带土质细腻、干湿适中，为土掌房的建造提供了大量方便易得的材料和条件。

彝族住房多为三间或五间，正中一间为堂屋，用于家庭成员聚会或接待客人。靠墙壁左侧设一火塘，火塘边立三块石头成鼎状，锅支其上称为"锅庄"。锅庄严禁人踩踏跨越，否则认为不吉。锅庄上方以绳索吊一长方形木架，上铺竹条，作烘烤野兽干肉或蒜头、花椒、辣子之用。火塘用以煮饭、烧茶、取暖和照明。彝族一家老幼，常围火塘而坐，叙天伦之乐，火塘成为彝族传递文化的场所。一般彝族人家在火塘边铺一草席，身裹披毡而眠。

（二）饮食习俗

大多数彝族习惯日食三餐，以杂粮面、米为主食。金沙江、安宁河、大渡河流域的彝族早餐多为疙瘩饭，午餐以粑粑为主食，备有酒菜，荞麦面做的粑粑最富特色。肉食以猪、羊、牛肉为主，主要是做成"坨坨肉"、牛汤锅、羊汤锅，或烤羊、烤小猪，狩猎所获的鹿、熊、岩羊、野猪等也是日常肉类的补充。山区还盛产蘑菇、木耳、核桃。菜园生产的蔬菜除鲜吃外，大部分都要做成酸菜，酸菜分干酸菜和泡酸菜两种。另一种名吃"多拉巴"也是民间最常见的菜肴。

彝族的日常饮料有酒、茶，以酒待客。民间有"汉人贵茶，彝人贵酒"之说。饮茶的习俗在老年人中比较普遍，以烤茶为主，彝族饮茶每次只斟浅浅的半杯，徐徐而饮。彝族常吃的特色食品有荞粑，面糊酸菜肉，白水煮乳猪。云南彝族的传统佳肴是将乳猪水煮后蘸食，还有锅巴油粉也是云南彝族的风味名小吃。

二、服饰习俗

彝族支系繁多，各地服饰差异大。妇女一般上身穿镶边或绣花的大襟右衽上衣，戴黑色包头、耳环，领口别有银排花。除小凉山的彝族妇女穿裙子外，云南其他地区的彝族妇女都穿长裤，许多支系的女子长裤脚上还绣有精致的花边。已婚妇女的衣襟袖口、领口也都绣有精美多彩的花边，尤其是围腰上的刺绣更是光彩夺目。滇中、滇南的未婚女子多戴鲜艳的缀有红缨和珠子的鸡冠帽，鸡冠帽常用布壳剪成鸡冠形状，以数十、数百乃至上千颗银珠镶绣而成。居住在山区的彝族，过去无论男女，都喜欢披一件"擦耳瓦"——羊皮披毡，它形似斗篷，用羊毛织成，长至膝盖以下，下端缀有毛穗子，一般为深黑色。

彝族少女 15 岁前，穿红白两色童裙，梳独辫。满 15 岁，有的地方要举行一种叫"沙拉洛"的仪式，意为"换裙子、梳双辫、扯耳线"，标志着少女已经长大成人。15 岁以后要穿中间为黑色的拖地长裙，单辫梳成双辫，戴上绣满彩花的头帕，把童年时穿耳的旧线扯下换上银光闪闪的耳坠。

彝族男子多穿黑色窄袖且镶有花边的右开襟上衣，下着多褶宽脚长裤。头顶留约三寸长的一绺头发，汉语称"天菩萨"，彝语称"子尔"，这是彝族男子显示神灵的方式，千万不能触摸。外面裹以长达丈余的青或蓝、黑色包头，右前方扎成姆指粗的长椎形"子尔"，汉语称"英雄髻"。男子以无须为美，耳朵上戴红丝线串起的黄色或红色耳珠，珠下缀有红色丝线。

三、婚丧习俗

（一）婚姻习俗

云南彝族有许多古朴的习俗，实行严格的一夫一妻小家庭制。建国前流行交错从表婚和转房制，某些地方有"不落夫家"和"抢婚"遗俗。"抢婚"一种是当女方不满包办婚而自寻夫家时，男方即可抢婚；另一种是假抢，如男女相爱，遇到阻力，双方事先约好暗号，男家亲友设埋伏，女方按时借故外出，到预约地点，男方亲友就出来抢婚，女方假装呼救，女家及其邻居闻声追赶，但只凑个热闹，过后男方再请人圆场。

男女青年订婚之后，便要进行婚宴的准备。婚宴多用猪肉、鸡肉，一般不用羊肉（丧事用羊肉）。滇南石屏彝族有在出嫁前邀男女伙伴聚餐痛饮之习。滇西的彝族，凡娶亲嫁女都要在庭院中或坝子，用树枝搭棚，供客人饮酒、吸烟、吃饭、闲坐，民间把这种用树枝搭的临时棚子称"青棚"。

（二）丧葬习俗

彝族历史上曾有火葬，约在明代中叶后，滇、黔、桂的彝族改为棺木土葬。此外彝族还有过树葬、陶器葬、岩葬、水葬、天葬等。

火葬　云南省的彝区火葬时，尸须蜷曲，男仰卧，女侧卧，架起柴楼放火烧之。而后掘坑将余灰用坛装起并包以茅草，放在坑中埋葬，或将骨烬放入罐中送到岩洞里。这两种葬法皆属复合式的二次葬，即火葬后再土葬或火葬后再岩葬。传统的火葬方式被保留和沿袭得较为完整、原始的是大小凉山的彝族。

土葬　云南撒尼彝族人死后一般停放两天，由巫师颂经送魂，村里人及女方亲属来"耍狮子"、"闹猴子"、"跑锣鼓"等。出殡当天，全村男女要去送葬，男人在棺前，女人在棺后，列队送往墓地，每人自带酒菜，丧家准备饭食。妇女死后必须请娘家亲属来送终，出殡时要交酒还人，表示断绝以往的婚姻关系，如没有娘家的人来送葬是不能出殡的。

水葬、天葬、岩葬　为古代凉山彝族的特殊葬式。水葬，即将尸体投入河中冲走。天葬，即将尸体背到附近山头，任飞禽走兽撕食。岩葬，即将尸体从悬岩上抛下。这些特殊葬法都是经毕摩根据死者的生肖、命宫、死日经掐算后决定执行的，现已废止。陶器葬，又称为"直葬"、"冲天葬"，即是在人死后，用2米高的坛罐，将死者放入站直，埋在土里，垒成坟堆。云南路南撒尼支系的彝族历史上曾实行过这种葬法。树葬是彝族，古老的葬俗，是用布缎裹尸，葬在青松树丫上的丧葬方式。

四、节庆习俗

十月年　彝族的传统年，多在农历十月上旬择吉日举行。节期五六天，节日里要杀猪、羊，富户还要杀牛，届时要盛装宴饮，访亲问友，并互赠礼品。

火把节　是彝族最盛大的传统节日，在每年的农历六月二十四。届时要杀牛、羊，祭献祖先，有的地区也祭土主，人们相互宴饮，吃坨坨肉，共祝五谷丰登。火把节一般欢度三天，头一天全家欢聚，后两天举办摔跤、赛马、斗牛、竞舟、拔河等活动，然后举行盛大的篝火晚会，彻夜狂欢。

补年节　居住在四川、云南、贵州等地的彝族居民，在新年后的农历二月初十和十一，要过一次年节，彝语称这个节为"麻龙火"。在祭祀活动中，以祭龙规模最大。

插花节　每年农历二月初八是彝族的插花节，这一天人们把采摘来的杜鹃花插在门前、屋后，挂在牛、羊角上，彝家男女老少人人戴花，表示抗暴除恶、祈求吉祥幸福。

五、宗教、礼仪、禁忌

（一）宗教

彝族宗教具有浓厚的原始宗教色彩，崇奉多神，主要是万物有灵的自然崇拜和祖先崇拜。自然崇拜中，最主要是对精灵和鬼魂的信仰。人们认为大自然中许多没有生命的东西都附有精灵，家庭中凡是祖先遗留下的东西，如衣服、首饰、银子、用具，都可附上精灵"吉尔"，认为它具有保护家人的魔力。

彝族社会除存在本民族宗教外，由于历史上长时期的民族文化交流，佛教传入彝族区已有很长历史。清代初年，道教在一些彝族地区盛行。随着帝国主义势力的侵入，天主教与基督教也于 19 世纪末先后传入彝族地区。

（二）礼仪与禁忌

彝族在特殊的公共场合里，就坐排位要以辈分大小排列，长辈在场时晚辈不准抢先发言。凡有客人来，必须让位于最上方，至少要以烟茶相待。民间素有"打羊""打牛"迎宾待客之习，凡有客至，要根据来客的身份、亲疏程度分别以牛、羊、猪、鸡等相待。酒是敬客的见面礼，待客的饭菜以猪膘肥厚为体面。吃饭时未待客人吃光碗里的饭，主妇就要随时加添，以表示待客至诚。

彝族禁食狗、马、熊等动物的肉。过年三天内禁忌新鲜蔬菜进屋，否则是对祖先最大的不敬。妇女忌食难产而死的家畜肉。忌肉食露天进屋，否则鬼魂会附其上。禁过年七天内推磨，会使家境贫困。禁反向推磨，会给家庭带来灾难。忌推磨时磨心突然断裂，认为是鬼在作怪，磨出的粉不能食用。忌用餐后把汤匙扣于碗盆的边沿上，因这是给死者敬食的方式。

忌讳女人跨过男人的衣物，更不能从男子身上、头上跨过。忌讳女客上楼，妇女不能上房顶。忌讳妇女送自己的首饰、衣物给别人。

第九节　蒙　古　族

蒙古族又被称为"马背民族"，史称"蒙兀室韦"、"萌古"等。除了外蒙古，蒙古族人口主要分布在内蒙古自治区、东北三省、新疆、河北、青海等地。世界蒙古族人口约 1 000 万，我国蒙古族人口约 583 万。蒙古族有自己的语言文字，蒙古语属阿尔泰语系蒙古语族。蒙古国境内的蒙古语属喀尔喀方言。中国境内的蒙古语又分为内蒙古、卫拉特、巴尔虎布利亚特三种方言。现在通用的文字是 13 世纪初用回鹘字母创制的蒙古文。

一、建筑与饮食习俗

（一）民居建筑

"蒙古包"是对蒙古族牧民住房的称呼。"包"是"家"、"屋"的意思。古时候称蒙古包为"穹庐"、"毡帐"或"毡房"等。蒙古包呈圆形，有大有小，大的可容纳几十人休息，小的也能容纳十几个人。蒙古包的架设很简单，一般是在水草适宜的地方，根据包的大小先画一个圆圈，然后沿着画好的圆圈将"哈纳"（用 2.5 米长的柳条交叉编结而成）架好，再架上顶部的"乌尼"（长约 3.2

米的柳条棍），将"哈纳"和"乌尼"按圆形衔接在一起绑好，然后搭上毛毡，用毛绳系牢便架好了。蒙古包的最大优点是拆装容易，搬迁简便。架设时将"哈纳"拉开便成圆形的围墙，拆卸时将哈纳折叠合回，体积便缩小，又能当牛、马车的车板。一顶蒙古包只需要两峰骆驼或一辆双轮牛车就可以运走，两三小时就能搭盖起来。

（二）饮食习俗

蒙古族牧民视绵羊为生活的保证、财富的源泉。日食三餐，每餐都离不开奶与肉。以奶为原料制成的食品，蒙古语称"查干伊得"，意为圣洁、纯净的食品，即"白食"。以肉类为原料的食品，蒙古语称"乌兰伊得"，意为"红食"。

蒙古族每天离不开茶，除饮红茶外，还有饮奶茶的习惯。大部分蒙古人都能饮酒，且多为白酒，有的地区也饮用奶酒和马奶酒。

蒙古族富有特色的食品很多，如烤羊、炉烤带皮整羊、手抓羊肉、大炸羊、烤羊腿、奶豆腐、蒙古包子、蒙古馅饼等。

二、服饰习俗

蒙古族传统服装为蒙古袍，第一件为贴身衣，袖长至腕；第二件外衣，袖长至肘；第三件无领对襟坎肩，有直排闪光纽扣，格外醒目。

男子腰带多挂刀、火镰、鼻烟盒等饰物。喜穿软筒牛皮靴，长到膝盖。农民多穿布衣，有开衩长袍、棉衣等，冬季多穿毡靴乌拉，高筒靴少见，保留扎腰习俗。男子多戴蓝、黑、褐色帽，也有的用绸子缠头。女子多用红、蓝色头帕缠头，冬季和男子一样戴圆锥形帽。未婚女子把头发从前方中间分开，扎上两个发根，发根上面带两个大圆珠，发稍下垂，并用玛瑙、珊瑚、碧玉等装饰。

蒙古族摔跤服是蒙古族特色服饰，摔跤比赛服装包括坎肩、长裤、套裤、彩绸腰带。坎肩袒露胸部；长裤宽大，套裤上图案丰富，一般为云朵纹、植物纹、寿纹等，图案粗犷有力，色彩对比强烈；内裤肥大，用 10 米大布特制而成，利于散热，也适应摔跤运动特点，使对手不易使用缠腿动作。套裤用坚韧结实的布或绒布缝制；膝盖处用各色布块拼接组合缝制图案，纹样大方庄重，表示吉祥如意。服装各部分配搭恰当，浑然一体，具有勇武的民族特色。

三、婚丧习俗

（一）婚姻习俗

蒙古族实行一夫一妻制以及由父母做主的聘婚制。蒙古族传统家庭以男子为主，但家庭中大事一般都征求妻子的意见。长兄娶妻生子后，与父母分家，幼子承担赡养父母的责任。

蒙古族青年男女结婚，要选择吉日。男方要给女方家送彩礼，彩礼有现金、衣服、布匹、首饰等。女方家陪嫁的东西有柜子、被褥、衣服、首饰、电器等，钥匙由女方家送亲人保管，等新娘到了男方家后，由新郎的母亲拿钱来赎钥匙，再交给新娘。结婚前一天，男方要把贴有红纸的羊背子和酒送到女方家，既作为礼物又让女方家用于招待宾客。

婚后 7 天内，新娘不能回娘家，也不能到其他地方住宿。历史上，蒙古族有男子可以另娶，而原配妻子却不能改嫁的习俗；现在情况已经发生了根本的变化，结婚自愿，离婚自由已成新风，但蒙古族的离婚率是很低的。

（二）丧葬习俗

蒙古族丧葬方式有天葬、火葬、土葬等形式。喇嘛死后多火葬。现普遍实行土葬。人死后，给死者更换新衣，或裹白布，或净身涂酥油，连同死者生前用品一同入棺，入棺后请喇嘛念经，最后前去墓地埋葬。整个丧葬过程一般不设灵床，没有供品，不穿孝服，不烧纸钱，不放哀乐。

四、节庆习俗

蒙古族的节日主要是春节和敖包节，除此还有点灯节（祖鲁节）、麦尔节等。蒙古族把送冬迎春的第一天，即春节称为"查干萨日"，亦称"白月"。传说与奶食的洁白有关，含有祝福吉祥如意的意思。除夕家家吃手扒肉、包饺子、烙饼，初一早晨，晚辈向长辈敬"辞岁酒"。

敖包节又称"塔克恩"节，这是蒙古民族最普遍的一种祭祀活动，在每年的七八月份举行。祭敖包这天，还要进行赛马、摔跤、射箭和歌舞等娱乐活动。

五、宗教、礼仪、禁忌

（一）宗教

萨满教是蒙古族古老的原始宗教，此外也有人信仰佛教、道教、伊斯兰教、基督教等。主要的祭祀活动如下。

祭腾格里　蒙古语音译，意为"天"，蒙古族萨满教观念之一。指上层世界，即天上；又指主宰一切自然现象的"先主"；还包含"命运"的意思。祭"腾格里"是蒙古族重要祭典之一。祭天分以传统奶制品上供的"白祭"和以宰羊血祭的"红祭"两种祭法。近代东部盟旗的民间，祭天活动多在七月初七或初八进行。

祭火　蒙古族的牧民、猎民十分崇拜火，祭火分年祭、月祭。年祭在阴历腊月二十三举行，在长者的主持下将黄油、白酒、牛羊肉等祭品投入火堆里，感谢火神爷的庇佑，祈祷来年人畜两旺、五谷丰登、吉祥如意。月祭常在每月初一、初二举行。

（二）礼仪与禁忌

蒙古族是一个热情好客的民族，见面要互致问候，进入蒙古包后要盘腿围着炉灶坐在地毡上，炉灶的西面是主人的位置，主人不上坐时不得随便坐。家中来客，主人会献上奶茶、奶皮、奶酪、奶酒，盛夏时节还会请客人喝马奶酒。有些地区用手扒肉招待客人，接待尊贵的客人或逢喜庆之日则摆全羊席。

蒙古人长幼有序，敬老爱幼。见到老人要问安，不在老人面前走过，不坐其上位，未经允许不要与老人并排而坐。见到牧民的孩子不要大声斥责，更不能打孩子，不要当着家人的面说孩子的缺陷。

蒙古族人骑马、驾车接近蒙古包时忌重骑快行，以免惊动畜群。若门前有火堆或挂有红布条等记号，表示这家有病人或产妇，忌外人进入。客人不能坐西炕，因为西是供佛的方位。忌食自死动物的肉和驴肉、狗肉、白马肉。办丧事时忌红色和白色，办喜事时忌黑色和黄色。忌在火盆上烘烤脚、鞋、袜和裤子等。禁止在参观寺院经堂、供殿时吸烟、吐痰和乱摸法器、经典、佛像，不得高声喧哗，不得在寺院附近打猎。

蒙古族崇拜火、火神和灶神，认为火、火神或灶神是驱妖避邪的圣洁物。所以进入蒙古包后，禁忌在火炉上烤脚，更不许在火炉旁烤湿靴子和鞋子。不得跨越炉灶，或脚蹬炉灶等。蒙古族认为水是纯洁的神灵，忌讳在河里洗手、沐浴，更不许洗脏衣物，或将不干净的东西投入河中。

第十节　藏　族

藏族自称"博巴"，人口约 542 万，主要聚居在西藏自治区及青海海北、黄南、果洛、玉树等藏族自治州，此外在四川、云南、新疆、甘肃也有分布。藏族有自己的语言和文字，藏语属汉藏语系藏缅语族藏语支，分卫藏、康方、安多三种方言，现行藏文是 7 世纪初根据古梵文和西域文字制定的拼音文字。藏戏独具特色，歌曲和舞蹈充分体现了民族风情。藏族雕刻技艺高超。藏医药学是中国医学的重要组成部分。

一、建筑与饮食习俗

(一) 民居建筑

藏族最具代表性的民居是碉房，因外观很像碉堡，故称为碉房。碉房多为石木结构，外形端庄稳固，风格古朴粗犷。外墙向上收缩，依山而建，内坡仍为垂直。碉房一般分两层，以柱计算房间数，底层为牧畜圈和储藏室，层高较低；二层为居住层，大间作堂屋、卧室、厨房，小间为储藏室或楼梯间；若有第三层，则多作经堂和晒台之用。碉房具有坚实稳固、结构严密、楼角整齐的特点，既利于防风避寒，又便于御敌防盗。

另外还有毡房，毡房与碉房迥然不同，它是牧区藏民为适应逐水草而居的流动性生活方式而采用的一种特殊建筑形式。普通的毡房一般较为矮小，平面呈正方形或长方形，用木棍支撑高约 2 米的框架，上覆黑色牦牛毡毯，中间留一条宽 15 厘米左右、长 1.5 米的缝隙用于通风采光，四周用牦牛绳牵引，固定在地上。帐房内部周围用草泥块、土坯或卵石垒成高约 50 厘米的矮墙，上面堆放青稞、酥油袋和干牛粪（作燃料用），帐房内陈设简单，正中稍外设火灶，灶后供佛，四周地上铺羊皮，供坐卧休憩之用。帐房具有结构简单、支架容易、拆装灵活、易于搬迁等特点。

西藏民居在注意防寒、防风、防震的同时，用开辟风门，设置天井、天窗等方法较好地解决了气候、地理等自然环境不利因素对生产、生活的影响，达到通风、采暖的效果。

(二) 饮食习俗

大部分藏族日食三餐，但在农忙或劳动强度大时有日食四餐、五餐、六餐的习惯。绝大部分藏族以糌粑为主食，即把青稞炒熟磨成细粉。特别是在牧区，除糌粑外很少食用其他粮食制品。食用糌粑时，要拌上浓茶或奶茶、酥油、奶渣、糖等一起食用。糌粑既便于储藏又便于携带，食用时也很方便。

藏族过去很少食用蔬菜，副食以牛羊肉为主，猪肉次之。藏族民间吃肉时不用筷子，而是将大块肉盛入盘中用刀子割食。肉类的储存多用风干法。另外，最常见的是从牛、羊奶中提炼的酥油，除饭菜都用酥油外，还大量用于制作酥油茶。酸奶、奶酪、奶疙瘩和奶渣等也是常见的奶制品，作为小吃或与其他食品搭配食用。藏族普遍喜欢饮用青稞制成的青稞酒。藏族的特色食品除糌粑、青稞酒、酥油茶外，还有足玛米饭、血肠、奶酪等。

二、服饰习俗

藏族服饰特点是长袖、宽腰、大襟。妇女冬穿长袖长袍,夏着无袖长袍,内穿各种颜色与花纹的衬衣,腰前系一块彩色花纹的围裙,称为"帮典",是藏族已婚妇女特有的装饰品。藏袍是藏族的主要服装款式,种类很多,从衣服质地上可分锦缎、皮面、氆氇、素布等。藏袍较长,一般都比身高还长,穿时要把下部上提,下摆离脚面有 30～40 厘米高、扎上腰带。藏袍可分牧区皮袍、色袖袍、农区为氆氇袍,式样可分长袖皮袍、工布宽肩无袖袍、无袖女长袍、加珞花领氆氇袍,男女穿的衬衫有大襟和对襟两种,男衬衫高领,女式多翻领,女衫的袖子要比其他衣袖长 40 厘米左右,跳舞时放下袖子,袖子在空中翩翩起舞,姿态优雅。

藏帽式样繁多,质地不一,有金花帽、氆氇帽等一二十种。藏靴是藏族服饰的重要特征之一,常见的有"松巴拉木"花靴,靴底是棉线皮革做的。头饰、佩饰在藏装中占有重要位置,佩饰以腰部的佩褂最有特色,饰品多与古代生产有关,讲究的还镶以金银珠宝,头饰的质地有铜、银、金质雕镂器物和玉、珊瑚、珍珠等珍宝。

三、婚丧习俗

(一)婚姻习俗

过去藏族实行严格的等级婚姻制,即不同等级的青年男女只能在自己所属的等级内通婚。在贵族阶层,婚姻多由父母包办,讲究门当户对。现在藏族男女平等,婚姻自主。通婚范围各地有所不同:有的地区实行严格的血缘外婚,即不论是父系、母系,即便是远亲也严禁通婚;有的地区父系亲族不婚,母系亲族九代后则可通婚。藏族婚礼热闹隆重,一般由喇嘛主持,男方家组成迎亲队伍前往女方家迎亲,亲朋好友前来祝贺,男方家中备酒席宴请前来参加婚礼的宾客。

(二)丧葬习俗

藏族人死后有多种葬法,最隆重的是塔葬,只有圆寂的达赖喇嘛死后才能享用;活佛死后实行火葬。小孩死后,或因病死亡的人用水葬。生前做过坏事的人用土葬,藏族认为被埋的人是永远不会转世的。

四、节庆习俗

藏历新年　藏族称新年为"洛萨",过年是从藏历十二月二十九日开始的。

晚上家家户户要团聚在一起吃"古突"（面团肉粥），以此辞旧迎新，求得太平康乐。藏历除夕这天，除打扫房舍、整理个人卫生外，各家都要在一个叫"竹素琪玛"的木斗内装酥油拌成的糌粑、炒麦粒、人参果等食品，上面插上青稞穗和酥油花彩板，然后把琪玛、"卡赛"（油炸果子）、青稞酒、羊头、水果、茶叶、酥油、盐巴等摆放在正堂藏柜上，在大门前用糌粑或白粉画上吉祥八图，预祝新年五谷丰登、人畜两旺。大年初一，许多信仰佛教的农牧民还到拉萨的大昭寺进行朝拜，祈求新年平安、健康。藏历新年的欢庆活动将持续到藏历正月十五。

黄藏历元旦　即藏历正月十五是藏族人民最重要的节日，要穿着盛装相互拜年，并到寺院朝拜祈福。各大寺院举行法事。入夜各家点燃酥油灯。

转山会　又称沐佛节、敬山神。流行于甘孜、阿坝藏族地区。每年农历四月八日释加牟尼佛诞辰时，九龙喷圣水为其沐浴，故又称沐佛节。每年这一天，人们先到寺庙里燃香祈祷，焚烧纸钱，然后转山祭神，祈求神灵保佑。转山后，支起帐篷进行野餐，演藏戏，唱民间歌谣，跳锅庄舞、弦子舞，骑手们还进行跑马射箭比赛。在此期间人们还要举行物资交流活动和其他文化体育活动。

萨噶达瓦节　每年藏历四月十五日举行，关于它有两种说法：一种是纪念释迦牟尼成道的日子；另一种是纪念文成公主到达拉萨的日子。这天西藏各地都要举行宗教纪念活动。

雪顿节　每年藏历七月一日举行，为期 4～5 天。雪顿是藏语音译，意思是"酸奶宴"，于是又被解释为喝酸奶的节日。后来逐渐演变成以演藏戏为主，又称"藏戏节"。人们一边看戏一边喝酸奶，还相互交谈等，场面非常热闹。

望果节　藏历每年七月，粮食收成在望，藏民们背着经卷转绕田间，预祝丰收。同时举行赛马、射箭、文艺表演等活动，时间为 1～3 天不等。

五、宗教、礼仪、禁忌

（一）宗教

藏族信奉大乘佛教，大乘佛教吸收了藏族土著信仰本教的某些仪式和内容，形成具有藏族色彩的"藏传佛教"。藏族对活佛高僧尊为上人，藏语称为喇嘛，故藏传佛教又称为喇嘛教。

（二）礼仪与禁忌

到藏族人家里做客时，不要踩踏门坎，切勿随便触摸藏民的衣服。藏族在迎接客人时除用手蘸酒弹三下外，还要在五谷斗里抓一点青稞，向空中抛撒三次。酒席上，主人端起酒杯先饮一口，然后一饮而尽，主人饮完头杯酒后，大家才能自由饮用。饮茶时，客人必须等主人把茶捧到面前才能伸手接过饮用，否则认为失礼。吃饭时讲究食不满口，嚼不出声，喝不作响，拣食不越盘。藏族人禁吃驴肉、马肉和狗肉，有些地区也不吃鱼肉。用羊肉待客时，以羊脊骨下部带尾巴的一块肉为贵，要敬给最尊贵的客人，制作时还要在尾巴肉上留一绺白毛，表示吉祥。

献哈达是藏族待客规格最高的一种礼仪，表示对客人热烈的欢迎和诚挚的敬意。哈达是藏语，即纱巾或绸巾，它以白色为主，最好的是蓝、黄、白、绿、红五彩哈达，五彩哈达用于最高最隆重的仪式，如佛事等。

【思考题】

1. 解释下列名词。

纳彩；歌圩；坐福；袷祥；祭鼓节；白虎崇拜；岩葬；蒙古包；干栏

2. 简述汉、回、苗、彝族的饮食习俗特点。

3. 简述汉、满、壮、苗、维吾尔、土家、蒙古、藏族的婚丧习俗特点。

4. 简述满、苗、维吾尔、土家、蒙古族的宗教习俗特点。

5. 简述汉、壮、满、回、苗、维吾尔、土家、彝、蒙古、藏族的礼仪与禁忌。

第四章 我国人口数量100～500万的民族民俗

【学习目标】
- 了解我国人口数量在100～500万的民族及分布，和其语言文字
- 掌握布依、侗、瑶、朝鲜、白、哈尼、哈萨克、黎、傣族的民族风俗

【知识要点】
- 建筑与饮食习惯
- 服饰特点
- 婚丧嫁娶习俗
- 宗教信仰及主要禁忌

在我国2000年的第五次人口普查中，我国人口数量在100～500万之间的民族有9个，这些民族分布广阔，风俗多样，本章将逐一介绍。

第一节 布 依 族

布依族现约255万人，主要聚居在黔南和黔西南两个布依族苗族自治州，以及贵州的都匀、荔波、独山、平塘、镇宁等10个县（市），其余散居于云南、四川、广西等省（区）。布依语属汉藏语系壮侗语族壮傣语支，没有本民族文字，20世纪50年代创制了布依文，但未能普遍推广，现在布依族通用汉语较多。

一、建筑与饮食习俗

（一）建筑

布依族居住的显著特点是依山傍水聚族而居。民居多为干栏式楼房或半边

楼（前半部正面看是楼，后半部背面看是平房）式的石板房。贵州的镇宁、安顺等布依族地区盛产优质石料，而且还有可一层层揭开的、薄厚均匀平整的大石板，这种薄片石来源于板岩或页岩。石板房以石条或石块砌墙，墙可垒至五六米高；以石板盖顶，铺成整齐的菱形或随料铺成鳞纹，石头民居不仅不透风雨，而且古朴美观，屋顶举重若轻，安居而不压抑。石板房除檀条椽子是木料外，其余全是石料，甚至家庭日常用的桌、凳、灶、碓、磨、槽、缸、盆等都是石头凿的，一切都朴实淳厚。房屋冬暖夏凉，防潮防火，但采光较差。

（二）饮食

布依族主食多为大米，民间喜欢用一种专门的炊具"甑子"蒸米饭。布依族普遍喜食糯米，并常当成改善生活、调剂口味的主食。青苔冻肉、拌豌豆凉粉等是布依人喜欢的食品。布依人嗜酸辣，酸菜、酸汤、辣椒几乎每餐必备，尤以妇女最喜食用。还有血豆腐、香肠、鲜笋和各种昆虫加工制作的风味菜肴。

大部分布依族都擅于制作咸菜、腌肉和豆豉，民间特有的腌菜"盐酸"驰名中外。荤菜中，狗肉、狗灌肠和牛肉汤锅为佳肴（部分布依族的分支不食狗肉，因狗曾经救过其祖先）。在宰猪时布依族习惯在血盆中先放较多的食盐，然后与猪血一起搅动，防止猪血凝固，把葱花、佐料、肉末加水烧汤，待汤冷却至常温，与猪血一起搅拌，存放至凝固即可食用，称为"生血"或"活血"，作为待客的佳肴。贵州的布依族遇婚丧嫁娶，常用黄牛做菜。

二、服饰习俗

布依族的服饰很有特色，因其多居住在平坝或靠近河谷的村寨里，服饰多为青、蓝、白三种颜色。男子的服装式样各地基本相同，多包头帕，头帕有条纹和纯青色两种，衣服为对襟短衣，一般是内白外青或蓝，裤子为长裤；老年人多穿大袖短衣或青、蓝长衫，脚上穿布筒袜。

现代布依族妇女的服饰各地不一，通常着大襟短衣，部分着百褶长裙。在布依族聚居的扁担山一带，少女喜穿滚边短衣，系绸缎腰带，头戴织锦头帕，以粗发辫盘扎头巾，额上为织锦图案和数圈发辫，下穿裤子，着绣花鞋。青年女性穿蜡染百褶裙，斜襟短衣，绣花盘肩，用各种花线沿衣肩绣成两排小正方形的半圆形图案，领圈两边抛花织锦，颜色醒目，衣袖中间为织锦，上下两段是蜡染，衣服下摆为3～4厘米的织锦镶边，胸前戴绣花或织锦长围腰，系浅色绸缎腰带，头戴织锦头巾，耳边垂着一束各色线做成的耍须。已婚者的头饰为"更考"，以竹笋壳和布匹制成，形如撮箕，前圆后矩。每逢盛大节日或宴会时，妇女均喜佩戴各式各样的耳环、戒指、项圈、发簪和手镯等银饰。

三、婚丧习俗

（一）婚姻习俗

过去布依族的婚姻是一夫多妻制，同宗或同姓严禁通婚。过去有"姑舅表婚"和兄终弟及的转房制习俗。男女青年婚前恋爱自由，未婚的男女青年都喜欢通过对歌表达彼此的感情，如女方有意，即可单独相约到幽静处进一步对唱山歌，直到双方互赠信物就表明双方已盟誓终身了。

订婚时，由男方父母托媒去女家，并送酒、肉、耙耙等礼品。如对方同意，第二次媒人则要将男女双方的"八字"互为"校验"，只要"八字"相符，即可择定结婚日期。布依族送彩礼的数额特别讲究"六"或"双"数，据说是取"六"即"禄"的谐音，以表示婚后双双有禄必有福之意。结婚时新郎不迎亲，只请几个要好的男女青年代为相迎。新娘一般都是撑伞步行至男家，个别也有骑马、坐花轿的。结婚当天新婚夫妇不同房，次日即返娘家。聚居区的布依族有"不落夫家"或"坐家"的习俗，有的要两三年甚至五六年后才长住夫家。杂居区的布依族大部分已革除这一风俗。

（二）丧葬习俗

布依族老人逝世后，丧家即向至亲好友报丧，并请本民族"濮摩"先生择吉日举办丧事。如果死者为女性，则必须有舅家人到现场亲自检视入棺才能安葬。丧事办得繁简与否要视家庭经济状况而定。停柩期间，丧家一律素食，出丧之后才能开荤。

在安顺、镇宁、普定、六盘水等地还保留有石室墓葬的风俗。挖好墓塘后用厚石板镶成井坑，放进棺材，盖上大石板，石灰浆灌，然后封土，外围用石头垒坟。出殡后第三天，孝家要到坟上祭扫，届时用小猪、鸡、豆腐等供祭，烧化香亭、纸马，称为"复山"。以后每年清明合家备祭品到墓前祭扫。

四、节庆习俗

布依族传统节日除大年（春节）、端阳节、中秋节基本与汉族相同外，还有许多富有本民族特色的节日。最隆重的节日是农历"六月六"。

大年节　据方志记载，布依族皆以十一月为岁首，但现在已统一并入春节。大年期间，青年们相邀外出"椰梢"；中老年人则彼此拜年祝贺，一同饮酒为乐。初九叫"上九"，按当地风俗，到这一天才能"煮生"，即先燃起香烛，将生肉供祖宗，然后将生鸡、生猪煮熟，放到香案前供一会之后方能享用。

三月三　是布依族传统的民族节日。贵州省贵阳市马当地区的布依族，将每年的农历三月三称为"地蚕会"节。有的地区将这一天作为祭社神、山神的日子。

四月八　是"牛王节"、"牧童节"，黔西地区也称为"开秧节"。贵州荔波一带，每逢这个节日要做黑糯米饭敬"牛王"。望溪县要吃四色糯米饭。有的地区不但要做糯米饭还要杀鸡备酒祭祖，并用鲜草包糯米饭喂牛，给牛洗澡，让牛休息一天，表示人们对耕牛的爱护和酬劳。

查白歌节　黔西南兴义一带布依族民间节日，为每年农历六月二十一日。这一天，贵州、广西、云南三省区边界的布依族青年男女从四面八方聚集在兴义县的查白场，举行盛大的歌会。歌节上的浪哨（唱歌）是布依族青年男女的社交恋爱活动，浪哨时要互甩糠包，包上缀有多条绣花穗须，抛甩时犹如彩蝶漫天飞舞。

六月六　这个节日比较隆重，有的地区称为"过小年"。节日来临时各村寨都要杀鸡宰猪，用白纸做成三角形小旗，沾上鸡血或猪血插在庄稼里，传说这样做蝗虫就不会来吃。

毛杉树节　居住在黔西南安龙县的布依族人民的传统节日，也叫"赶毛杉树"。在纳拿和者棉之间，有一块十亩见方的小土丘，当地称为"毛杉树"。每年从农历三月初三以后的第一个"蛇场天"开始，聚集了盘江两岸的布依族、苗族和其他民族的青年男女赶三天歌会。

五、宗教、礼仪、禁忌

（一）宗教信仰

布依族信仰多神，崇拜自然和祖先。每年有许多祭日，如祭山神、树神等。其中祭老人房（寨神）最为隆重，于农历二月选兔日或虎日开祭，各户要奉献鸡蛋和猪肉祭神，祭毕全寨人就地聚餐，以祈望丰收，全寨平安。每家堂屋中都供有祖先的牌位，逢年过节要祭祀。布依族除祖先崇拜和自然崇拜以外，道教、佛教的许多神祇和菩萨也受到敬奉，此外还有少数布依人信仰基督教。

（二）禁忌

到布依族人家做客，不得触动神龛和供桌，火塘边的三脚架忌讳踩踏。布依族习惯以酒敬客，客人或多或少都应喝一点。布依族村寨的山神树和大罗汉树禁止任何人触摸和砍伐。布依族送礼必须送双数。如孩子体弱多病，父母要给他寻找保护人作干爹、干妈。寻找干爹、干妈有两种方法：一是择日在家等候，三天内第一个登门的人即为孩子的保护人；二是择吉日由父母领着孩子在路上等候第一个过往的行人，即为保护人。部分布依族人不吃狗肉，一种解释是狗曾经救过其祖先，另一种解释是人类以前并无稻谷，是狗从天神的晒谷场带回稻谷给布依族人，使得布依族成为人类最早种植水稻的民族。部分布依族人不吃鱼肉。

第二节　侗　族

侗族居住区主要在贵州、湖南和广西的交界处，湖北恩施也有部分侗族。我国侗族人口约 296 万。侗族在老挝也有一个分支，叫"康族"。侗族使用侗语，属壮侗语系，分南、北部两个方言。原无文字，1958 年设立了拉丁字母形式的侗文方案，现在大部分侗族人通用汉文。

一、建筑与饮食习俗

（一）建筑

侗族擅长建筑，结构精巧、形式多样的侗寨鼓楼、风雨桥等建筑都具有代表性。鼓楼的造型十分别致，底部多为四方形，楼顶是多角形状，楼的层数均为单数，楼顶悬有象征吉祥的宝葫芦。十几层的鼓楼，全为杉木穿枋或接榫而成，不用一颗铁钉。檐下的如意斗拱、飞檐翘角非常精巧。檐板上绘有各种古装人物画、山水画、花鸟画或生活风俗画，形态逼真，栩栩如生。整个鼓楼，远观巍峨庄严，气势宏伟；近看亲切秀丽，玲珑雅致。

（二）饮食

侗族人以大米为主食，平坝地区以粳米为主，山区则多食糯米。普遍喜食酸、辣风味。自行加工的"醅鱼"、"醅肉"贮藏数十年不坏。用油茶待客，是侗族人的一种好客习俗。

大部分地区日食三餐；部分地方也有日食四餐的习俗，即两茶两饭。两茶是指侗族民间特有的油茶，油茶是用茶叶、花、炒花生（或酥黄豆）、糯米饭，加肉或猪下水、盐、葱花等为原料（有的地方还加菠菜、竹蒿），制成的汤状稀食，既能解渴，又能充饥，故常称"吃油茶"。日常蔬菜十分丰富，除鲜食南瓜、苦瓜、韭菜外，大部分蔬菜被腌成酸菜。侗族日常菜肴以酸味为主，不仅有酸汤，还有用酸汤做成的各种酸菜、酸肉、酸鱼、酸鸡、酸鸭等。相传腌酸菜始于宋代。

侗族民间经常食用的虾酱多以坛制作。腌鱼、腌猪排、腌牛排、腌鸡鸭则以筒制为主。筒有木桶和楠竹筒两种。制作腌鱼以入冬最佳，腌渍时间越长，其味越醇。鱼虾除大量腌食外，也常鲜食。侗族成年男子普遍喜爱饮酒，且大都饮用自家酿制的米酒，度数不高，淡而醇香。

二、服饰习俗

侗族有南侗和北侗之分。南部侗族服饰十分精美，妇女擅织绣，侗锦、侗布、挑花、刺绣等手工艺极富特色。女子穿无领大襟衣，衣襟和袖口镶有精细的马尾绣片，图案以龙凤为主，中间有水云纹、花草纹；下着短式百褶裙；脚登翘头花鞋；发髻上饰环簪、银钗或戴盘龙舞凤的银冠，佩挂多层银项圈和耳坠、手镯、腰坠等银饰。三江侗族女子穿长衫短裙，其长衫为大领对襟式，领襟、袖口有精美刺绣，对襟不系扣，中间敞开，露出绣花围兜，下着青布百褶裙和绣花裹腿、花鞋，头上挽大髻，插饰鲜花、木梳、银钗等。洛香妇女春节穿青色无领衣，围黑色裙，内衬镶花边衣裙，腰前扎一幅天蓝色围兜，身后垂青、白色飘带，配以红丝带。男子服饰为青布包头、立领对襟衣、系腰带，外罩无纽扣短坎肩，下着长裤，裹绑腿，穿草鞋或赤脚，衣襟等处有绣饰。侗族人一般都喜欢戴银饰。侗族的马尾背扇堪称一流绣品，其造型古老、绣工精致、图案严谨、色彩丰富，充分展示出侗族女子的聪慧和高超的技艺。

三、婚丧习俗

（一）婚姻习俗

侗族婚姻为一夫一妻制。姑舅表婚较为流行，姨表兄妹和辈分不同的不能通婚。女子婚后有"坐家"（即"不落夫家"）的习俗。解放前侗族社会基本单位是封建家长制的父系小家庭。妇女在社会和家庭中的地位低于男子，妇女禁触铜鼓；男人或长辈在楼下，不准上楼。侗族姑娘在婚后才能享受父母和自己积累的"私房"以及分得少量的"姑娘田"、"姑娘地"。男子继承家业，无继承人的可招赘养子。

（二）丧葬习俗

侗族丧葬一般行土葬，个别地区还有停葬习俗，即人死入殓后将棺材停放在郊外，等本族与死者同年同辈的人都死亡以后，再一同择日安葬。

上祭　于死者去世后第二天举行，祭品须有鸡、鱼、肉"三牲"，诵毕祭文，锣鼓、唢呐、铁炮齐鸣，加上道士的念唱和妇女的哭声，整个葬礼显得十分隆重而悲哀。此外，还给每位参加葬礼者发一条白孝巾，扎在头上为死者戴孝。

乐穴　在棺木入土之前，把纸钱、树枝、杂草丢在空中燃烧，并将一只鸡丢进去，让它在火中蹦跳至气绝才取出，最后沉棺于穴中埋葬。

挂葬　是侗族用以安葬未满月死婴的风俗。流行于贵州黎平肇兴。先替死婴穿好衣服，放在粪箕或摄箕中用新白布（或黑布）盖上，挂在村寨附近山坡的树枝、竹枝上；或用草绳捆好挂上，任野禽野兽吞食，认为这样母亲才能再孕，否则就难孕或绝育，子女多的人家常常不用此葬法处理死婴。

停丧传葬　流行于贵州黎平四塞区和从江县和平区一带。依当地风俗，患不吉之症的死者、因意外事故而死者、死亡时间与生辰八字不合者，均要行此葬礼。尸体洗净装敛入棺后，停于选定的地点，停丧期满后将其焚化，骨灰装进长1米、高宽各0.3米的小棺，并用新白布包裹下葬；也有些地方不予埋葬，只停放在山坡上。此外，停丧前洗尸、装敛等事一律由外婆、娘舅等亲戚办理，其他亲人都要回避，目的在于避开"恶鬼"。

四、节庆习俗

萨玛节　农历正月至二月是侗族萨玛日。萨玛节是侗族最盛大而古老的节日，是母系氏族社会文化的延续。

泥人节　在黎平县肇兴乡的厦格村，每年农历八月十八日都要举办泥人节。泥人节有庆丰收之意，表达人们对泥土的崇拜。

千三节　全称为"千三欢聚节"，每年正月十一至十五期间在茅贡乡地扪村隆重举行，方圆百里的村寨有上万人参加节日活动。

抬官人　在黎平肇兴一带和黄岗等地，有一项侗族喜爱的民俗活动叫"掂宁蒙"，汉语意为"抬官人"。"抬官人"一般在春节期间"月货"（集体做客）中进行。"官人"由侗寨里的一个青年或小孩装扮，乘坐"滑竿"，有化妆成奇形怪状的"随从"，他们有的赤臂露体，有的在身上画青龙白虎，有的扮成兵匪、乞丐，有的扮成妖魔鬼怪，有的扮得不男不女、非僧非道。队伍后面还跟着一大批衣着靓丽、头插羽毛的年轻姑娘，她们一手撑花伞，一手提竹篮，篮内盛满食品。

侗年　主要是缅怀祖宗，祭祀农耕。新年前，家家打扫房前屋后，杀年猪、打年粑等。新年期间，寨上举行大规模的踩堂对歌、跳芦笙舞和斗牛等活动。有的青年则举办婚礼。

春节　节日这天，饭菜均是头天做好的，意为上年余下的，以示年年有余。大年初二，寨上妇女到萨堂（供萨玛的祠堂）祭祀萨岁（女神之一）祈求保佑。初三以后开始演侗戏或玩龙，亲友互邀吃年酒，小伙子们白天与姑娘踢毽子或到田野游玩，直至正月十五把龙送下海，春节才算过完。

五、宗教、礼仪、禁忌

(一)宗教信仰

侗族信仰多神,崇拜自然物,古树、巨石、水井、桥梁均属崇拜对象。以女神"萨岁"(意为创立村寨的始祖母)为至高无上之神,每个村寨都建立"萨岁庙"。以鸡卜、草卜、卵卜、螺卜、米卜、卦卜测定吉凶。有的地方受汉族影响,信仰汉族的一些神。相信灵魂不死。在侗族地区,佛教也有流传,有庵堂寺庙,但信奉的人不多。基督教、天主教曾传入,信奉者也不多。

(二)礼仪与禁忌

侗族是一个讲究礼仪的民族,凡有人进家,不论认识与否都视为客人,热情招呼,端凳让座。进出不得从客人面前过,若非过不可,得先说"得罪了,过面前了"。进餐前先端水给客人洗手,然后才请客人入席。

侗族人家里供奉祖先的神龛为最神圣之处,一切凶器,如刀、松、剑、戟、戈、矛、弓、弩,甚至棕索,都不准放置其上,否则认为对神大不敬,会招致惩罚。寨内举行祭礼活动期间,禁忌外人入寨,禁忌标志为用斑茅草打4个结,结成十字,悬于寨子口处。

第三节 瑶 族

瑶族自称"勉"、"金门"、"布努"、"炳多优"、"黑尤蒙"、"拉珈"等,又有"盘瑶"、"山子瑶"、"顶板瑶"、"花篮瑶"、"过山瑶"、"白裤瑶"、"红瑶"、"蓝靛瑶"、"八排瑶"、"平地瑶"、"坳瑶"等称谓之别,人口约264万。主要分布在广西壮族自治区和湖南、云南、广东、贵州等省。瑶族语言属汉藏语系苗瑶语族瑶语支。历史上没有本民族文字,通用汉文。

一、建筑与饮食习俗

(一)建筑

瑶族民居有"半边楼"、"全楼"和"四合院"之分。"半边楼"一般为五柱三间,两头附建偏厦,或一头偏厦,或一头偏厦前伸建厢房。大门多在屋头上层屋场偏厦间,此种建筑多为红瑶所建。"全楼"相对"半边楼"而称,一般建于沿河一带或半山较平坦的一层地基上,规模及附属建筑与"半边楼"相同,花瑶、盘瑶多居"全楼"。"四合院"是在较平坦的地面上连接修建四幢"全楼"合成的房屋，中间有一小块方形空地庭院，故称"四合院"，这种建筑仅为沿河一带红瑶富裕人家所居。

（二）饮食

瑶族一日三餐，一般为两饭一粥或两粥一饭，农忙季节也有三餐干饭。有时用"煨"或"烤"的方法来加工食品，如煨红薯、煨苦竹笋、烤嫩玉米、烤粑粑等。居住山区的瑶族有冷食习惯，食品的制作都考虑便于携带和储存，故主食、副食兼备的粽粑、竹筒饭是他们喜爱的食品。常吃的有各种瓜类、豆类、青菜、萝卜、辣椒，还有竹笋、香菇、木耳、蕨菜、香椿、黄花等。蔬菜常要制成干菜或腌菜。

瑶族人喜欢吃虫蛹，还喜欢自己加工制作蔗糖、红薯糖、蜂糖等。瑶族人大都喜欢喝酒，一般每家都用大米、玉米、红薯等酿酒。云南瑶族喜用醪糟泡制水酒饮用，外出时常用竹筒盛放，饮用时兑水。广西地区的瑶族还喜用桂皮、山姜等煎茶，认为这种茶有提神、清除疲劳的作用。很多地区的瑶族喜欢打油茶，不仅自己天天饮用，而且用来招待宾客。

二、服饰习俗

瑶族过去因其居住和服饰等方面的特点不同，曾有"过山瑶"、"红头瑶"、"大板瑶"、"平头瑶"、"蓝靛瑶"、"沙瑶"、"白头瑶"等自称和他称。在风俗习惯方面一直保持本民族传统特点，尤其在男女衣着上更为明显。瑶族妇女善于刺绣，在衣襟、袖口、裤脚镶边处都绣有精美的图案花纹。发结细辫绕于头顶，围五色细珠，衣襟的颈部至胸前绣有花彩纹饰。男子则喜欢蓄发盘髻，并以红布或青布包头，穿无领对襟长袖衣，衣外斜挎白布"坎肩"，下着大裤脚长裤。瑶族男女长到十五六岁要换掉花帽改包头帕，标志着少年已长大成人。

三、婚丧习俗

（一）婚姻习俗

瑶族实行一夫一妻的婚姻制度，一般不与他族通婚，同氏族五代以外即可结婚。男女青年社交自由，许多瑶族男女青年都借"耍歌堂"的机会选择意中人，一旦男女情投意合，双方家长就可通过媒人去说亲，并以猪肉和酒为礼品。举行婚礼时，都要大摆筵席，按传统习惯，婚宴上必须请寨老参加，新郎新娘饮交杯酒。瑶族多行姑舅表婚，同姓通婚不忌讳。蓝靛瑶较盛行上门入赘，白头瑶流行"抢婚"习俗。

（二）丧葬习俗

过山瑶的丧葬习俗与汉族的丧葬习俗差异不大，实行土葬，也有实行二次葬的。丧葬仪式中要为死者超度亡灵，做斋等。排瑶也行土葬，其葬俗较特殊，当老人去世，亲属把尸体移置床边呈坐式，以便放置到"老人椅"，"老人椅"是公共财物，谁家有丧均可使用。非正常死亡者，如自杀、溺水、被猛兽毒蛇咬死、妇女难产而死等，认为是野鬼恶魔作怪，不举行常规葬礼，草草埋葬。

四、节庆习俗

瑶族除过春节、清明节、端午节、中秋节外，还有自己特有的传统节日。

耍歌堂　祭祀祖先、庆祝丰收的大型娱乐活动，多在农历十月十六日以后进行，时间的长短不一，约为3～9天。届时家家备水酒、糯米粑粑招待客人。

盘王节　农历十月十六日。原本是为纪念瑶山评王和高王作战中作出巨大贡献的盘王。如今，"盘王节"已逐步发展为庆祝丰收的联谊会，青年男女借此机会以歌道情，寻觅佳偶。

姑娘街　瑶族人民的传统节日，每年春节后的第一个街期举行。每逢这个街期，各族姑娘都换上艳丽的民族服装，从四面八方涌向集市。在广场上，各族姑娘围成圆圈，在乐器的伴奏下歌舞。此外，还有陀螺比赛也十分引人注目。街头巷尾摆满了五彩丝线、花边、银器、首饰等商品及各种美味小吃。歌声、琴声和欢笑声交织在一起，荡漾在"姑娘街"上。

"赶鸟节"　在每年的二月初一，不管晴天下雨，周围山寨的男女青年都聚会山头对唱情歌、山歌、猜字歌、谜子歌。青年们忙着赶会对歌，寻找知音。老年人在家里把连夜舂出的糯米粑粑捏成铜钱大小，戳在竹枝枝上，插在神坛边或堂屋门旁，名叫"鸟仔粑"，任邻居小孩们取食。说是鸟雀啄了粑粑，就会把嘴壳粘住，再也不会糟蹋五谷了。到了晚上，瑶家人还走村过寨地串火塘，品尝各家的"鸟仔粑"，希望有个好兆头。

倒稿节　农历十月十六日，这时期，稻子、红薯、包谷、粟米等农作物都已收割完毕，瑶族人民把这一天定为"倒稿节"。在这一天之前，谁种谁收，不准乱割滥收，否则按乡规民约处以罚款。过了这天，任何人可以上山下田收捡果实，谁收谁得，不得干涉。

五、宗教、礼仪、禁忌

（一）宗教信仰

瑶族的宗教信仰因地而异，有自然崇拜、祖先崇拜、图腾崇拜，还有些地区信仰巫术和道教。

瑶族的宗教信仰主要是原始宗教，祭祀寨神、家神、水神、风神、林神、猎神，对生产中的每一个过程如砍山、耕地、撒种、栽秧、收稻谷、吃新米、建仓等都要占卜吉日，祭祀各种神灵。部分瑶族（主要是"蓝靛瑶"）信仰道教，见婚丧、疾病以及日常生活中所遇到的事物，都用阴阳五行的观点加以解释。

（二）礼仪与禁忌

瑶族人民热情好客，饶有风趣的"挂袋子"与"瓜箪酒"是瑶家待客的典型礼节。客人到瑶家，只要把随身携带的袋子挂在堂屋正柱上，就表示要在这家用餐，不用事先说明，主人自然会留客人在家里就餐；如果不懂这个规矩，把袋子等物放在身边，主人就认为你还要到别处去，不留客人吃饭。瓜箪酒是瑶家招待客人的特制酒，用糯米制成。酿成糊酒后，掺上清泉水或凉开水，饮用时用瓜瓢舀出倒在碗里，连液带渣一起喝下。酒的度数不高，香甜可口。

瑶族对祖先很尊敬，吃饭座次也有讲究。老人和尊贵的客人须上坐，有客人时要以酒肉热情款待，有些地方要把鸡冠献给客人。瑶族向客人敬酒时，一般由少女举杯齐眉，以表示对客人的尊敬；若德高望重的老人为客人敬酒，则被视为大礼。盐在瑶族食俗中有特殊的地位，瑶区不产盐，在瑶族，盐作为请道公、至亲的大礼，俗称"盐信"，凡接到"盐信"者，无论有多重要的事都得丢开，按时赴约。

瑶族人在路上相遇，不论相识与否都要热情地打招呼，否则被视为不懂礼貌。忌用洗脸盆洗脚。用餐时忌讳互用碗筷。忌讳衣裤当户晒。忌讳在屋内乱吐痰。猪日不杀猪，鸡日不杀鸡，牛马日不买卖牛马。有客人到家，客人先要与主妇打招呼，主人才高兴，否则被认为无礼。

火塘是瑶族家庭的核心，火塘上的三脚架以及灶膛不能用脚踩，火塘内的柴禾忌讳倒着烧。有些地方的瑶族忌吃狗肉，到瑶族地区不要打主人家的狗，不要吃狗肉。还有些地方的瑶族忌吃乌龟、蛇和鳝鱼。

第四节　朝　鲜　族

我国境内的朝鲜族人口约 192 万，主要分布在黑龙江、吉林、辽宁三省，其余散居在内蒙古、新疆、北京、上海等地。朝鲜族通用语言为朝鲜语，属阿尔泰语系。

一、建筑与饮食习俗

（一）建筑

朝鲜族村落多半建在依山的平地上，房屋别具一格。屋顶四面斜坡，屋里用木板隔成单间，各屋之间有门道相通。屋内设平地炕，炕底有火道，即使在寒冬室内也温暖如春。

朝鲜族民居多为山顶式的青瓦白墙建筑，住房的平面多数为矩形，也有"L"形的，有的设外廊。内部主房间为居室，牛棚和储存柴草、杂物的"草房"在房屋的一端，以灶间与居室隔开。居室的多少、大小由推拉门分隔，比较灵活方便。居室内靠墙设推拉门壁橱，用来存放衣物、被褥，使室内显得宽敞雅致。家人和客人进门就上炕，鞋要脱在门口，以保持室内清洁。

（二）饮食

朝鲜族的传统风味食品很多，其中最有名的是打糕、冷面、泡菜。打糕是用蒸熟的糯米打成团、切块、撒上豆面并加稀蜜、白糖制成。冷面是在荞麦面中加淀粉、水，和匀做成面条，煮熟后用凉水冷却，加香油、辣椒、泡菜、酱牛肉和牛肉汤等制成，吃起来清凉爽口，味道鲜美。泡菜是将大白菜浸泡几天，漂净，用辣椒等佐料拌好，放进大缸密封制成，腌制时间越长，味道越可口。

朝鲜族喜食米饭，擅做米饭，用水、用火都十分讲究。做米饭用的铁锅，底深、收口、盖严，受热均匀，能焖住气儿，做出的米饭颗粒松软，味道纯正。一锅一次可以做出质地不同的双层米饭，或多层米饭。各种用大米面做成的片糕、散状糕、发糕、打糕、冷面等也是朝鲜族的日常主食。

朝鲜族日常菜肴常见的有"八珍菜"和"酱木儿"（大酱菜汤）等。"八珍菜"是用绿豆芽、黄豆芽、水豆腐、干豆腐、粉条、桔梗、蕨菜、蘑菇八种原料，经炖、拌、炒、煎制成的。大酱菜汤的主要原料是小白菜、秋白菜、大兴菜、海菜（带）等，以酱代盐，加水焯熟即可食用。

二、服饰习俗

朝鲜族女子婚前穿鲜红的裙子和黄色的上衣，衣袖上有色彩缤纷的条纹；婚后穿红裙子和绿上衣；年龄较大的妇女可在很多颜色鲜明、花样不同的面料中选择。"则高利"，是朝鲜族最喜欢的上衣，以直线构成肩、袖、袖头，以曲线构成领子，下摆与袖笼呈弧形，斜领、无扣、用布带打结，在袖口、衣襟、腋下镶有色彩鲜艳的绸缎边，只遮盖到胸部，颜色以黄、白、粉红等浅颜色为主。

长裙，朝鲜语称"契玛"，是朝鲜族女子的主要服饰，腰间有长皱褶，宽松飘逸。这种衣服大多用丝绸缝制而成，色彩鲜艳，分为缠裙、筒裙、长裙、短裙、围裙。年轻女子和少女多爱穿背心式的带褶筒裙，裙长过膝盖的短裙便于劳动。中老年妇女多穿缠裙、长裙，冬天在上衣外加穿棉（皮）坎肩。

朝鲜族男子一般穿素色短上衣，外加坎肩，下穿裤腿宽大的裤子，外出时多穿以布带打结的长袍。

此外，朝鲜族喜欢佩戴饰物，例如流苏上的装饰为一块玉雕或一柄小银剑，其上有一环圈，下面则垂着长长的丝线流苏，与服装相呼应，形成整体美感。船形鞋是朝鲜族独有的，鞋样像小船，鞋尖向上微翘，用人造革或橡胶制成，柔软舒适。男鞋一般为黑色，女鞋多为白色、天蓝色、绿色。

三、婚丧习俗

（一）婚姻习俗

朝鲜族婚礼有纳彩、纳币、迎亲三个程序。纳彩就是定婚。纳币是指新郎家向新娘家送彩礼。随后就要"迎亲"，就是举行婚礼。

新婚的礼仪有"奠雁礼"、"交拜礼"和"宴席礼"。新郎去迎亲前，要向父母长辈辞行。新娘家为新郎准备丰盛的喜筵。新郎坐到案前，要先喝三杯酒。喜案上最为醒目的是煮熟的整鸡，鸡嘴上衔着通红的辣椒，民间传说，红为阳，可驱邪避鬼，让鸡衔上辣椒的风俗缘于此，也隐喻着早生贵子之意。碗里要埋鸡蛋，饭中蛋寄托着祝愿生儿育女、生活美满之意，一般埋三只蛋，新郎吃掉一半，另一半留给新娘吃。新郎新娘互换礼品后，行"交拜礼"。

结婚第二天，新娘要为全家烧早饭，早饭后行"舅姑礼"。新娘把预先准备好的礼物（亦称礼缎）拿出来，一一赠给公公婆婆和小叔子、小姑子，以及近亲，最后把礼物赠给新郎，然后两人互相对拜。第三天，新娘伴着新郎，带上丰美的食品双双回娘家，叫做"回门"。

朝鲜族还有在结婚六十周年日举行"银婚礼"的习俗，也叫"归婚礼"，要比一般婚礼隆重得多。其特点是老夫老妻健在，所生子女在世，膝下有孙儿和孙女者才能举行银婚礼。

（二）丧葬习俗

朝鲜族丧礼包括临终、招魂、收尸、发丧、袭脸、成服、吊丧、葬礼、三虞祭、卒哭祭以及小祥、大祥等。祭礼只包括忌祭、时祭、俗节祭等。过去一般停灵三五天，甚至七天，现在一般停灵两三天。过去把棺材放入丧舆里，由村里的青壮年抬着出殡。

四、节庆习俗

朝鲜族节日与汉族基本相同，此外还有三个家庭节日，即婴儿诞生一周年、"花甲节"（六十大寿）、"回婚节"（结婚六十周年纪念日）。

春节　节日期间，男女老少纵情歌舞，还有压跳板、拔河等活动。正月十五夜晚举行传统的庆祝集会，老人登上木制的"望月架"，以先看到明月为福，意味着儿孙健康、万事如意。

上元节　每年农历正月十五日举行，节期一天，人们要先到祖坟送灯，院内挂天灯、院门两旁挂壁灯，到河里放灯船。还要吃药饭、五谷饭，喝聪耳酒。药饭以江米、蜂蜜为基本原料，掺大枣、栗子、松子等煮成，因药饭原料较贵，不易凑齐，也可以大米、小米、大黄米、糯米、饭豆做的"五合饭"代替，以盼望当年五谷丰收。

婴儿生日节　即婴儿周岁生日节。当天婴儿被打扮得漂漂亮亮，然后孩子被抱到已准备好的生日桌前，桌上有专门为他摆设的"涉猎物"，如打糕、糖果、食品、笔、书、小枪等带有象征意义的东西。客人到齐后，婴儿的妈妈就叫孩子从桌子上拿自己喜欢的物品，当孩子伸手从桌上拿一样东西时，客人们就欢腾起来，说一些祝兴的话。有的地方还有老人给孩子脖子套上一团素白色线的习俗，意为希望孩子像雪白的线团那样做一个清白的人，能像长长的线那样长寿。

回婚节　亦称"归婚节"，即结婚 60 周年纪念日。举行回婚节必须具备三个条件：一是老两口都健在；二是亲生子女都在世；三是孙子孙女无夭折。如果亲生子女或孙子孙女中有死亡者，则不能举行回婚节。

此外，结婚、老人六十大寿，都要大摆筵席，宴请宾客。

五、宗教、礼仪、禁忌

（一）宗教信仰

宗教在各个历史时期都曾对朝鲜族有过深刻的影响。原始宗教有图腾崇拜、祖先崇拜等，后来产生檀君教等民族宗教，萨满教是朝鲜族的传统宗教。儒教、道教、佛教都曾传入朝鲜族的聚居区。特别是儒教思想已渗透到社会的各个领域。佛教在朝鲜族中传播也有悠久历史，如农历四月八日的燃灯节，本是为庆祝释伽牟尼的生日，后来成为民间风俗。

（二）禁忌

朝鲜族民间的日常生活曾有过很多禁忌，包括禁言、禁食、禁看、禁触、禁顾等内容。这些内容又可分为生育禁忌（含怀孕期禁忌和分娩前后禁忌）、婚姻禁忌、丧礼与祭礼禁忌、建房和搬迁禁忌、种田禁忌、信仰禁忌等。如在生育禁忌中，孕妇禁用有豁口的瓢、碗饮水；孕妇忌吃鸡肉，怕产后无奶汁。

在婚姻禁忌中，同宗的同姓男女之间不能婚配，此谓"同姓同本不婚"。同宗的异姓男女之间也不能通婚，此谓"异姓同本不婚"。不能与姑表亲、姨表亲通婚，此谓"近亲禁婚"。家有丧事，在一年内不能成婚，此谓"有丧禁婚"等。

在丧礼与祭礼禁忌中，泥鳅、鳝鱼等没有鳞的鱼，因其形状像龙不能用作祭祀食品。在举行神祭（三年以内的祭祀称为魂祭，三年后的祭祀称为神祭）时，汤菜里不能撒辣椒面；祭桌上不能摆狗肉；马口鱼不能上祭桌，因为马口鱼的下唇形同"山"字，山是神灵居住地。在建房和搬迁禁忌中，房屋正面要开阔，忌讳与山峰相对。搬家时要选择吉日或普通日，避开凶日（农历每月的七日、十七日、二十七日为吉日，九日、十九日、十日、二十日为普通日，其他为凶日）。

在种田禁忌中，大田播种日期分为伸日和缩日（农历每月的一至五日、十一至十五日、二十一至二十五日为伸日，其他为缩日），选在伸日播种，庄稼长得好。另外，在红白喜事日，不能杀狗。朝鲜族的各种禁忌习俗，大部分已经废弃，但有一些仍延续至今。

第五节　白　族

白族主要分布在云南省大理白族自治州，丽江、保山、南华、元江、昆明等地和贵州毕节、四川凉山、湖南桑植县等地也有分布。白族人口约 186 万，使用白语，属汉藏语系藏缅语族，还有说法主张白语、土家语也属于汉语族。白族绝大部分说本族语，通用汉语。

一、建筑与饮食习俗

（一）建筑

白族民居的平面布局和组合形式一般有"一正两耳"、"两房一耳"、"三坊一照壁"、"四合五天井"、"六合同春"和"走马转角楼"等。采用什么形式，由房主人的经济条件和家族大小、人口多寡所决定。白族民居的大门大都开在东北角上，门不能直通院子，必须用墙壁遮挡，遮挡墙上一般写上"福"字。

白族四合院的主房一般是坐西向东，这与大理地处由北向南的横断山脉带形山系形成的山谷坝子的特点有关。

白族建筑离不开精美的雕刻、绘画装饰。木雕多用于建筑物的格子门、横披、板裾、耍头、吊柱等部分，卷草、飞龙、蝙蝠、玉兔，各种动植物图案造型千变万化，运用自如。白族的木雕巧匠还特别擅长做玲珑剔透的三至五层"透漏雕"，多层次的山水人物、花鸟虫鱼都表现得栩栩如生。

"粉墙画壁"也是白族建筑装饰的一大特色。墙体的砖柱和贴砖都刷灰勾缝，墙心粉白，檐口彩画宽窄不同，饰有色彩相间的装饰带。以各种几何图形布置"花空"，上有花鸟、山水、书法等文人字画，表现出一种清新雅致的情趣。

（二）饮食

大理白族地区的日常饮食，随当地物产不同而有所差异。平坝地区的百姓以稻米、小麦为主食，住在山区的则以玉米、荞麦为主食。平常食用的蔬菜有白菜、萝卜、茄子、瓜类、豆类及辣椒等。在白族饮食习俗中，下列几种较具民族特色。

生皮　白族特色菜肴，是将整只猪或羊置于稻草火上烘烤，待烤至半生半熟时，去毛再烤，直至皮肉呈金黄色时为止。吃时将肉切成肉丝或肉片，佐以姜、葱、蒜、炖梅、辣椒、芫姜等调料，又香又鲜，为款待贵客的佳肴。

海水煮海鱼　洱海边的渔民煮鱼时，特别是烹煮当地的"油鱼"等肥美鱼儿时，一般都不用油煎。他们舀来洱海之水煮沸，放入鲜鱼，再搁上浓重的辣椒粉和花椒粉，其味鲜美麻辣，俗称"海水煮海鱼"。

下关砂锅鱼　这是下关的地方特色菜肴。将洱海的肥美鲤鱼剖腹洗净，抹上少许精盐腌十来分钟，与火腿片、嫩鸡块、鲜肉片、猪肝片、冬菇、蛋卷、肉丸、海参、豆腐、玉兰片等各种适量配料同置砂锅内，再撒入适量的胡椒、精盐、味精等调料，置炭火炉上文火煮成。吃时将砂锅用盘衬垫上席，既热气腾腾，又鲜美可口。

炖梅　大理地区产梅，有苦梅、盐梅两种。用苦梅制作的炖梅，是将苦梅放入沙罐，加上盐和花椒，盖严后置于火塘正中，周围堆上稻壳，点燃后用微火连续炖1～2天。这时黑色的炖梅味道酸香异常，老百姓常用作吃生皮的调料，或加上红糖做成炖梅汤。炖梅耐贮，能放一二年不坏。

三道茶　是云南白族招待贵宾时的一种饮茶方式，属茶文化范畴。驰名中外的白族三道茶"头苦、二甜、三回味"，在明代时就已成为白家待客交友的一种礼仪。

二、服饰习俗

大理地区的白族男子多着白色对襟上衣，外穿镶花边黑领褂，下穿白色或蓝色肥宽裤子，头缠白色包头，肩挎工艺考究又实用的绣花挎包。在山区或与其他民族居住的白族男子，在白色对襟衣外面穿一件羊皮褂或腰系蓝色土布腰带。男子服饰现多已改变成汉族服装，只有在绕三灵、火把节等民族节日才能看到一些具有民族特色的服饰。

白族妇女的服饰，虽各地有差异，但都以白色为尊贵，因此白族妇女不论老少，都爱穿白衬衣，着制作精细的艳红色、蓝色或浅蓝色领褂；下穿灰蓝、绿色布料加绣花边裤角的裤子；脚穿绣花鞋；腰系加工精致，上面镶边处绣有花、鸟等图案的绣花短围裙。白族妇女的服饰，不论老少，不仅显得十分协调，而且还给人以美观、大方的感觉。最突出的是金花头饰的创新，这顶头饰囊括了大理"上关花、下关风、苍山雪、洱海月"的优美景致。那发辫下盘着的绣花头巾，犹如盛开在山顶的山茶、杜鹃，代表大理四季盛开的鲜花。头巾一侧垂下雪白的缨穗飘飘洒洒，象征着终年吹拂的下关风。而绣花头帕上精心梳理出茂密雪白的绒毛，形象地表现了苍山顶上那冰清玉洁、经夏不消的皑皑白雪。美丽的发辫似一轮弯弯的月儿挂在花海之中，象征洱海上空升起的一轮明月。

三、婚丧习俗

（一）婚姻习俗

白族青年男子向姑娘求婚时，姑娘如同意要向男方送粑粑。婚礼时新娘要下厨房制作"鱼羹"。婚后第一个中秋节新娘要做大面糕，以此表现新娘的烹调技艺。婚礼讲究先上茶点，后摆四四如意（即四碟、四盘、四盆、四碗）席。

白族实行一夫一妻制，婚礼隆重、热烈。按传统，举行婚礼这天，新郎和小伙子们必须骑高头大马去娶亲。新娘娶回后要拜客，由新郎、新娘对家中长辈一一敬拜，然后请客吃饭。新郎、新娘要陪客人进餐，客人可向新婚夫妇出难题，也可以让他们表演节目，婚礼被喝彩声和欢笑声笼罩着。最有特色的是在婚礼上燃起辣椒粉，在欢声笑语中许多人都打喷嚏、咳嗽，热闹无比。

背婚是云南大理洱源县白族地区普遍流行的一种婚俗。即在迎亲时，每逢十字路口、三岔道或行人集结的地方，陪宾们便停下来把嫁妆码成两大摞，让新郎背着新娘围着嫁妆绕"8"字。儿子成婚后，一般与父母分居，另外组织小家庭。父母和谁一起生活，由父母自己选择，一般选择与幼子一块生活的居多。

（二）丧葬习俗

春秋战国时代，白族先民的"滇僰"墓葬形式有竖穴土坑墓葬、瓮棺葬、圆坑墓葬多种。祥云大波那有"干栏"式重型铜棺。弥渡苴力有大量石板墓。

住在碧江的白族，死后不用棺，把死者放在一块木板上，覆以屋上的茅草，上盖土，垒成坟状。再在距死者头部约 1 米的地方竖一个约 3 米高的双杆栗木坊，除挂土锅和盛有祭物的两个麻布袋外，还悬挂死者生前用具，如男的挂弩箭，女的悬织布架等，以示悼念。后一年内，以石片、石块垒墓，墓头留一孔供死者灵魂出入。那马白族约在明代前实行火葬，以火焚尸，取骨入罐，再埋于家族公共墓地。明代以后，受汉族影响，渐改土葬，即棺葬。

大理、剑川的丧葬也有变化。明代以前因受佛教的影响，盛行火葬，以后则改为棺葬。男子死后一般即行装殓，女子死后则必须等候娘家人亲临。停柩在堂三天左右即择地安葬。停柩期间，一般请道士念经"超度"亡人。

墓葬的形式很多，一般名为"一层轿"或"两道花门"，穷苦人只堆土为坟。富人则有"三碑四柱"、"城门洞"式的墓道，并立有石人、石马、石狮等。

按白族的习俗，如果丈夫去世，妻子可以终身守节，也可以另嫁，但另嫁时不得带走前夫的家产。在个别地区，还有转房的习俗，兄死后，嫂可以嫁给弟弟，称为叔就嫂，但这种现象现在已不多见。

四、节庆习俗

"绕三灵"　又称"绕山灵"、"绕三林"，是云南大理白族的传统节日，白语叫"观上览"，意为"游逛园林"。"绕三灵"会期为每年农历四月二十三至二十五。"三灵"指"神都"圣源寺，"仙都"金奎寺，"佛都"崇圣寺。"绕三灵"主要是串游这三个寺庙。节日期间，人山人海，在"三那绕南四绕北"中歌舞不断。晚上宿营田野，唱白族的大本曲，对歌、狂欢通宵达旦。

"耍海会"　又称"捞尸会"，会期长达一个月，从农历七月二十三至八月二十三。而规模最大的要数大理洱海西岸的沿湖村庄八月八的耍海会。届时，周围许多村寨都将花船云集到乡村附近的水面，洱海里白帆点点，岸上人头攒动，船只连绵 5 000 多米，观者逾万人。

三月街　又名"观音市"，是白族盛大的节日，每年夏历三月十五至二十在大理城西的点苍山脚下举行。最初它带有宗教活动色彩，后来逐渐变为一个盛大的物资交流会。

火把节　于每年夏历六月二十五举行，是白族的传统节日。节日当天男女老少聚集一堂祭祖，通过拜火把、点火把、耍火把、跳火把等活动，预祝五谷丰登、六畜兴旺。

五、宗教、礼仪、禁忌

（一）宗教信仰

白族传统社会是一个具有多元宗教信仰的社会，人们曾信奉原始宗教、佛教、道教和本民族的本主信仰。释儒道"三教同源"，三教相融合，是白族宗教信仰的一大特点。其中本主信仰是白族全民信奉的宗教。本主一词的含义是"本境最高贵的保护神"。相较原始的神巫崇拜，本主信仰形成了以祖先崇拜、自然崇拜、英雄崇拜、图腾崇拜为完整体系的宗教，并使祖先崇拜、英雄崇拜构成了"本主宗教"的崇拜核心。

佛教约于隋唐之际传入洱海地区，最初传来的是"婆罗门"和瑜珈密宗，密宗僧人称"阿阇黎"，所以又名"阿阇黎（阿叱力）"教，现在称其为"白族密宗"，盛行于南诏大理时期。大理国的22代皇帝中有10位出家为僧。国中男女都读佛典、诗书，手不释珠卷，因此洱海地区很早就有"古妙香国"的称号。元明之后，大批汉族移民屯驻洱海地区，汉文化开始在洱海地区广泛传播，汉传佛教逐渐取代大理本土佛教（密宗）的地位。

（二）礼仪与禁忌

白族热情好客，先客后主是白族待客的礼节。家中来了客人，以酒、茶相待。著名的"三道茶"就是白族的待客礼。白族人倒茶一般只倒半杯，倒酒则需满杯，他们认为酒满敬人，茶满欺人。

尊敬长辈是白族的传统美德。见到老人要主动打招呼、问候、让道、让座、端茶、递烟。起床后的第一杯早茶要先敬给老人。吃饭时要让老人坐上席，等老人先动筷子。在老人面前不说脏话，不跷二郎腿。

白族人家的火塘是个神圣的地方，忌讳向火塘内吐口水，禁止从火塘上跨过。白族人家的门槛忌讳坐人。男人所用的工具，忌妇女从上面跨过。

第六节　哈 尼 族

哈尼族主要聚居在云南省玉溪市、红河哈尼族彝族自治州、普洱市、西双版纳傣族自治州的红河、澜沧江沿岸和无量山、哀牢山地带。人口约125万，主要使用哈尼语，属汉藏语系的藏缅语族的彝语支。分哈雅、碧卡、豪白三种方言，各方言中又包含若干种土语。哈尼族原来没有自己民族的文字，1957 年创制了以拉丁字母为基础的拼音文字。

一、建筑与饮食习俗

（一）建筑

蘑菇房是哈尼族最具特色的房屋建筑。蘑菇房就是住房形状如蘑菇，它的墙基用石料或砖块砌成，地上地下各有半米，在其上用夹板将土舂实一段段上移垒成墙，最后屋顶用多重茅草遮盖成四个斜面。内部结构通常由正房、前廊（相当于正房前厅）和耳房组成。分二三层的蘑菇房在建筑设计上别有风韵：前廊与正房前墙相接，耳房与正房一（两）侧相连；前廊与耳房顶部均为坚实的泥土平台，既可休憩纳凉又可晾晒收割的农作物；正房二层全部用泥土封实，然后在三四米高处再铺盖茅草顶。第二或第三层至屋顶的空间称"封火楼"，封火楼通常以木板间隔，用以贮藏粮食、瓜豆，供适龄青年谈情说爱或住宿。最底层用来关牲畜，堆放农具。中层用木板隔成左、中、右三间，中间设一常年生火的方形火塘。蘑菇房经久耐用，冬暖夏凉。

（二）饮食

哈尼族常年以米饭为主食，逢年过节吃糯米饭和糯米粑粑。平时一日两餐，农忙期间一日三餐。农忙期间的早晚两餐在家进食，中午饭用一只特制的竹筒、篾盒或布袋将米饭（外加适量咸菜）带到山野上的劳动地点吃。玉米、荞麦和豆类等作为缺粮季节的补充。

哈尼族的蔬菜品种不多，主要有青菜、萝卜、瓜、豆、芋头等，此外还有采集的野生植物。哈尼族肉食以猪、牛、羊、鸡、鸭肉和禽蛋为主，并兼食鱼、鳅、鳝和田螺。他们的烹调方法主要有清煮、煎炒和腌制三种。

二、服饰习俗

哈尼族的服饰，因支系不同而各地有异，一般喜欢用藏青色的哈尼土布做衣服。男子多穿对襟上衣和长裤，以黑布或白布裹头。妇女多穿右襟无领上衣，下身穿长裤或穿长短不一的裙子，襟沿、袖子等处缀绣五彩花边，系绣花围腰，胸佩各色款式的银饰。

红河县部分地区，妇女的服饰独具特色。妇女头戴白布缝制的尖顶软帽，后面一截燕尾边沿绣有精美的花纹；上着靛青色对襟短袖宽口土布衣，无领无扣，用 10 余厘米宽的五彩腰带围腰；下穿紧身超短裤，视短裤紧勒至现出臀部原形为美，短裤以下全部裸露。

哈尼族女子以多衣为荣，因为那代表家庭富裕又显得好看。上衣分外衣、衬衣、内衣三种，通常在内衣下摆处加数道青蓝色假边，显得鳞次栉比，令人目眩。到了年节喜庆日，姑娘们要穿七件外衣、七件衬衣、一件内衣，手戴银手镯，胸前挂一对银链，腰两侧挂银片和银泡泡，走起路来叮当作响，显得多姿健美。

三、婚丧习俗

（一）婚姻习俗

墨江自称阿木人的哈尼族，在整个婚礼仪式中从头到尾都离不开舞蹈。婚礼前夕，男女双方都要在自家屋外用松、竹等搭一座棚子，作为迎送新人和待客的活动场所。婚礼这一天，迎亲队在途中留下一部分人准备回程时接应，其余跟随新郎前往女家。当他们来到女家寨口时，寨内鼓乐齐鸣，送亲队跳起传统的舞蹈向寨口走去，给接亲人一一敬酒敬茶，然后大家共舞进寨直抵棚子里。休息片刻，一对新人站在一张方桌旁，女家亲属用两指夹着一片笋叶，环绕方桌起舞，意为禳灾祈福。

新平等地自称卡多的哈尼族，迎亲时有新娘"捶新郎"的习俗。据说"捶新郎"的本意是考验新郎对爱情的忠诚。

（二）丧葬习俗

哈尼族葬礼中一般都有吃临终饭、续气、鸣枪宣告、易床、停尸、净身穿寿服、钉棺等仪式，其中哭唱挽歌是最重要的部分，贯穿于丧葬活动的始终。对挽歌唱词掌握得多少、深浅，成了衡量哈尼女子是否聪颖能干的标准之一。出殡前两天，丧家要请有名的摩批（祭司）给死者念"指路经"和家谱。摩批眼睛半睁半闭，手拿一竹筒，每念完一段，便在地上敲击几下竹筒。死者在归途中还须知道祖先名字，摩批要不断念诵家谱，这样死者才会顺利得到祖先承认。

哈尼族葬礼中还有最引人注目的盛大仪式，是为正常死亡的高寿男女举行的"莫搓搓"。出殡前夜，青年男女在丧家附近燃起篝火，敲锣打鼓，年轻人眉目传情，歌声舞影通宵达旦。这体现了哈尼族的人生理念：没有生就没有死，没有死也就没有生。个人躯体的死亡和消失，不应成为民族群体衰落的喻示，而应当成为这个民族永生与和繁荣的契机。

四、节庆习俗

十月年　按哈尼族的历法，十月是岁首，是大年。这时正是厩中猪肥的时节,有条件的人家都杀牲,舂糯米粑粑、蒸年糕、染黄糯米饭,献天地祖宗。男女老少都着新装,亲友们互相走访。墨江的部分哈尼族,年节里经常整个家族会餐(自带食品)。另外还有一种特殊的风俗,即前一年出嫁的新娘们,要集于村外山野里互相诉说自己的新婚生活,且严禁男子偷听。

六月年　也叫"库扎扎",时间为夏历六月二十六日,节期3~6天。节日里以村寨为单位杀牛祭"秋房",牛肉各户分回祭祖,青年们聚集在一起"荡秋千"、摔跤、狩猎、唱山歌,尽情欢乐。

姑娘节　云南省元阳县碧播山一带的哈尼族,每年农历二月初四要欢度别开生面的姑娘节。这天鸡还未叫,男人们就要首先挑回一担水,天刚亮时再砍一捆柴,接着生火烧水,把洗脸水恭恭敬敬地端给慢腾腾起床的妇女。然后男人们煮饭、洗菜、剁猪食、洗碗筷、带小孩,妇女们则悠闲地坐在一旁,或做点针线活,或指挥男人做这做那。午饭后,男人们急忙赶到寨中的公共娱乐场所,先来的为勤劳者,后到的为懒惰者。小伙子们向情人借来女式新衣新裤,打扮成姑娘的样子,在欢快的弦乐声中翩翩起舞,直到太阳偏西才回家做饭,继续劳动到深夜。

"吃新米节"　农历七月左右,哈尼族居住区谷物逐渐成熟,各户要选择自己的好日子进行"卡都匹"(吃新米)活动。过节时家长背着箩筐到地里拿些谷穗回来挂在门上,并且要拿稻谷杆制成"窝保波",在"宗格"前吹奏三回,表示要吃新粮了,祈求神灵保佑粮食丰收,人们身体健康,家畜兴旺。

五、宗教、礼仪、禁忌

(一)宗教信仰

哈尼族认为万物皆有灵,人死魂不灭,因此盛行自然崇拜和祖先崇拜。

(二)禁忌

产妇分娩,忌外人闯入室内。进村时不能披着衣服。不能用火塘上的三脚架烘湿鞋。禁止砍伐"龙树"和将污秽物扔在"龙树"下。

过去哈尼族认为火是家族的生命,对火很敬畏,必须保护火种长久不熄。每家都有数个不同的火塘,不仅要烟火不断,而且每个火塘的用处也不能弄混。一般一个火塘用于煮小锅饭、炒菜;一个火塘支蒸锅,专门用来蒸制食品;还有个火塘只煮猪食,不能乱用。

第七节　哈萨克族

哈萨克族指哈萨克斯坦的主要民族和中国的少数民族，我国境内的哈萨克族人口约125万，主要分布于新疆维吾尔自治区伊犁哈萨克自治州、木垒哈萨克自治县、巴里坤哈萨克自治县、甘肃省阿克塞哈萨克族自治县。哈萨克族人使用哈萨克语，本民族的文字是以阿拉伯字母为基础的哈萨克文。

一、建筑与饮食习俗

（一）建筑

"穹庐为室分兮旃为墙"，以游牧为生的哈萨克族在居住形式上继承了祖先的传统。穹庐即毡房，由于哈萨克族在春、夏、秋三季要不停地在牧场中迁徙，只有易于搭卸、便于携带的房屋，才能适应生产和生活的需要，毡房正符合上述要求。毡房，哈萨克语称"字"，它不仅携带方便，而且坚固耐用，居住舒适，并具有防寒、防雨、防震的特点。房内空气流通，光线充足，千百年来一直被哈萨克牧民所喜爱，由于是用白色毡子做成，毡房里布置得十分讲究，人们称之为"白色的宫殿"。

（二）饮食

日常食品主要是面食、牛肉、羊肉、马肉、奶油、酥油、奶疙瘩、奶豆腐、酥奶酪等。平时喜欢把面粉做成"包尔沙克"（油果子）、烤饼、油饼、面片、汤面、纳仁等，或将肉、酥油、牛奶、大米、面粉调制成各种食品。饮料主要有牛奶、羊奶、马奶，马奶是经过发酵制成的高级饮料，最受人喜爱。茶在哈萨克族的饮食中有特殊的地位，主要喝砖茶，其次为茯茶，如果在茶中加奶，则称奶茶。特色食品主要来自畜牧产品，如冬肉、马奶子、奶疙瘩等。

二、服饰习俗

哈萨克族男子喜欢扎一条牛皮制成的腰带，腰带上镶嵌有金、银、宝石等各种装饰品，腰带右侧佩有精美的刀鞘，内插腰刀，以备随时使用。哈萨克族男子的鞋、靴比较讲究，根据游牧中不同的需要制成不同的种类，夏季的靴子底较薄；打猎时的靴子后跟很低，轻便柔软、易行，不易被猎物察觉；长筒靴子有高跟，长及膝盖，全牛皮制成，在靴底上钉上铁掌，结实耐用。

哈萨克族妇女的服饰根据年龄有不同的样式。年轻的姑娘喜欢穿连衣裙，裙袖有美丽的绣花，裙摆阔大自然成褶。上身外套紧身坎肩，坎肩上绣有精美的图案并缀有五颜六色的饰品，未出嫁的姑娘头上戴"塔克亚"、"别尔克"或"特特尔"。"塔克亚"是一种斗形帽，下沿略大，彩缎作面，帽壁有绣花，帽上缀珠，顶上插猫头鹰毛。"别尔克"是用水獭皮做的圆帽，与"塔克亚"类似，只是夏季扎各种颜色的三角形或正方形头巾。"特特尔"是一种四方的头饰，上绣各种花纹图案，折起多褶扎在头上。另外，未婚少女喜爱在发辫上别发带；若是成婚新娘则从结婚那天起要穿一年的"结列克"，"结列克"为红绸制作，帽子和衣服连在一起，很容易识别。

三、婚丧习俗

（一）婚姻习俗

哈萨克族实行氏族外婚制。在哈萨克族传统婚姻中存在过"哈凌玛了"制度。哈萨克族的婚礼富有古代游牧民族的特色。婚俗中有四个仪式要在女方家举办：即说亲——"库达拉苏"，由男方家长或委托近亲带礼物到女方家，女方若有意，收下礼物，款待客人，商定订婚日期；订婚——"乌勒特热托依"，这是婚俗中的重要仪式，从此将男女双方命运联结在一起，其中有送礼、宰羊、踏水礼等内容；送彩礼，是给女方各种结婚用品，其中衣、裙、被、巾必须是奇数；出嫁——"托依"，在这个仪式上要唱许多关于婚礼的歌。在男方家举办的仪式有两次：一是"吉尔特斯"，就是男方要择一吉日向众人展示自己为新娘准备好了哪些物品、彩礼，让大家观赏；二是迎亲——"克灵推斯如托依"，将新娘迎进家门，揭开婚纱。这一系列仪式的规模不同，每次仪式都要设宴、唱歌、跳舞，以及进行各种娱乐活动。婚礼结束后，新娘将原来代表年龄的小辫梳成两条大辫，并在一年内披戴"结列克"。

（二）丧葬习俗

哈萨克族实行的是无棺土葬。"埋体"被净身后，用白布缠裹，直体仰身，头北脚南，面西朝向圣地麦加方向入葬。墓穴一般先挖一个直土坑，在直坑的西壁再挖一个洞穴。安放完毕，用土坯树枝先封住侧洞，然后往直坑中填土，最后在墓上堆石成丘。坟的外形是长方形，周围建有坟墙，有门可出入，形似毡房。坟前立碑，死者去世1周年时，要重修坟墓。普通人的坟墓用石块垒起；有一定经济条件的人用土坯砌成圆形或方形墓冢；有声望的死者，还在坟上用砖石砌成高塔。

男性死者生前骑乘的马，要被剪去马尾、马鬃，或将尾、鬃梳成辫状，这种马哈萨克语称"托力阿特"，任何人不得骑乘、鞭打。

四、节庆习俗

纳吾鲁孜节　"纳吾鲁孜"来自波斯语，是"年头或元旦"的意思，按照哈萨克族的古代历法，这个节日表明新年来临。这天的白天和黑夜一样长，正值中国农历"春分"，所以"纳吾鲁孜"有"送旧迎新"的含义。

肉孜节　这个名称是波斯语音译，又称"开斋节"。源于伊斯兰教，在斋月里，伊斯兰教徒要履行的义务之一就是封斋。不分年龄、不分男女，封斋持续30 天。在斋月里，每天黎明之前吃早饭，然后整日不进食，也不能喝水，直到太阳落山，做礼拜后才进食。30 天封斋结束，就是为期 3 天的肉孜节。肉孜节的第一天，举行完群众性礼拜活动，节日就开始了。过节时男女都要穿上新衣服，晚辈必须给长辈拜节，且家家户户都准备丰盛的食品。

古尔邦节　也是按伊斯兰教历法进行的节日，于肉孜节 70 天之后来临。"古尔邦"一词是阿拉伯语音译，意为"献牲"，因此也称"宰牲节"。这天宰的牲口，肉煮熟后切成大块，放进大盘子里端上桌。客人来了，主人递过刀子，请客人吃肉、喝汤，既热情又周到。男女老少都穿上节日盛装，走亲串邻，祝贺节日。在节日的白天，还举行赛马、刁羊、姑娘追等富有情趣、别具一格的民族传统体育活动。晚上人们欢聚一堂，唱歌跳舞。

五、宗教、礼仪、禁忌

（一）宗教信仰

哈萨克族大多信仰伊斯兰教，有些牧民仍保留着萨满教的残余习俗。

（二）礼仪与禁忌

哈萨克族忌食猪肉和非宰杀而死亡的牲畜肉，忌食一切动物的血。牲畜一般由男性宰杀。吃饭时不能把整个馕拿在手上用嘴啃。在毡房内不许坐床，要席地盘腿坐在地毡上，不许把两腿伸直。年轻人不许当着老人面喝酒。吃饭或与人交谈时，忌讳抠鼻孔、吐痰、打哈欠、挖耳朵等不良习惯。

忌讳客人骑着快马直冲主人家门，这会被认为是挑衅、报丧、传送不吉利的消息。忌持马鞭进毡房，否则会被认为是寻衅打架。

忌讳客人从火炉右边入座或坐在火炉的右侧，右侧是主人的坐位；也不要坐在放食物的木柜上或其他生活用具上；客人的坐位应听从主人指引。吃饭、喝奶茶时，不能用双脚踩餐布，更不能横跨过去，在收拾餐布之前最好不要离去。

不能当主人面数主人的畜群或牲畜的数目。不要用脚或棍棒打牲畜的头。不能跨过拴牲畜用的绳子。路上遇羊群要绕行；不许骑马进出羊群。严禁从作礼拜（乃玛孜）的人前走过，也不能踏作礼拜的布单子，更不要模仿他们的动作大声说笑。

按哈萨克族传统习俗，妇女怀孕后忌食驼肉、驼奶，忌穿驼毛做的衣服，因为母驼孕期一般为 12 个月，认为饮食驼奶、驼肉，会使孕期延长。孕妇忌食兔肉，因为兔子是三瓣嘴，认为吃了会生下豁唇的孩子。忌食狼咬过的牲畜的肉。产妇分娩时，忌男人在产房，包括丈夫。接生婆不能是怀孕妇女，认为这样产妇会大出血。

第八节　黎　族

黎族称"伴"、"岐"、"杞"、"美孚"、"本地"等，主要聚居在海南省中南部的白沙、昌江、东方、乐东、陵水、保亭、五指山、三亚等地，人口约 125 万，以农业为主，妇女精于纺织，"黎锦""黎单"闻名于世。黎族使用黎语，属于汉藏语系壮侗语族黎语支系，不同地区方言不同，也有不少群众兼通汉语，1957 年曾创制拉丁字母形式的黎文。

一、建筑与饮食习俗

（一）建筑

黎族人民在千百年来的生产、生活实践中，根据自然地理、气候条件、建筑材料及技术水平，因地制宜地创造了独具特色的茅草屋。以船形屋最具代表性，它是黎族人民智慧的结晶。

（二）饮食

黎族人的主食是大米，在饮食结构中，菜肴品种丰富。有家种的南瓜、葫芦瓜、韭菜、萝卜、空心菜等蔬菜。野生的有木耳、山菇、山芋、山竹笋、卜凡、白花菜、雷公根等。肉类有家禽（鸡、鸭、鹅），家畜（牛、羊、猪）等。黎族男女擅长捕捉鼠类、鸟类、蛇类和野猪，以及五指山草龟、金钱龟等野味，还擅于下河捕捞水鳖、团鱼和麻鱼等。

黎族居住在热带地区，口味偏清淡，很少吃炒炸食物。每逢喜庆佳节、探亲访友，都要制作糯米粽、糯米团等食品。黎族的水果有家种的荔枝、龙眼、芒果、菠萝、杨桃、黄皮、波罗蜜、香蕉、甘蔗、酸豆等。还有野生果，如包子果、春告、春芭、山石榴等。黎族人热情好客，敬酒对歌常通宵达旦，形成了独特的酒文化。

二、服饰习俗

黎族男子一般穿对襟无领的上衣和长裤，缠头巾插雉翎。妇女穿黑色圆领贯头衣，配以诸多饰物，领口用白绿两色珠串连成三条套边，袖口和下摆以花纹装饰，前后身用小珠串成彩色图案，下穿紧身超短筒裙；有些妇女身着黑、蓝色平领上衣，袖口上绣白色花纹，后背有一道横条花纹，下着色彩艳丽的花筒裙，裙子的合口褶设在前面；盛装时头插银钗，颈戴银链、银项圈，胸挂珠铃，手戴银圈，头系黑布头巾。

三、婚丧习俗

（一）婚姻习俗

黎族民间男子和女子长到十五六岁时就不在父母家居住，男子自己上山备料盖"隆闺"，女子由父母帮助盖"隆闺"。"隆闺"建在父母家旁边或村边，是一间8～10平方米的小房子，"隆闺"有男女之别，是男女青年谈情说爱、吹奏乐器和对歌定情的场所。

黎族普遍实行一夫一妻制的婚配关系，严禁同一个宗族谱系有血缘关系的成员通婚。黎族民间有定婚、许婚、约婚、重婚、接婚、合婚、对婚和"不落夫家"等婚姻形式。"定婚"是父母的意愿，双方父母为子女商定婚姻。"许婚"是向族外求婚，送给女方的聘礼多，获得对方允许后才婚配。"约婚"是男女青年通过社交择偶的婚恋，由双方决定婚事，这种婚配在黎族民间占主流。"重婚"是过去黎族地区的头人，或合亩制地区的亩头，受汉族封建社会的影响，有一夫多妻的现象。"接婚"是一桩婚事的继续。

（二）丧葬习俗

丧葬仪式各地不同，接近汉区的有停棺打醮、看风水择地起坟的风俗。黎族人报丧很奇特，以鸣枪传噩耗。在人断气时，亲属还要往死者嘴里送饭水，呼唤死者返回人间，认为这表示死者有亲人孝敬。听到鸣枪，村寨里的人会自愿聚到死者家中来帮忙。黎族人很注重为死者梳洗和穿戴，给死者换上的新衣要反穿，不能穿红衣。若死者是妇女，要在脸上抹灶底灰，表示她生前勤劳，去了阴间会受祖宗欢迎。若家境较富裕，便会在死者嘴里放一块银元，意思是让死者"去到阴间好问路"，做买路钱用。黎族人认为人死像太阳落山一样，所以入殓都在下午。埋葬死者后，全村的成年人都集中在死者家里喝孝酒，唱悼歌，表示对死者的哀悼。黎族人以喝孝酒表示对死者的哀悼和敬重，孝酒要摆3～12天。

黎族人的坟前不立碑，在坟旁放两把稻谷、一个大陶罐、一个陶锅、一只瓷碗和牛的下颚骨，这些祭品表示送给死者的家具和牛，让其到阴间使用。

四、节庆习俗

黎族的节日与黎族历法有密切的关系。在邻近汉族地区和黎汉杂居地区，大多数黎族人用农历，节日与汉族相同，如春节、清明节、端午节、鬼节、中秋节、重阳节、冬至、除夕等。黎族最隆重、最普遍的节日是春节和三月三。

春节　在黎族地区一般从正月初一过到十五。届时各家各户清扫庭院，修整"船形屋"，贴红对联，洗刷衣服器具，舂米和包粽子，在房门、藤箩、耕牛角等处贴红纸以示吉祥。从大年初一开始，男人集体狩猎，猎物归全村人共享。

三月三　是黎族人民最隆重、最热闹的传统节日，目的是为纪念本民族的祖先和英雄人物。现在纪念活动的规模越来越大，人数有几千人甚至上万人。活动内容丰富多彩，对歌题材广泛，除了情歌还有农事歌、神话故事歌、祝酒歌，以及说今论古歌等。除了歌谣对唱外，还有"打柴舞"、荡秋千、土枪射击、射箭、摔跤等节目。

五、宗教、礼仪、禁忌

（一）宗教信仰

黎族没有形成统一的宗教，各地均以祖先崇拜为主，也有自然崇拜，个别地区还残留着氏族图腾崇拜的痕迹。黎族信鬼，特别是祖先鬼。祭祖先是黎族的重要宗教活动，以求祖先保佑家人平安。黎族人追念黎母繁衍族人的伟绩，告诫后人，女子绣面、文身是祖先定下来的规矩，女子若不绣面、文身，死后先祖不相认。

（二）禁忌

孕期禁忌　孕妇不得跨动物尸体，否则会怀死胎；不能吃蛇肉、猴肉，否则会生怪胎；怀孕期间，丈夫和外人不得辱骂孕妇为"死胎妇"，否则会造成死胎或流产；丈夫不得安装刀把、锄头把、犁耙把，否则会使妻子难产等。

丧葬禁忌　家中有人去世，死者家属不能穿正面衣服，应把衣服反过来穿；不能洗头、洗身；不能敲锣打鼓；不能放鞭炮；不能唱歌和吹奏乐器；不能下田劳动；众人不能在死者家中吃猪肉粥、牛肉粥、鸡肉粥和米饭；夫（妇）七故，未经埋葬，妻（夫）忌进别人家门，否则会使别人不祥；不在父亲忌辰时建屋。

生育禁忌　妇女分娩时，要在家门口挂树叶，禁止外人进屋，以免把鬼神带进去；分娩后2～3天内，产妇不得外出，不得洗身，不得和外人说话。

婚姻禁忌　男女订婚时，忌用白鸡，认为白鸡会使夫妻不和睦。

此外，平时还禁忌敲打或踩踏三石灶，否则犯忌者会生病，据说这些灶石附有祖先的"魂"。

第九节　傣　族

我国傣族主要分布在云南西双版纳、德宏、镇康、双江等地，人口约 126 万。傣语属汉藏语系壮侗语族壮傣语支，与壮语、侗语、水语、布依语、仫佬语、毛南语、仡佬语之间的基本词汇相同，语法相同，属于同一个祖先的语言发展分支。

一、建筑与饮食习俗

（一）建筑

傣族的建筑受气候、海拔、地形、建筑材料等自然环境和人口、经济、宗教、政治、科技、思想意识等社会环境的影响，主要有以西双版纳傣族民居为代表的优美灵巧的干栏式建筑，以元江、红河一带傣族民居为代表的厚重结实的平顶土掌房，以及典雅富丽的佛寺建筑。

（二）饮食

傣族大多有日食两餐的习惯，以大米和糯米为主食。德宏的傣族主食粳米，西双版纳的傣族主食糯米。通常是现舂现吃，习惯用手捏饭吃。日常肉食有猪、牛、鸡、鸭，不食或少食羊肉，喜食狗肉，擅做烤鸡、烧鸡，尤其喜食鱼、虾、蟹、螺蛳、青苔等水产品。苦瓜是产量最高、食用最多的日常蔬菜。

傣族地区潮湿炎热，昆虫种类繁多，用昆虫为原料制作的各种风味菜肴和小吃是傣族食物构成的一个重要部分。傣族人嗜酒，酒的度数不高，是自家酿制的，味香甜。茶是当地特产，傣族人只喝不加香料的大叶茶。傣族人喜嚼槟榔，拌以烟草、石灰，终日不断，由于长期嚼食槟榔唇齿皆黑，口液如血，当地人以此为美。烧陶业较发达，大部分餐饮用具多由傣族妇女烧制。

二、服饰习俗

傣族妇女喜欢穿窄袖短衣和筒裙，充分展示出她们修长苗条的身材。上衣穿一件白色或绯色内衣，外面是紧身短上衣，圆领窄袖，有大襟，也有对襟，有水红、淡黄、浅绿、雪白、天蓝等多种色彩，多用乔其纱、丝绸、的确良等料子缝制。窄袖短衫紧紧地套着胳膊，几乎没有一点空隙，有不少人喜欢用肉色衣料缝制，若不仔细看就看不出袖管。前后衣襟刚好齐腰，紧紧裹住身子，再用一根银腰带系着短袖衫和筒裙口。下着长至脚踝的筒裙，腰身纤巧细小，下摆宽大。

傣族男子一般都穿无领对襟或大襟小袖衫，下穿长管裤，用白布、青布或绯布包头，有的戴呢礼帽，显得潇洒大方。傣族无论男女，出门喜欢在肩上挎一个用织绵做成的挎包（筒帕）。挎包色调鲜艳，风格淳朴，具有浓厚的生活色彩和民族特色。图案有珍禽异兽，树木花卉或几何图形，形象逼真，栩栩如生。

三、婚丧习俗

（一）婚姻习俗

傣族婚姻制度是一夫一妻制。解放前，西双版纳还保留着较多对偶婚的残余习俗，表现为家庭和婚姻关系不是很稳定，结婚、离婚比较自由。德宏和内地傣族地区的家庭婚姻具有更为鲜明的封建色彩，婚姻完全建立在买卖和包办的基础上。一般彩礼合300元，还有其他名目繁多的费用，如"开门钱"、"关门钱"、"拜堂钱"、"佛爷费"、"认亲费"、"媒人费"等。

不少家庭贫困的青年男子，由于无法负担这一笔费用，便采取偷亲、捡婚的形式，即男女双方感情成熟后，确定"抢婚"日期，男青年和其伙伴身带砍刀、铜钱，到预定地点埋伏，待姑娘走来"抢"着就跑。姑娘假意呼喊通知家人，男方将铜钱撒下逃去，既成事实便托媒人到女方家提亲，双方邀请头人、亲友会商解决，聘礼定后，才正式过门成亲。

（二）丧葬习俗

在傣族村寨，凡有人去世，要根据死者的不同年龄、不同身份和不同死因采取不同的丧葬仪式。丧葬有火葬、土葬、水葬等多种形式。寺庙里的佛爷、领主、僧侣和德高望重的人死后，多用火葬。土葬是西双版纳傣家人的主要丧葬方式。过去在临江河居住的西双版纳人曾有水葬习俗，无论是病死、凶死、暴死，均用水葬，现已渐渐废弃。

傣族的每个村寨都有公共墓地，称为"龙林"，分为成年人与未成年人、"善死"与"凶死"的墓地。有的村寨,每到清明节那天,就全寨出动,集体上山扫墓、祭拜。佛爷、僧侣大都用火葬,骨灰用一瓦坛盛着,葬于寺后。

按照傣族的风俗,凡是在外被烧、杀、溺等凶死的尸体,不能运回本寨本家;在寨内凶死的要在当天埋葬;属凶死的都不举行葬仪。妇女因怀孕难产死亡,要从死者体内取出婴儿尸体,然后分别埋葬。

四、节庆习俗

泼水节　是傣历新年,亦称"浴镈节",是傣族一年中最重要的节日,傣族语称"楞贺尚罕"。傣族泼水节源于一个古代除恶扬善的传说。节日第一天人们都要沐浴更衣到缅寺拜佛听佛僧诵经布道,祈求平安;然后担水泼在佛像上,意为"洗尘"最;随后大家欢呼,互相追逐,互相泼水祝福。届时,小伙子可以闯进姑娘的竹楼,用泼水的方式向姑娘表达爱慕之情。还有各种民间体育、歌舞、娱乐活动,其中赛龙舟是泼水节中必不可少的重要活动。

关门节　傣历九月十五日,亦称入夏安居节,傣语"毫瓦萨"。关门节后,傣族人不能进行谈恋爱、操办婚事、外出远行等活动,直到三个月后开门节时禁忌才被解除。

开门节　傣历十二月十五日,亦称出夏安居节,象征着三个月的雨季已经结束,表示解除关门节男女间的婚忌,从这天起,男女青年可以开始自由恋爱或举行婚礼。这一天,傣家人都要到佛寺举行盛大的"赕佛"活动,向佛爷、佛像奉献食物、鲜花和钱币。

五、宗教、礼仪、禁忌

(一)宗教

傣族几乎全民信仰南传上座部佛教,特别是40岁以上的人几乎都要到奘房中受戒修行,参加每年三个月的入夏安居,诵经赕佛。傣语称佛教为"洒散纳",称释迦牟尼佛祖乔答摩·悉达多为"贡达玛"。

(二)禁忌

傣族人忌讳外人骑马、赶牛、挑担和蓬乱着头发进寨子。客人进入傣家竹楼,要把鞋脱在门外,而且在屋内走路要轻;不能坐在火塘上方或跨过火塘;不能进入主人内室;不能坐门槛;不能移动火塘上的三脚架;不能用脚踏火。傣族人忌讳在家里吹口哨、剪指甲;不准用衣服当枕头或做枕头;晒衣服时,上衣要置于高处,裤子和裙子要置于低处。进佛寺要脱鞋,忌讳摸小和尚的头、佛像、戈矛、旗幡等佛家圣物,不能随便大声喧哗。

【思考题】

1. 布依族的民俗有哪些特点？
2. 试述侗族的主要节庆活动。
3. 试述瑶族的禁忌习俗有哪些。
4. 傣族"泼水节"来历如何，有哪些主要活动？
5. 黎族服饰有哪些特点？
6. 试述朝鲜族服饰的特点。
7. 哈萨克族的饮食有哪些特点？
8. 白族建筑有哪些特点？
9. 哈尼族的婚丧习俗有什么特点？

第五章　我国其他少数民族民俗

【学习目标】
- 了解我国人口较少的少数民族分布区域
- 了解不同区域，人口较少的少数民族的风俗习惯

【知识要点】
- 东北地区少数民族民俗
- 西北地区少数民族民俗
- 西南地区少数民族民俗
- 中南、华北、华东地区少数民族民俗

第一节　东北地区少数民族民俗

东北地区包括辽宁、吉林和黑龙江三省，本地区除了满族、蒙古族、朝鲜族等人口较多的民族外，还有锡伯族、赫哲族等人口较少的民族。

一、锡伯族

锡伯族人口约 19 万，主要居住在辽宁和新疆。锡伯族语言属于阿尔泰语系满—通古斯语族满语支，跟满语很接近。锡伯族兼用汉、维吾尔、哈萨克语。锡伯文是民国 36 年（1947 年）在满文基础上改变而成的，一直沿用至今。

（一）节庆习俗

锡伯族的传统节日有春节、清明节、端午节、抹黑节、杜因拜扎坤节（西迁节）等，其中最具民族特色的要算是抹黑节和西迁节。有的节日与汉、满族大体相同，如春节、清明节、端午节等，但是过节的方式不大一样，如端午节，锡伯族有泼水、射箭、刁羊、赛马、郊游等活动。

（1）抹黑节　锡伯族人民的一个饶有风趣、独具特色的传统节日。节日是

为了祈求五谷之神不要把黑穗病传到人间，使小麦丰收，百姓平安。

（2）西迁节 又叫"杜因拜扎坤节"、"四一八"西迁节。农历四月十八日是当年被迫西迁新疆屯边的锡伯族人与留居在家乡的父老乡亲们分别的日子。200 多年过去了，每逢农历四月十八日，锡伯族人都要举办各种纪念活动，并把这一天定为自己的传统节日。节日这天，家家都要把屋子打扫得干干净净，准备好丰盛的食品，穿上节日盛装，相聚在一起，弹起"东布尔"（锡伯族的一种乐器），吹起"墨克调"（锡伯族的一种曲调），跳起欢快的民族舞蹈"贝勒恩"，来庆祝这一具有历史意义的节日。此外还要进行摔跤、射箭、赛马等活动。

（二）婚丧习俗

锡伯族的婚姻是一夫一妻制。以前只限于同族内通婚，但同姓禁止通婚。结婚前每逢大年三十，女婿要去娘家送衣料和其他礼物（平时不登门），女子必须回避，女方家受礼后送给女婿一双布鞋或其他物品。

锡伯族通行土葬，在特殊情况下也有火葬或天葬。锡伯族习惯人死后停放七天，最短三天，念经超度，子女日夜守灵，并按时辰在灵前举行全家哭祭。如有人来吊孝，守灵人要给来人磕头，来人哭，守灵人也要陪哭。

（三）饮食及禁忌

锡伯族以米、面等为主食，也食用奶茶、酥油、牛肉、羊肉等。如有贵客来访，则要杀羊款待，做丰盛独特的"全羊席"（锡伯族人称之为"莫尔雪克"）。他们还用韭菜、青辣椒、红辣椒、红萝卜、芹菜等各色蔬菜切丝加工成"花花菜"，清淡爽口、营养丰富，是锡伯族人喜爱的菜肴。

锡伯族人在日常生活中，有很多忌讳。锡伯族人忌吃狗肉；夜晚睡觉不得在炕上横卧，不能把脱下的裤子、鞋袜等放在高处；不得从衣、帽、被、枕等物上跨过；严禁用筷子敲打饭桌、饭碗，他们认为乞丐才敲打碗筷；翁媳不同桌吃饭；子女在偶数年龄时禁婚，或有一方年龄是奇数才能举行婚礼。

二、赫哲族

赫哲族是我国人口较少的民族，据 2000 年第五次人口普查统计，中国境内赫哲族人口约 4 675 人（俄罗斯境内约有 2 万人），大部分居住在中国东北部的黑龙江省境内。赫哲族有本民族的语言，赫哲语属阿尔泰语系满—通古斯语族，没有本民族文字，大多数赫哲人通用汉文。赫哲族信仰萨满教，相信万物有灵。赫哲族是中国北方唯一以捕鱼为生、用狗拉雪橇的民族。

（一）节庆习俗

赫哲族的节日除与汉族相同的正月十五、二月二、七月十五等节日之外，还有"跳路神"和"乌日贡"节。

"乌日贡" 赫哲语是"喜庆吉日"之意，是赫哲族人一个新生的节日，诞生于 1985 年，每两年举行一次，一般在农历五六月间举行，历时三天。节日内容丰富多彩，除各种民族体育竞技活动外，还有热闹的群众性聚餐宴饮活动。

"跳路神" 又称"跳太平神"，赫哲人在每年的三月三和九月九都要举行跳路神活动。所谓"路神"，赫哲语称为"乌斯珠耶"，意为"求神保佑，人财两旺"。祭祀的具体日期由萨满择定。祭祀之日，日上三竿后，萨满在家中祭神、请神，众人往萨满身上喷洒一些水，数青年举神杖、神像，随萨满从家中击鼓而出，边唱边跳。萨满有时还进入人家跳神祈福，来到谁家，谁家须给萨满敬酒，或将迎春树切成丝泡水给萨满喝，以示敬奉神灵。

萨满及"神队"回到萨满家后，还愿者便送来牲畜、酒等。萨满卸装后，能歌善舞者便系上腰铃，击鼓起舞，载歌载舞，等猪肉煮熟后，萨满又穿上神衣，戴上神具，继续跳舞，最后众人饮酒食肉尽情欢娱而散。

（二）婚葬习俗

赫哲族实行一夫一妻，和氏族外婚制。婚姻在过去多为父母包办，普遍早婚。赫哲族结婚时要举行"拜老爷儿"的仪式，"老爷儿"是赫哲族对太阳的称谓。在男女青年订婚的过程中，要摆酒宴宴请双方的长辈和媒人。迎亲时，男方的老人要向女方的老人敬三杯酒。新娘进入男方家院子后，要和新郎一起同拜"老爷儿"。行跪拜礼，司婚人宣布："顶礼日月、星辰，顶礼江水、山岳，顶礼赫哲人的祖先，顶礼亲友四邻，新郎新娘叩拜"，接着诵词祝福。送亲的人散席离去后，新郎新娘一起共吃猪头猪尾，新郎吃猪头，新娘吃猪尾，意为夫领妇随、团结和睦。最后新郎新娘共吃面条，以表示情意绵绵，白头到老。赫哲族寡妇改嫁不受限制，改嫁时不再举行婚礼。

赫哲人大多实行土葬，丧葬仪式根据死者的死因而各有不同。狩猎死于山中者，以桦树皮或树枝裹尸架在树上，待二三年后埋葬。死在家中者，停放三日后装棺埋葬。死于非命者隔日埋葬。死于天花或瘟疫者当日以火焚尸，即火葬。小孩死后不埋葬，用桦树皮卷起捆扎好挂在树杈上，认为孩子灵魂小，埋在地下灵魂出不来，唯恐其不能投胎，怕母亲不再生孩子。出殡时请萨满跳神、唱神歌，意在使亡人到了"依木尔汗"（阎王）处不至受罪。

（三）饮食及禁忌

赫哲族人喜欢吃"拉拉饭"和"莫温古饭"。"拉拉饭"是用小米或玉米做成很稠的软饭，拌上鱼松或各种动物油即可食用。"莫温古饭"是鱼或兽肉同小米一起煮熟加盐而成的稀饭。如今，赫哲族与汉族相同，大部分人家吃馒头、饼、米饭和各种蔬菜。赫哲族的特色食品有拌菜生鱼，赫哲语为"他勒卡"，除日常食用外，还是待客时必备的菜肴，否则为不敬；另一种是鱼松，赫哲人叫"它斯恨"。赫哲人上山打猎时，吃饭忌用刀铲锅，否则会影响打猎的好运气。赫哲族人还忌戴狗皮帽、吃狗肉。

第二节　西北地区少数民族民俗

一、撒拉族

撒拉族生活在我国青藏高原边缘，主要聚居在青海省境内，还有少数散居在甘肃省、新疆维吾尔自治区境内。根据 2000 年第五次全国人口普查统计，撒拉族人口约 10 万。撒拉族使用撒拉语，属阿尔泰语系突厥语族西匈奴语支。不少撒拉族人会讲汉语和藏语。没有本民族文字，一般使用汉文。

撒拉人信奉伊斯兰教，而且十分虔诚。主要节日有诺鲁孜节（青苗节）、开斋节、古尔邦节等。撒拉族婚姻实行一夫一妻，和家族外婚制。因为撒拉族信仰伊斯兰教，其葬礼从速从俭，行土葬，一般"孔木散"都有一处公墓。

在饮食上，以小麦为主食，辅以青稞、荞麦、马铃薯和各种蔬菜。逢年过节或贵宾临门，以炸油香、搓馓子、做油搅团、手抓羊肉、蒸糖包等招待客人。奶茶和麦茶是颇受撒拉族男女老幼青睐的饮料，家家都有火壶和盖碗等茶具。肉食以牛、羊、鸡肉为主，忌食猪、驴、骡、马和动物的血及自死动物的肉。

撒拉族人热情好客，讲究礼节。做客时，主人敬茶，客人要把茶碗端在手上。吃馒头时，要把馒头掰碎吃，切忌狼吞虎咽。撒拉族十分敬重"舅亲"，认为"铁出炉家，人出舅家"。撒拉族人做礼拜时，禁止行人从面前走过。忌在水井、水塘附近洗衣服。与人面对面谈话时忌咳嗽、擤鼻涕。

二、土族

土族是中国人口较少的民族之一，人口约 20 万，主要分布在青海省境内，甘肃省天祝县、肃南县、兰州市等地境内也有较少分布。土族有自己的语言，土语属阿尔泰语系蒙古语族，分互助、民和、同仁三个方言区。土族过去没有自己的文字，1979 年创制了以拉丁字母为基础的拼音文字。

土族基本上全民信仰藏传佛教。早期的土族主要信仰原始的萨满教。土族人民的重要节日有农历正月十四日佑宁寺官经会，二月二威远镇擂台会，三月三、四月八庙会，六月十一丹麻戏会，六月十三、二十九"少年"会，七月二十三至九月民和三川地区的"纳顿"（庆丰收会）等。其中擂台会、丹麻戏会和"纳顿"最具民族特色。届时，除举行赛马、摔跤、武术和唱"花儿"等传统娱乐活动外，还举行物资交流会。

土族婚俗别具一格，历来禁止同曾祖的兄弟姐妹之间结婚。婚礼大致要经过请媒、定亲、送礼、聚亲、送亲、结婚仪式、谢宴等程序。

土族的丧葬分火葬、土葬、天葬和水葬四种方式。土族把火葬视为一种神圣的丧葬方式，隆重的火葬限于正常病故的老年人，而且必须有子嗣；非正常死亡的人和青少年早逝者，采取火葬中最简便的仪式。天葬的对象是夭折的婴儿和少儿。水葬主要在青海民和三川地区的黄河沿岸土族中实行，水葬的对象是早逝的少男少女。

土族饮食以青稞、小麦、土豆为主，至今仍保留着牧业时期的痕迹，如喜喝奶茶、吃手扒肉和酥油炒面等。忌食马、骡、驴、狗、猫等动物的肉。

土族忌讳有人在牲畜圈附近解手。忌讳当客人的面吵架或打骂孩子。土族有忌门的习惯，如生了孩子或发现传染病时，别人不得进入庭院，忌门的标志是大门旁边贴一方红纸，插上柏树枝，或在大门旁煨一火堆，有时在大门旁挂上系有红布条的筛子。

三、东乡族

东乡族因居住在河州（今甘肃临夏地区）东乡地区而得名。该民族自称"撒尔塔"（Sarta），是以撒尔塔人为主，融合当地回、汉、蒙古等族逐渐形成的。主要使用东乡语，属阿尔泰语系蒙古语族，大部分人会说汉语，没有本民族文字，通用汉文。

东乡族信仰伊斯兰教，重要的节日有开斋节、古尔邦节、尔德节、阿守拉节。东乡族的阿守拉节是妇女和儿童的节日，届时，由各家主妇轮流主持，按照习俗，男人们只举行一个简单的祈祷仪式后即走开。节日里吃一种东乡语叫"罗波弱"的肉粥，寓意祝愿当年五谷丰登。

东乡族在传统婚姻关系上，还保留尊从"阿哈交"观念的婚俗，所谓"阿哈交"是一种宗族或家族的残余形式。一个"阿哈交"包括有血缘关系的上百户，辈分最高的年长者称为"当家"。同属于一个"阿哈交"的男女不能婚配，违者将受到谴责。婚礼仪式带有宗教气氛。在丧葬习俗上，人死后一般行土葬，提倡速葬。

东乡人以小麦、青稞、玉米、豆类、洋芋（马铃薯）为主。面食种类有馒头、面条、油香等。最负盛名的"拉拾哈"（"拉面"或"刀削面"）、炸油香、"尕鸡娃"、手抓羊肉等为招待客人的重要食品。其中吃"尕鸡娃"很有讲究，把整鸡各部位分为 13 个等级，"鸡尾"最珍贵，一般给席上的长者或贵客吃。东乡族的饮食禁忌与信仰伊斯兰教的其他民族基本相同。

四、保安族

保安族是我国人口较少的一个少数民族，主要聚居在甘肃省境内，人口约 1.22 万。保安族有本民族的语言，无文字。保安语属阿尔泰语系蒙古语族，大多数人通晓汉语。保安族人长期以来信奉伊斯兰教。

保安族实行一夫一妻制，以前早婚普遍，一般男 17 岁，女 15 岁即可成婚，婚姻多由父母包办，媒人说合，现托媒订婚习俗仍然盛行。保安族的婚礼十分有趣，婚礼一般选取在主麻日（即星期五）举行。新娘过门后，三天不吃男家的饭，由娘家送来，表示父母对女儿的关心。

保安族实行土葬，注重速葬，停尸时间最多不超过三天，一般是早亡午葬，晚亡晨葬。下葬时，死者的头朝北，脚朝南，面向西。葬后三天，家里人还要去墓前悼念，以油香等食品分赠亲友，以示对亡人的追悼。

保安族禁食猪、狗、马、驴、骡、蛇、火鸡肉等，以及一切凶禽猛兽的肉。忌食动物的血，不吃自死的牲畜，不吃未经阿訇念经而屠宰的牛、羊、鸡肉。保安族忌饮酒、抽烟；不能用鼻子嗅食物；不能将剩茶、剩饭倒在地上；女主人在厨房做油炸食物时，客人和家人不能进入厨房。保安族严禁与非伊斯兰教的民族通婚，如若通婚，对方婚后必须立即改信伊斯兰教。妇女必须戴着盖头出门；不能留长指甲；不能跨越斧子、镰刀、绳子等生产工具。

保安刀约有 100 多年的历史，是腰刀的一种。保安腰刀与新疆的英吉沙刀、云南阿昌族的户撒刀齐名，号称中国少数民族三大名刀。保安刀的生产以一家一户为单位，制作技艺高超，锋利耐用，精致美观。著名的"双刀"和"双垒刀"的刀把，多用黄铜或红铜、牛骨垒叠而成，图案清雅美丽，享有"十样景"的赞语，誉满甘肃、青海、西藏等省、区。

五、裕固族

裕固族聚居在甘肃省境内，人口 1.5 万（2005 年）。裕固族自称"尧乎尔"、"两拉玉固尔"。裕固族使用三种语言：阿尔泰语系突厥语族的尧乎尔语、阿尔泰语系蒙古语族的恩格尔语和汉语。无本民族文字，一般通用汉文。

裕固族信仰喇嘛教,属于剌嘛教格鲁派(黄教)。裕固族的节日主要有春节、剪马鬃节、祭祀"腾格尔汗"活动和藏传佛教的宗教节日。祭"腾格尔汗"仪式源自古老的萨满教习俗,"腾格尔"在裕固语中是"天"的意思,"汗"是神的意思,"腾格尔汗"即"天神"(也称"长生天")。

裕固族的婚姻为一夫一妻制,同姓同族间严禁通婚。裕固族的婚俗颇为奇特,在婚礼仪式上,新郎向新娘连射三支无镞箭(不会伤人),象征新郎新娘相亲相爱,白头到老;射罢,新郎把弓箭折断,扔到门旁,由老人投进火里烧掉。裕固族丧葬有火葬、土葬、天葬三种形式。

裕固族人民的饮食与他们从事的畜牧业相适应,一般一日喝三次加炒面的奶茶,吃一顿饭。主食是米、面和杂粮,副食是奶、肉。他们还喜欢饮烧酒,抽旱烟。禁吃大雁、鱼,忌食尖嘴圆蹄的动物,如马、驴、骡、狗、鸡等。

六、柯尔克孜族

"柯尔克孜"是本民族自称,突厥语意为"四十个姑娘",人口约 17.37 万(2003 年),主要居住在新疆克孜勒苏自治州,部分散居在天山南北,还有数万人居住在黑龙江省的富裕县。柯尔克孜语属阿尔泰语系突厥语族东匈语支,分南北两种方言。使用以阿拉伯字母为基础的柯尔克孜拼音文字。

柯尔克孜族先民史称"鬲昆"、"坚昆"等。2 000 多年前,柯尔克孜族先民居住在叶尼塞河上游流域,后来逐渐向西南迁至天山地区,并与当地的突厥、蒙古部落相融合。

悠久历史的牧业生产,造就了柯尔克孜人豪放爽朗的性格和丰富多彩的文化生活,其中最突出的是民歌、诗歌和音乐。柯尔克孜族的诗歌最著名的是《玛纳斯》,有 20 多万行,为世界三大民族史诗之一、我国三大民族史诗之一。它是一部传记性的英雄史诗,描绘了玛纳斯及其后八代人反抗异族侵略、保卫家乡和柯尔克孜族人的安宁生活的主题。

柯尔克孜人最初崇拜图腾,有名的图腾是雪豹和牛。此外还信仰"乌买"女神;信奉祖先和天神。他们朝南方祷告,崇拜太阳,认为火星不吉利。到了清代,柯尔克孜族转信伊斯兰教,属于正统的逊尼派。在东北,部分柯尔克孜族信奉萨满教和藏传佛教。主要节日有肉孜节、古尔邦节和诺鲁孜节、掉罗勃左节等。过节时,男女均着新衣,并以茶水、油果等互相招待。

柯尔克孜族的家庭为一夫一妻制,过去受宗教影响,富者也有多妻的。通婚范围不受氏族部落限制,直系亲属和近亲不能通婚,但有姑表和姨表婚等,并有与外族通婚现象。柯尔克孜族丧葬时将尸体用白布缠头和全身,实行土葬,由男子送葬。

柯尔克孜族禁食猪、驴、狗肉和自死牲畜及一切动物的血。严禁在住宅附近大小便。谈话时不能擤鼻涕。忌讳骑快马到门口下马，认为这意味着报丧或有不吉利的消息。最忌撒谎、欺骗和诅咒。饭前饭后要洗手，洗手后手上的水不能乱甩，要用布擦干。做客时吃东西要留下一点，不能吃尽，以示主人招待丰盛。吃饭时不许用手摸擦食物，也不许用鼻子嗅食物；不能动别人的碗勺。

七、塔吉克族

塔吉克族主要分布在新疆维吾尔自治区境内，人口约 4.1 万。使用塔吉克语，属印欧语系伊朗语族帕米尔语支；莎车等地的塔吉克族也使用维吾尔语，普遍使用维吾尔文。

塔吉克族普遍信仰伊斯兰教伊斯玛仪派。清真寺很少，教徒不封斋，不朝觐，一般群众仅在节日礼拜。民族和宗教的节日有古尔邦节、乞脱乞迪尔爱脱（春节）、巴罗提节、肉孜节、播种节、兹完尔节（引水节）等。塔吉克族的节日都有浓厚的民族特色。如乞脱乞迪尔爱脱（春节），时间在每年青草就要萌芽的公历 3 月。

塔吉克族大多是家长制大家庭，实行一夫一妻制。婚礼仪式十分隆重，男女双方都要广宴宾客，一般要热闹五六天。丧葬依照伊斯兰教规，先"净体"，再裹以白布，盖上死者的衣服，但头部和脚部都要露在外面，表示全部平安。守灵之夜和殡葬之日，亲友和同村人都要来吊唁，但是女子不能接近葬地。按照传统习俗，客死异乡者，遗体必须运回安葬。

塔吉克族最喜欢的食品为抓肉、牛奶煮米饭和牛奶煮烤饼。牧区的饮食以奶制品、面食和肉为主，农业区则以面食为主，奶和肉食为辅。面食主要是用小麦、大麦、玉米、豆子等面做成馕。塔吉克族禁食没有经过宰杀而自亡的动物，禁食猪、马、驴、熊、狼、狐、狗、猫、兔和旱獭等动物，以及动物的血。忌看羊产羔。交谈时忌脱帽。

八、乌孜别克族

乌孜别克族主要分布在新疆维吾尔自治区的伊宁、塔城、喀什、乌鲁木齐、莎车、叶城等地，人口 1.237 万。使用乌孜别克语，属阿尔泰语系突厥语族西匈奴语支，通用维吾尔文。

乌孜别克族全民信仰伊斯兰教。居住在喀什、莎车、伊犁、奇台等地的乌孜别克族人捐款、捐物、出工，建造了一些规模较大、气势宏伟的清真寺，作为他们进行宗教活动的中心。同其他信仰伊斯兰教的民族一样，乌孜别克族主要有努肉孜节、圣纪节、肉孜节、古尔邦节、苏曼莱克，其中以肉孜节、古尔邦节最为隆重。

乌孜别克族实行一夫一妻制，按照传统习惯，哥哥未婚前，妹妹不能出嫁；姐姐出嫁前，弟弟不能娶妻。通婚范围大多限制在族内，但长期以来，南疆的乌孜别克族由于同维吾尔族有密切联系，所以与维吾尔族通婚不受限制。在北疆，由于同样原因，乌孜别克族也同哈萨克、塔塔尔、柯尔克孜等族通婚。乌孜别克族的丧葬仪式严格按照伊斯兰教规举行，一般实行土葬。

乌孜别克族人的食物主要是肉食和奶制品，蔬菜吃得较少，多吃羊、牛、马肉。一日三餐都离不开馕和奶茶。乌孜别克人的主食有抓饭、馕、纳仁、烤饼、海勒哇、包子、烤包子、凉面等。乌孜别克族忌食猪、狗、驴、骡肉。饭前饭后必须洗手，用毛巾擦干，不能乱甩。家中只有成年妇女一人时，忌外人进家。不能赤膊，更不能穿短裤。乌孜别克族特别注重饮水水源的清洁卫生。

九、塔塔尔族

塔塔尔族主要分布在新疆维吾尔自治区的伊宁、塔城、乌鲁木齐，人口约0.5万。塔塔尔族有自己的语言，属阿尔泰语系突厥语族西匈语支，有以阿拉伯字母为基础的文字。

塔塔尔族信仰伊斯兰教，生活、习俗各方面都受到伊斯兰文化的影响。塔塔尔族的主要节日是肉孜节和古尔邦节。另外"撒班"节（也称犁头节、犁铧节）是塔塔尔族特有的传统节日，是一年一度的盛会，多选择在风景优美的地方举行歌舞、拔河、赛马、摔跤等群众性活动。

塔塔尔族的婚俗别具一格，即先把新郎"嫁"出去，然后再"娶"回来。婚礼按教规在女方家举行，通常新郎要在岳父家住一段时间，有的要到第一个孩子出世后才回男方家。塔塔尔族的家庭多是一夫一妻的小家庭。与其他信仰伊斯兰教的民族通婚，限制叔伯兄弟姐妹之间通婚，姑表联姻也很少。塔塔尔族的丧葬礼仪讲究按教规净身，缠以白布等，实行土葬。

塔塔尔族习惯日食三餐，中午为正餐，早晚为茶点，日常饮食离不开面、肉和奶，也食用一些大米，但均制作成特殊食品。塔塔尔族妇女素以烹调技艺高超著称，擅于制作各种糕点，如用面粉、大米加奶酪、鸡蛋、奶油、葡萄干、杏干烤制的"古拜底埃"，其外部酥脆，内层松软，风味驰名新疆。也有将肉和大米混合烤成名为"伊特白西"的点心。还擅长用鸡蛋、奶油、砂糖、鲜奶、可可粉、苏打和面粉制成精美可口的馕。塔塔尔族禁食猪、驴、狗、骡肉和自死牲畜以及凶禽猛兽，禁食动物的血。忌在水渠、水池、水井、涝坝附近洗衣服；忌在涝坝内洗澡、游泳。与人交谈或吃饭时，最忌讳擤鼻涕、吐痰、打哈欠和放屁。忌与妇女开玩笑和动手动脚。忌光着上身，更忌穿背心、短裤到塔塔尔人家里做客。

十、俄罗斯族

俄罗斯族主要散居在新疆伊犁、塔城、阿勒泰和乌鲁木齐等地，人口约 1.56 万。使用俄罗斯语，属印欧语系斯拉夫语族，通用俄文。俄罗斯族多信仰东正教，也有信仰基督教或其他教派的，不信教的人也越来越多。

俄罗斯族传统的民族节日主要与宗教信仰有关，每年公历的元月 7 日，俄罗斯族均欢度圣诞节，纪念耶稣降生。除此之外还有复活节、报喜节、洗礼节、丰收节、谢肉节等传统节日。

俄罗斯族实行婚姻自由、恋爱自由，但结婚须征得父母同意。俄罗斯族与其他民族皆可通婚。俄罗斯族人的家庭实行一夫一妻制，父亲是家长，掌管家庭经济。子女长大结婚以后，另立门户，独立生活。父母死亡，遗产由儿女共分。东正教是禁止离婚的，俄罗斯族人受东正教的影响，一般很少离婚。

俄罗斯族的丧葬习俗同他们的宗教信仰和祖先崇拜有密切关系，一般实行土葬。现在城镇居民多改土葬为火葬。

俄罗斯族人的饮食在许多方面保留着早期在俄国生活的传统习俗，同时又深受汉族和其他民族的影响，主食是自己烤制的面包，副食多为列巴俄式煎菜。俄罗斯族人爱吃肉，但忌食马肉、驴肉。饮酒时不可以左手举杯。喝汤时必须用勺，但不得用左手拿勺。俄罗斯人忌送黄色礼品，认为黄色表示不忠诚，蓝色代表友谊。与老年人同行时，年轻人不可走在前面；男女同行时，男子不可走在前面；在宴会上，男子不可以在妇女入座前先坐。男子不得戴手套和别人握手；见到长者或妇女时，应先鞠躬，等对方伸出手来才可行握手礼。

第三节　西南地区少数民族民俗

一、傈僳族

傈僳族主要聚居在云南省怒江州和维西县，人口约 63.49 万。有自己的语言，傈僳语属汉藏语系藏缅语族彝语支，原有文字，但很不完善，1957 年创制了以拉丁字母为基础的新文字。

傈僳族崇拜自然，相信万物有灵，有巫师。20 世纪初，基督教和天主教传入。主要的传统节日有阔时节（12 月 20 日，相当于汉族的春节）、火把节（6月）、收获节（10 月）、中秋节、澡塘会、刀杆节（刀竿节）等。

傈僳族实行一夫一妻制，有入赘、过继、转房等婚姻形式。傈僳族丧葬实行棺木土葬，而对非正常死亡的人则实行火葬。

傈僳族普遍日食三餐，仍然习惯于饭菜一锅煮的烹制方法。傈僳族的肉食来源有家庭饲养的猪、牛、羊、鸡肉和捕猎的麂子、岩羊、山驴、野牛、野兔、野鸡和河里的鱼。忌外人拄拐棍进傈僳族人家。不能坐在主人家的木柜上，不能揭柜子的盖。不能擅自进里屋。不能把脚放在火塘的铁三脚架上，认为这种行为是对火神不尊。不能在傈僳族人家里吹口哨，尤其在晚上更不能吹。傈僳族村寨若进行原始祭祀时，未经允许不宜观看。在傈僳族的社会生活中，长刀、箭弩、背板及狩猎工具占有重要地位，一般不准妇女摆弄，更不能跨越。在公共场合，严禁从别人的身上或腿上跨越。

二、佤族

佤族主要分布在云南省西南部的沧源、西盟、澜沧、孟连、双江、耿马、永德、镇康等县的山区与半山区，人口约 35 万。佤族有自己的语言和文字。佤语属南亚语系孟高棉语族，分"巴饶克"、"阿佤"和"佤"三种方言。旧时的佤文是英国传教士为传播基督教而编制的，比较粗糙。新中国成立以后，党和人民政府为其创造了新文字。

佤族过去的宗教信仰为万物有灵的自然崇拜，还有一部分人信仰基督教和佛教。佤族的传统节日有便克节，卧节，斋节。便克节类似其他民族的火把节，卧节即春节，斋节又称新米节。

佤族的婚姻，大都是通过自由恋爱缔结的。结婚的年龄一般在 20 岁左右，多男大女小。但青年男女从十五六岁便可开始参加谈情说爱的社交娱乐活动。这种恋爱活动俗称"串姑娘"。

佤族地区盛产稻谷，并普遍种旱稻。佤族人的主食以稻米为主，也吃玉米、高粱、小红米、荞麦、豇豆、绿豆。佤族的肉食主要来源于家庭饲养，有猪、牛、鸡，此外也有捕食鼠和昆虫的习惯。佤族大多忌食鸡蛋；不用辣椒作馈赠之物；禁止贱踏剽猪石；禁止用手摸神灶；禁止带生姜进屋；禁止在神树林中狩猎。客人进寨要经过允许，并赠送酒肉或甘蔗；客人进屋，只能在外屋火塘煮饭烧水；主人杀鸡，客人须劝阻；主人献鸡，客人要回报敬鸡头。

三、拉祜族

拉祜族主要分布在云南省南部的澜沧、孟连、双江、勐海、西盟等县，人口约 45.37 万。有自己的语言，属汉藏语系藏缅语族彝语支，分拉祜纳和拉祜西两大方言。过去无文字，20 世纪初西方传教士曾创制过用拉丁字母拼写的文字，因不完善而未能推广。新中国成立以后，创制了新的拼音文字。

拉祜族的宗教信仰有原始信仰、大乘佛教、基督教和天主教。拉祜族的原始宗教信仰是万物有灵，多神拜物，对拉祜族人民的社会生活影响最为广泛，即使在信奉大乘佛教、基督教和天主教的地区，也仍然流行原始信仰的宗教意识。拉祜族的节日有春节、扩塔节、端午节、尝新节，火把节、新米节、祭祖节、卡腊节、搭桥节、葫芦节等。其中最隆重的节日是过拉祜年。

拉祜族实行一夫一妻制。不同氏族的男女，只要年龄相近、双方情投意合都可通婚，不受辈分的限制。拉祜族人死后停尸于正屋右侧的火塘旁，头朝里脚朝外，灵前供一碗米饭、一双筷子、一只熟鸡。来吊唁的人都要带猪、鸡、酒，作为丧礼。出殡前将猪、鸡用木棍打死，葬后在坟前供祭。供品除老人外，任何人都不能吃。

拉祜族以稻米为主食，还有玉米、薯类、豆类、荞子等。一日三餐，粮荒季节减为两餐。每天早上起来舂米，现舂现煮。煮饭用土锅或木甑。蔬菜有萝卜、青菜、瓜类、豆类、辣椒。喜用鸡肉或其他配料加大米或包谷做成稀饭，其中鸡肉稀饭最受喜爱。拉祜族人喜欢用辣椒待客。日常生活中的禁忌有儿媳不能与公公、弟媳不能与夫兄同桌吃饭，不能随便进入公公和夫兄的"阿泡"。无论已婚或未婚的女子，在长辈前不能取下头巾，更不能披头散发。

四、纳西族

纳西族主要聚居于云南省丽江市古城区、玉龙县、维西、香格里拉（中甸）、宁蒗县、永胜县及四川省盐源县、木里县和西藏自治区芒康县盐井镇等地，人口约 32.47 万。纳西族有自己的语言，纳西语一般归入汉藏语系藏缅语族彝语支，纳西族有两种传统文字，东巴文和哥巴文。

纳西族信仰东巴教、藏传佛教等宗教。丽江纳西族还普遍信奉"三朵"神，是多种信仰的民族。纳西族节日与当地汉族大致相同，三朵节是最大的传统节日，每年农历二月初八举行，相传是纳西族保护神三朵的生日。节日期间，纳西族男女老少游春赏花，小伙子骑上骏马，进行拔旗、拾银元、赛马活动，胜者倍受姑娘们的青睐。晚饭后，人们围坐在篝火旁，能歌善舞的纳西姑娘跳起欢快的"阿哩哩"。

纳西族实行一夫一妻和父母包办婚姻的制度。在部分纳西族地区，仍存在着"抢婚"遗风。现代社会中的"抢婚"并非真的强抢，而是男女双方的一种默契，为了应对持有异议的女方父母。纳西人在婚姻上也有殉情风俗。纳西族自古通行火葬，"改土归流"后改为土葬。

纳西族一日三餐，早餐一般吃馒头或水焖粑粑，中餐和晚餐较丰富，一般都有一两样炒菜和咸菜、汤等，特别喜食回族的牛肉汤锅和干巴。肉食以猪肉为主，大部分猪肉都做成腌肉，尤以丽江和永宁的琵琶猪最为有名，可以保存数年至十余年不变质。在生活中，进纳西人家时，不可打主人家的狗。忌猎杀进入家宅的小动物，蛙蛇进屋，应恭送出门。不能伤害身边飞舞的蜜蜂。不准在厨房锅灶里煮猫或其他野生动物。不许杀耕牛、驮马和报晓的雄鸡。忌吃狗肉、马肉、猫肉和水牛肉。

五、景颇族

景颇族主要分布在云南德宏傣族景颇族自治州的陇川县、潞西市、瑞丽市、盈江、梁河三县，人口约 11.92 万。景颇族有景颇和载瓦两种语言。景颇语属汉藏语系藏缅语族景颇语支，载瓦语属汉藏语系藏缅语族彝语支。景颇人使用的景颇文是一种以拉丁字母为基础的拼音文字。

景颇族崇信万物有灵，认为自然界中万物和鬼灵都能给人以祸福。供奉的鬼分三类，即天鬼、地鬼、家鬼。天上以太阳鬼为最大；地上以地鬼为最大；家鬼以"木代"鬼为最大。景颇族的传统节日有目脑节、撒种节、尝新节、新米节、采花节、能仙节。

景颇族的婚姻形式为一夫一妻制，但山官和富裕人家也有一夫多妻的。在现行的一夫一妻制婚姻中，基本上仍遵循传统的单向姑舅表婚的原则，即姑家男子必须娶舅家女子，但舅家男子不能娶姑家女子，形成"姑爷种"和"丈人种"的婚姻关系。流行转房制和妻死丈夫续娶妻姊妹的习俗。还实行等级婚姻，即官家与官家通婚，百姓与百姓通婚。青年男女社交自由，但结婚由父母包办，聘礼很重，常发生抢婚的现象。景颇族一般行土葬，也有火葬。

景颇族以米为主食，吃法有烂米饭、糯米饭、糯米粑粑或竹筒饭。蔬菜除部分来源于菜园，多采集野菜，吃法除煮、焖、炒、凉拌外，最有特色的是舂菜。在景颇族人家中做客应注意，当主人请吃饭、喝酒时要先回敬主人，包饭菜的树叶不可倒着使用，否则会被认为不友好。

六、布朗族

布朗族主要分布在云南省境内，人口约 9 万。使用布朗语，属南亚语系孟高棉语族佤崩龙语支，分布朗与阿尔佤两种方言。部分人会讲傣语、佤语或汉语。没有本民族的文字，部分人会汉文、傣文。

布朗族大部分人过去信仰小乘佛教，崇拜祖先。节日期间有许多佛事活动，人们除了要举行迎接太阳的仪式，还要集体到佛寺举行"开门节"、"关门节"、"赕佛"、"堆沙"、"浴佛"、"泼水"等活动。布朗族许多传统节日大都与宗教活动有关，其中最具特色的节祭日有年节、祭寨神、洗牛脚等。

布朗族的婚姻实行氏族外婚和一夫一妻制，恋爱和婚姻都比较自由。"串姑娘"是布朗族传统的恋爱方式。布朗人的婚礼非常与众不同，婚典要重复举行2～3 次。第一次在定亲之后，姑娘被接到男方家行拴线仪式。此后新郎新娘各自回家，尽管新郎每夜必宿女方家，但白天仍然回到自己家中生活。直到举行了第二次婚礼，新娘才正式嫁到夫家去当媳妇。第三次的婚礼往往办在婴儿出生之后，这次一定要杀猪宰牛喝喜酒，招待全村寨的亲朋好友。

布朗族的丧葬习俗各地基本相同。人死后，请佛爷或巫师念经驱鬼，三日内出殡。一般村寨都有公共墓地，并以家族或姓氏划分开来。通行土葬，但有的地方对凶死者施行火葬。

布朗族特别喜欢吃酸味食品，还常腌制酸笋、酸肉、酸鱼等，制作方法同当地其他民族大体相同，但布朗族常在腌酸菜时在最上面放一层米饭。西双版纳的布朗族人还喜食生肉。

七、阿昌族

阿昌族是中国云南省特有的少数民族之一，主要分布在德宏州境内，人口约 3.39 万。阿昌族有自己的语言，没有文字。阿昌语属汉藏语系藏缅语族缅语支，分为梁河、陇川、潞西三个方言。由于长期和汉族、傣族杂居，大多数阿昌族人兼通汉语和傣语，习用汉文和傣文。

户撒地区的阿昌族普遍信仰小乘佛教，每年有定期的"进洼"、"出洼"、"烧白柴"等宗教节日活动。梁河地区的阿昌族过去多信鬼神，每年春耕和秋收前要祭三次"土主"（地鬼），全寨人都要去田间洒鸡血、插鸡毛，以祈求鬼灵保护庄稼。此外，因受汉族影响，崇拜祖先。除宗教节日外，一年较大的几个节日，如赶摆、蹬窝罗、会街节、尝新节、泼水节、进洼、出洼等，都与邻近的傣族相同。还有火把节、换黄单、烧白柴、浇花水、窝罗节等节日活动。其中以火把节和窝罗节的规模较大，活动内容较多。

阿昌族实行一夫一妻制，婚前恋爱自由，盛行"串姑娘"，但婚姻缔结由父母包办。过去一般是同姓不婚，长期以来与汉、傣等族通婚较普遍。盛行夫兄弟婚的转房制度。寡妇可以改嫁，但不能带走夫家财产，其子女亦归夫家扶养。在丧葬习俗上，人死后一般行土葬，非正常死亡者行火葬。

阿昌族日食三餐，喜食酸味食品。饮食以大米为主，掺以薯类、玉米。也常用大米磨粉制成饵丝、米线作为主食。饵丝食用方便，肉食主要来源于饲养的猪和黄牛。阿昌族禁止在正月初一宰杀家畜或伤害动物。妇女生孩子未满七天时，忌讳别家男子进入院内。忌男性长者进已婚晚辈的卧室。未婚男子可住厢房或厢房楼上；女性忌住楼上，忌踩跨农具。

八、普米族

普米族主要聚居在滇西北地区，人口约 3.36 万。普米族有自己的语言，普米语属汉藏语系藏缅语族，现在大多使用汉文。普米族的宗教信仰，既有祖先崇拜，也有信仰藏传佛教的，还残存自然崇拜。每逢节庆、婚嫁、生育、出行、收割等，都要请巫师（汗归）杀牲祭献，诵经祈祷，以便消灾祛难，保佑安康。普米族的传统节日有过年、雪门槛游山节、转山节等。

依据传统，普米族的婚礼多在冬天农闲的季节举行。具体的婚礼形式各地不一。宁蒗地区保留着古老的"抢婚"习俗。兰坪、维西等地普米族的婚礼则是在"对歌"中进行的。在部分普米族的婚姻习俗中，还留存着"不落夫家"的习俗。从新婚之夜开始，新郎新娘可同居一室，但三年内不能发生夫妻关系。

普米族有独特的丧葬习俗。在人病危时，要通知近亲探视。人去世后，家人会爬上屋顶鸣枪放炮，吹牛角报丧，同族人闻讯赶来帮助料理后事。

普米族以玉米为主食，还有大米、小麦、青稞、荞子、洋芋等。普米族人有尊老爱幼的传统美德，晚辈必须尊敬长辈，不能和长辈开玩笑。在日常生活中，普米族人有很多禁忌，如不准摸别人的头；晚上不能扫地；吃饭时不可发出声响；盛饭时不能反手舀饭；不可以食用狗肉、马肉、青蛙肉和猫肉；不可从火塘和神龛之间跨过；不能用手摸火塘上的三脚架。在家中落座时，男子要坐在火塘左边，女子坐右边，必须面向火塘而坐，不可以乱坐。

九、怒族

怒族是我国人口较少、使用语种较多的民族之一。主要分布在云南省怒江傈僳族自治州的泸水、福贡、贡山、兰坪县，迪庆藏族自治州的维西县和西藏自治区的察隅县等地，人口约 2.88 万。怒族有自己的语言，无文字，大都使用汉文。怒语属汉藏语系藏缅语族，方言之间差别很大，由于与傈僳族长期共处，多数人会讲傈僳语。

怒族宗教信仰除本族固有宗教崇尚原始崇拜外，也有少数人信仰藏传佛教、天主教和新教。怒族传统节日有过年、鲜花节和祭谷神、祭山林节，其中以过年的节日气氛最浓，既隆重又古朴。

怒族实行一夫一妻制。母舅的地位很高，姑舅表婚具有特殊的优先地位。怒族婚姻习俗不尽相同，有的地区盛行男子随妻居，寡妇再嫁不受歧视；有的地区曾盛行族内婚，将女子当成家庭财产和固定劳力保留在家庭内部。怒族曾盛行火葬，改行土葬的历史约为 200 年。至今一些村寨附近，火葬场遗迹仍依稀可辨。

怒族习惯于日食两餐，以玉米为主食。玉米的食用方法从爆米花逐渐发展为煮焖成咕嘟饭（类似玉米面稠糊）、包谷稀饭、做成包谷粑粑，其中石板粑粑最有特色，少数信奉喇嘛教的怒族也吃酥油糌粑。肉类来源为饲养的牛、猪、鸡、狗、羊，常捕鱼、打猎。怒族男子一旦成年就开始捕鱼和狩猎。

怒族崇敬大自然，视村寨边的山林和道边的古树为神灵居所，禁止砍伐，禁止在其中大小便。怒族认为人影是人灵魂的体现，忌别人踩踏自己的影子。

十、德昂族

德昂族是云南独有的民族，主要居住在云南省潞西县与镇康县，人口约 1.79 万。德昂族有自己的语言和文字。语言属南亚语系孟高棉语族佤德昂语支。不少人通晓傣语、汉语或景颇语。德昂族信仰小乘佛教。各村寨到处都有佛寺和佛塔，有把小男孩送到佛寺当一段时间和尚的传统。德昂族传统节日多与佛教活动有关，如泼水节、关门节、开门节、烧白柴等节日，都要敬佛。

德昂族原则上实行氏族外婚制，有些地方姑舅表婚有优先权。婚姻形式为一夫一妻制，同姓及亲戚均不得通婚，两家通常只能联姻一次。寡妇可以再嫁，不受歧视，但聘礼较少。德昂族青年男女恋爱自由，结婚时男方要付给女方聘礼，称为"奶水钱"，作为母亲抚育女儿的报酬。德昂族的丧葬有自己的习俗，除佛爷（和尚）行火葬外，普通人都行土葬。

德昂族的饮食比较考究，用料较为广泛。擅长煮、炖、拌、舂等技法，口味酸辣中带甜。饮浓茶是德昂族成年男子和老年妇女的嗜好。德昂族离不开茶，婚丧嫁娶、探亲访友，都以茶作为礼品，"茶到意到"。佛龛和祖宗牌位禁止外人触摸，也禁止在此挂放东西。客人不能坐客厅内家长的卧具。禁止砍伐寨神树。德昂族不允许人进入并触动墓地之物。

十一、独龙族

独龙族是云南特有的人口最少的民族，也是我国人口最少的民族之一，主要聚居在滇西北贡山独龙族怒族自治县独龙江河谷地带，人口约 0.74 万。独龙族有自己的语言，无文字。过去多靠刻木结绳记事、传递信息。独龙语属汉藏语系藏缅语族，与贡山怒语基本相通，是该语族中保留早期面貌较多的一种语言，使用人口虽少但很有学术价值。

独龙族过去相信万物有灵，崇拜自然物。现有 1/4 的独龙族人信仰天主教。独龙族一年中只有一个节日——卡雀哇。节日的具体时间由各家或各个家族自己择定，一般是在农历的冬腊月，节期的长短常常以食物准备的多寡而定。节日内容有挂彩色麻布、围坐火塘边饮酒，互赠祝辞、举行射猎大典、祭山神。

独龙族行族外婚，实行一夫一妻制，恋爱自由。独龙族青年男女相爱之后，便会相互赠定情物，姑娘送给小伙子一床自己精心编织的独龙毯，小伙子送给姑娘一把锄头或自己编的背篓。独龙族家庭比较稳固，很少离婚。独龙族有土葬、水葬、火葬三种葬式。木棺土葬是独龙族主要的葬式，而只有患特殊疾病死去的人才行火葬或水葬。

独龙族有日食两餐的习惯，早餐一般都是青稞炒面或烧烤洋芋，晚餐则以玉米、稻米或小米做成的饭为主，也用各种野生植物的块根磨成淀粉做成糕饼或粥食用。独龙族民间仍然保留许多古朴的烹调方法，其中最常见的是用一种特制石板锅烙熟的石板粑粑。烙制石板粑粑时，多选用阿吞或董棕树淀粉，用鸟蛋和成糊状，然后倒在烧热的石板锅上，随烙随食，别具风味。

十二、基诺族

基诺族主要分布在云南省西双版纳傣族自治州景洪市基诺乡，其余散居于基诺乡四邻山区，人口约 2.5 万。主要从事农业，善于种普洱茶。使用基诺语，属汉藏语系藏缅语族彝语支。基诺族有自己的语言，无本民族文字，过去多靠刻竹木记事。

基诺族过去信仰万物有灵的原始宗教，现对祖先的崇拜居主要地位。传统节日的具体时间由各村寨自定，多在农历腊月间进行。基诺族主要节日有"特懋克"节，是基诺族一年中最盛大的传统节日。早年的特懋克节是打大铁节，是基诺族人民为纪念铁器的创制及使用而举行的节庆活动。

基诺族的婚姻是从夫居的单偶婚，一般在本村寨不同的氏族内进行。婚前，除同氏族成员外，男女间的社交和性关系是自由的，私生子不受歧视，并随母亲到夫家生活，也有由舅舅收养的。男子婚后仍可"串姑娘"，而妇女婚后要守贞操，一般不参加社会活动，且很少有离异的现象。基诺族施行独木棺土葬。

基诺族习惯于日食三餐，以大米为主食，辅以玉米、瓜豆等。基诺族食用大米很讲究，要吃好米、新米，陈仓米多用来喂养家畜或做烤酒。家庭饲养的畜禽只在婚丧礼祭时才能宰杀。

十三、水族

水族主要聚居在贵州省黔南布依苗族自治州的三都水族自治县和荔波、都匀、独山、凯里、黎平、榕江、从江等县，人口约 40.69 万。水族语言属汉藏语系壮侗语族水语支。水族先民曾创制过自己的文字，称"水书"，其形状类似于甲骨文和金文，是一种已经有 2 000 年历史的古老文字，但只有 400 多个单字，且多用于巫术活动。

水族信奉原始宗教、自然崇拜和祖先崇拜。万物有灵观念在水族中极为普遍，尤重水神、地神、山神、树神。水族除了汉族的传统节日外，还有自己独特的节日，比较有代表性的是二月二、三月三、"祭土地"和"打老牛"。二月二龙抬头是水族祭白龙的节日；三月三祭龙节，在每年农历三月的第一个蛇日，水族都要祭龙祈求神龙保佑，使水源充足、农业丰收，祭祀完毕，青年男女对歌，所以又称"对歌节"。"祭土地"在每年六月头个卯日（通常为六月六），各村寨杀一头猪在土地庙祭祀土地神。"打老牛"是祭山神的节日，在每年农历六月二十二，祈求山神保佑村寨安乐，五谷丰登。

水族很早就实行一夫一妻制，"同宗不娶、异姓开亲"。婚姻的缔结有自由选择、父母包办和"抢婚"习俗，还有"论班不论辈"习俗。青年男女在赶表（对歌玩耍）、劳动、生活中认识并情投意合，就通过媒人提亲，吃火塘酒（定亲），发八家等礼节后，择定吉日成婚。

水族行木棺土葬，有三种安葬形式。一是随死随葬，就是不择时日，随时安葬。二是择日安葬，即人死后，查阅水书，有适宜安葬的好日子才出殡安葬。三是停棺待葬，夏秋两季多施行停棺待葬，到秋收以后再择日安葬。

水族饮食特征与壮、侗族极其相似，喜欢酸、辣味。酸辣子、酸腌菜、小油菜、酸菜等都是家常必备品。水族以大米为主食，大米分黏米和糯米，此外也吃包谷和面粉。包谷与大米混合俗称"两掺饭"。小麦主要做成面条，当地称"挂面"。面粉还可用手捏成面片，由于厚薄不均，大小如猫耳状，当地叫"煮猫耳朵"。"两掺饭"、"猫耳朵"都是当地的特色菜肴。

到水族地区，禁止触摸、攀爬、砍伐他们所崇拜的巨石、大树。春节前或平时村寨中发生不好的征兆时，水族都要举行扫寨活动，届时村民用树枝封寨门，在寨门上打草标，以示禁止外人进寨，禁期为一天。水族妇女生小孩后，在门上打草标，三天之内禁止外人进入。

十四、仡佬族

仡佬族主要分布在贵州省务川仡佬族苗族自治县和道真仡佬族苗族自治县、贵阳市、六盘水市、遵义市和铜仁、毕节、安顺、黔西南等地区，人口约57.94万。仡佬族有自己的语言，属汉藏语系。过去认为仡佬族没有本民族文字，以汉字为通用文字，但是2008年底贵州仡佬学会在贵州民间发现了《九天大濮史录》一书，证明仡佬人有自己的文字——仡佬文。此书被称为"天书"，对仡佬族的历史等各个领域的研究都有极为重要的意义。

仡佬族崇拜祖先，奉祀蛮王老祖。认为万物有灵，信奉多种神灵。仡佬族人一年中最重要的节日有春节、清明节、祭山节、端午节、吃新节、中秋节、重阳节、牛王节、捉虫节等，其中最隆重的莫过于春节。

仡佬族的婚姻过去多为父母包办，重彩礼，现在已改变。选择吉日后，迎亲这天，新娘由接亲人和送亲人陪同，撑着伞步行到婆家，不拜堂，直接把新娘引入洞房。仡佬族在古代施行崖穴葬与石棺葬，近代虽然有木棺石椁土葬的，但崖穴葬和石棺葬仍有遗存，且土葬必以石垒为标志，坟头要栽黄杨树，坟前栽梭罗树、桂花树等象征好风水的树木。

仡佬族的饮食文化以酸辣为特色，以大米、玉米为主食，兼食面食及杂粮、薯类。喜吃糯米糍粑，一般农家饮用泉水，待客用茶。仡佬族擅酿酒，著名的茅台酒就源于仡佬族古老的酿酒文化。仡佬族十分重视春节，年头年尾的禁忌颇多。除夕和正月初一忌生气、吵嘴、打骂小孩，一家老幼都要保持和谐的氛围，共享合家团圆的天伦之乐。

十五、羌族

羌族，自称尔玛，主要聚居地在四川省阿坝州的茂县、汶川、理县，绵阳市北川羌族自治县，人口约32万。羌族有自己的语言，属汉藏语系藏缅语族羌语支。羌族地区至今仍保留原始宗教，盛行万物有灵，多种信仰的灵物崇拜。羌族最隆重的民族节日为"祭山会"（又称转山会）和"羌年节"（又称羌历年），分别于春秋两季举行。

羌族的婚姻形式，基本是一夫一妻制。解放前男女青年无恋爱自由，视自由恋爱为有损家风，封建买卖婚姻盛行，儿女婚事均听父母之命、媒妁之言。羌区还有抢婚的习俗，当男方求婚遭拒绝时，趁女子在外劳动或外出时将她抢回家，第二天由男子背猪膘及酒到女家再次求婚，由于生米已煮成熟饭，女方也就答应。女子不愿者，可于次日偷跑回家，男方一般不追究。抢婚时可抢姑娘，也可抢寡妇。羌族的葬式有火葬、土葬、岩葬三种。

羌族大都日食两餐，即吃早饭后出去劳动，要带上馍馍，中午就在地里吃，称为"打尖"，下午收工回家吃晚餐。主食大都为"面蒸蒸"；当地有鲜菜的时间只几个月，因此常年多食用白菜、萝卜叶子泡的酸菜，以及青菜做成的腌菜。羌族一般饮用的酒称咂酒，茂县羌语称"日麦希"，意为羌人酒。羌族的禁忌主要有妇女分娩时在门外挂枷单或背兜，忌外人入内；家有病人时在门上挂红纸条，忌外人来访；不能跨火塘或用脚踩三角架，也不能在三脚架上烘烤鞋袜衣物；忌坐门槛和楼梯；饭后不能把筷子横在碗上，也不能倒扣酒杯。

十六、门巴族

门巴族主要分布在西藏自治区门隅和上珞渝的墨脱及与之毗连的东北边缘，人口约 0.9 万。门巴族有自己的语言——门巴语，但是没有本民族的文字，通用藏文。门巴族人主要信仰本教（一种原始的巫教）和喇嘛教。门巴族的节日分为两大类：一类是宗教节日；一类是岁时年节。宗教节日主要有曲科节、萨嘎达瓦节、主巴大法会、达旺大法会；岁时年节主要有门巴族新年。

门巴族实行一夫一妻制。男女双方有了感情，由一方父母出面，请媒人说合。无论娶媳还是招婿，彩礼是不可少的。在举办婚礼过程中，新娘的舅舅是最高贵的客人。舅舅到场，男方得赶紧恭恭敬敬地献上哈达，请入上席，然后摆上各种食品，尤其是牛、猪、羊的头、尾、耳、心、肝、肺、四肢都要摆全，缺一不可；而舅舅大多是沉下脸来，百般挑剔，俗称"娘舅闹婚"。门巴族的丧葬复杂，有土葬、水葬、火葬、天葬、崖葬，还有屋顶葬、屋底葬，其中土葬和水葬最普遍，被普通百姓所采用。火葬、天葬、崖葬多被富裕户、头人、喇嘛等采用。屋顶葬、屋底葬仅用于夭折的未成年孩子。

门巴族以大米、玉米、荞麦、鸡爪谷为主食。大米吃法与汉族相同，玉米和鸡爪谷则做成糊粥，也吃糌粑、面饼、奶渣，喝酥油茶，喜吃辣椒，尤爱吃在青石板上烙的荞麦饼。由于宗教观念不同，饮食禁忌各异。西部门巴不杀牛，不食耕牛和奶牛；不养猪，不食猪肉；养鸡但不杀鸡，不吃鸡肉，老年人连鸡蛋也不吃；不打猎，许多人不食兽肉。墨脱门巴则相反，养牛、养猪、养鸡，吃牛肉、猪肉和鸡肉，个个都是好猎手，人人吃兽肉、鱼肉和鼠肉。

十七、珞巴族

珞巴族主要分布在西藏东起察隅，西至门隅之间的珞渝地区，以米林、墨脱、察隅、隆子、朗县等最为集中，人口仅 0.3 万。珞巴族有自己的语言，属汉藏语系藏缅语族。各地方言差异较大，少数人通晓藏语和藏文。珞巴族没有本民族文字，长期保留着刻木结绳记数、记事的原始方法。

珞巴族宗教信仰具有复杂多样的特点，除了散居在墨脱、米林一带的少部分珞巴人与藏族一道过藏历年外，各地的珞巴人都有自己的年节。珞巴年节是按照本族历法确定的，过节时间虽不一致，但都是在一年劳动之后。

珞巴族的婚姻基本上是一夫一妻制，严格实行氏族外婚和等级内婚，解放前盛行买卖婚姻。珞巴家庭中，妇女地位十分低下，财产的继承均归男子。在某些珞巴族部落中，实行严格的父子联名制。珞巴族家庭特别重视为死者治丧，力图以此慰藉亡灵，并表达对其哀悼怀念之情。珞巴族多采用土葬和树葬，礼俗相当复杂，禁忌繁多，以示尽孝道。

珞巴族生活习俗受藏族影响较深，日常饮食及食品制作方法基本与藏族农区相同。喜食烤肉、干肉、奶渣、荞麦饼，尤喜食用粟米搅煮的饭坨，并喜欢以辣椒佐餐。

第四节　中南地区少数民族民俗

一、仫佬族

仫佬族是中国人口较少的一个山地民族，"仫佬"一词在民族语言中是"母亲"的意思，建国后统称仫佬族。他们绝大多数居住在广西罗城仫佬族自治县，其余散居在忻城、宜山、柳城、都安、环江、河池等县境内，人口约 20.74 万。仫佬族使用仫佬语，大多数人兼通汉语，部分人还会说壮语，通用汉字。

仫佬族没有统一的宗教，由其先民的自然崇拜，发展到信仰多神。过去仫佬族地区佛寺众多，既信佛教，又信道教。过去仫佬族崇信多神，节日较多，一年之中除十月、十一月外，几乎每个月都有节日。

三年一次的"依饭"节也叫"喜乐厚"是仫佬族最隆重的节日。"依饭"的目的主要是向祖先还愿，祈求人畜平安、五谷丰收。仫佬族特殊的节日有三月初三婆王节（又称小儿节），届时以村寨为单位举行祭祀。四月初八牛节，当天让牛休息，并拜祭牛栏神。五月初五端午节，除与当地汉族、壮族的端午节庆相同的内容外，各村寨还抬纸船巡田垌驱虫，以保丰收。六月初二为吃虫节，是发扬除虫方法的传统节日。八月十五为后生节，是各地青年男女开展"走坡"社交活动的节日。还有三年一大庆、一年一小庆的依饭节。

仫佬族青年男女历来实行自由恋爱，除节日、集会和赶集时的交往相识之外，主要的恋爱方式就是在"走坡"中传歌互答交友。"走坡"的季节是阳春三月和八月金秋，年轻人身穿盛装，男女各自结伴，到集市上寻找对歌的伙伴，找到满意的对手后，就邀到风景美丽的山坡草坪上对唱，以歌为媒，一问一答，如相互满意则互赠信物，最后托媒人通报家长，确定婚期成亲。

仫佬族大都习惯日食三餐，早餐为粥，午餐吃早餐剩下的粥，晚餐吃米饭和较丰富的菜肴；农忙季节一般早餐吃粥，午餐和晚餐吃饭。红薯是仫佬族主要副食之一。仫佬族喜食酸辣味，家家备有酸坛腌菜，有腌豆角、蒜头等。仫佬族的禁忌有挖煤时不许讲不吉利的话；进门时不能踏门槛；忌食猫肉、蛇肉，有的地方还忌食狗肉和猪心。

二、京族

京族主要分布在广西壮族自治区防城港市下属的东兴市境内，主要聚居在江平镇的"京族三岛"——巫头岛、山心岛、万尾岛以及恒望、潭吉、红坎、竹山等地区，其他散居在北部湾陆地上，被誉为我国唯一的"海滨民族"，人口总数为 22 517 人。京族使用京语，属于南亚语系，京语与越南语基本相同。京族没有文字，曾创造"喃字"，现在京族通用广州方言和汉文。

京族主要信仰道教、佛教，少数人信仰天主教。京族除了有和汉族相同的春节、端午节、中秋节外，最隆重、热闹的节日是"哈节"。哈节又称"唱哈节"，"唱哈"即唱歌的意思，是京族的传统歌节，通宵达旦，歌舞不息。唱哈活动要连续进行三天三夜，一边宴饮，一边听唱。唱哈多在哈亭举行，哈亭是具有独特民族风格的建筑物。

京族过去的婚姻多由父母包办，实行一夫一妻制，领童养媳较为普遍，也有个别男子"上门"。同姓不婚，姑表严禁通婚，违者受罚。现代京族青年普遍自由恋爱、自由结婚。京族人对葬礼非常重视、谨慎，因为他们认为阴间和阳世是相通的，阴间的亡灵和阳世亲眷仍有某种联系，办好葬礼，彼此可平安无事；若办不好，就会让亡灵受苦，亲眷遗患无穷。在京族习俗中，50 岁以上的老人病故，被称为"正寿"，应按正常的礼仪办丧。

大部分地区习惯日食三餐，居住在万尾的京族一般习惯日食两餐；早餐多选在上午 11 点左右，直到入夜后才吃晚餐。过去京族常以玉米、红薯、芋头混着少量的大米煮粥作为主食，只有出海捕鱼或秋收，劳动量大时才吃干饭；如今稻米已成为京族最常见的主食。日常菜肴以鱼虾为主，常用鱼虾做成鱼汁，作为每餐必备的调味品。家庭饲养的猪、鸡是日常的肉类来源。京族过去有在船上不准将碗覆置；不准脚踏在灶上等禁忌。

三、毛南族

毛南族自称"阿难"，意思是"这个地方的人"，称谓表明他们是岭西的土著民族。毛南人大部分居住在以毛南山为中心的环江县上南、中南、下南一带；另有少部分人分散居住在南丹、都安等县，人口 7.73 万（2007）。毛南族使用毛南语，属汉藏语系壮侗语族，无文字，多通汉语和壮语，通用汉文。

毛南族信仰多神多教，还有极少数人于阴历每月的初一、十五焚香跪拜观音菩萨。毛南族民间最大的节日是每年夏至后的分龙节。"分龙节"又叫"五月庙节"，是毛南族特有的节日，在阴历的"分龙"日前两天开始举行，主要是祭祀神灵与祖先，全村男女以及外嫁的女子和远道的亲友都赶来参加，隆重而热烈。此外，毛南族也过端午节、重阳节等传统节日。

毛南人实行一夫一妻制，婚姻常由媒人牵线搭桥。婚礼分为"女婚礼"和"男婚礼"两种。"女婚礼"规模较小，送的彩礼不是很多，程序也比较简单，是平常农家办的婚礼。"男婚礼"规模较大，送的礼品名目繁多，迎亲队伍庞大，除了包含"女婚礼"的全部程序外，还有许多讲排场、讲阔气的场面，只有钱财富裕的大户人家才办得起。毛南族丧葬习俗非常独特，老人去世，丧家必首先讣告外家，女婿再通报其他亲友，待外家到场后，才能入殓。请巫师为亡人开丧超度后方能出殡安葬。亡男必敲死一头水牛，亡女必杀一头猪。

毛南族日食三餐，均以大米和玉米为主食。毛南族地区蔬菜四季丰富。肉类来源是家禽、家畜，有猪、牛、鸡、鸭等。毛南族人喜食狗肉，有些地方在中元节有杀狗食肉的习俗。毛南族喜食半生半熟的菜肴，认为一些肉和菜，特别是鸡，煮得过熟会失去原味；唯独煮鸭以烂熟为宜，在烹饪上有"鸡生鸭熟"之说。

第五节　华北地区少数民族民俗

一、达斡尔族

达斡尔族主要分布在内蒙古莫力达瓦达斡尔族自治旗、鄂温克族自治旗、扎兰屯市、阿荣旗及黑龙江省齐齐哈尔市区、梅里斯区等地，人口约 13 万。达斡尔族有自己独立的语言，达斡尔语是属阿尔泰语系蒙古语族的一个独立语支。达斡尔族没有自己的文字，主要使用汉文，少数人兼用满文、蒙古文、哈萨克文。

达斡尔族人曾多信仰萨满教，是集自然崇拜、图腾崇拜和祖先崇拜之大成的原始宗教；少数人信仰喇嘛教。达斡尔族的主要节日是春节，称春节为"阿涅"，是一年中最盛大的节日，节日里人们着盛装，逐户拜年，妇女们互赠礼物。过年之前家家都要杀年猪，打年糕，春节一直过到正月十六。

达斡尔族实行一夫一妻制婚姻，恪守氏族外婚制原则。男女青年订婚后，男方要送女方家马、牛、羊和酒，称为"大礼"，送大礼这天姑娘要躲起来，不见未婚夫。婚礼前一个月，男方还要送一次小礼，礼品主要是衣物，这时未婚夫妇才可以见面，并在一起吃"拉里"和挂面。结婚要置办酒宴，食品和菜肴必须丰盛，特别是在迎亲时，如果沿途碰见行人，不论是否相识，都可分得一份酒肉和点心。结婚仪式后，主人要以炒犴鼻和手扒肉等菜肴待客。达斡尔族人死后行土葬，长者葬礼隆重。

达斡尔族的主食以饭（巴达）、饼（午图莫）、粥（兴恩巴达）为主，每顿饭配肉类和粗菜，米面较之，以米为主。达斡尔族住在黑龙江北岸时，兽肉曾经是主食之一；迁徙到嫩江流域以后，肉类减少，菜类增加，粮食逐渐变为唯一主食，主副食种类繁多，营养丰富，别具风味。达斡尔族禁忌较多，如不许用刀、剪等锐器指人；不许踏、坐门槛和窗台；不准在室内吹口哨；忌在鼠日和火日开犁播种；在渔场不许拿着鞭子走；不用白桦和榆木盖房子等。

二、鄂温克族

鄂温克族主要分布在中国东北黑龙江省讷河县和内蒙古自治区。鄂温克是民族自称，意思是"住在大山林里的人们"，人口约 3 万。鄂温克族有自己的语言，但无文字，鄂温克语属阿尔泰语系满—通古斯语族通古斯语支。鄂温克牧民大多使用蒙古文，农民广泛使用汉文。

鄂温克族大部分信仰萨满教，牧区有些人还信仰藏传佛教。鄂温克族人敬奉鬼神，崇拜大自然。鄂温克族的主要节日有祭敖包、阴历年、"米阔勒"节等。祭敖包时要宰牛、羊作祭品，祈求人畜平安。每次敖包会上还要举行赛马、摔跤等活动。"米阔勒"节是生产节日，在每年夏历五月二十二日举行，这一天要给马烙印、剪耳记、剪鬃尾、除坏牙；给羔羊割势等；并举行宴会。

鄂温克族的婚姻为一夫一妻制，还有氏族外婚及姑舅表婚的特点，婚姻只能在不同氏族之间进行，同一氏族内禁止通婚。在陈巴尔虎旗的鄂温克人中有"逃婚"习俗，相恋的青年男女决定结婚日期后，女方趁黑夜逃至男方所搭的"撮罗子"里，由候在此处的老妇把姑娘八根小辫改梳成两根，即成为合法的婚姻。鄂温克族在人死后，曾行天葬（即风葬），后多改为土葬。

纯畜牧业生产区的鄂温克族以乳、肉、面为主食，每日三餐均不能离开牛奶，不仅以鲜奶为饮料，还常把鲜奶加工成酸奶和奶制品。居住在北部大兴安岭原始森林里的鄂温克族，完全以肉类为主食，吃罕达犴肉、鹿肉、熊肉、野猪肉、狍子肉、灰鼠肉和飞龙、野鸡、乌鸡、鱼类等，食用方法与牧区略有不同，罕达犴、鹿、狍子的肝、肾一般生食，其他部分煮食。

三、鄂伦春族

鄂伦春族主要分布在内蒙古自治区东北部和黑龙江省的部分地区。"鄂伦春"一词有两种含义："使用驯鹿的人"和"山岭上的人"，人口约0.82万。鄂伦春民族有自己的语言，一般通用汉文。

鄂伦春族信奉萨满教，万物有灵的宗教观，导致鄂伦春人多神崇拜。鄂伦春人的节庆不多，主要有一年或三年举行一次的氏族集会、萨满每年春季的祭神仪式和春节。如今，鄂伦春族也过中秋节、端午节、新年等节日。

鄂伦春族实行一夫一妻制，严禁氏族内通婚，辈分不同也不能结婚。子女的婚事由父母包办，解放前没有自由恋爱。鄂伦春族的婚事要经过四个程序：求婚、认亲、送彩礼、迎亲。鄂伦春族的传统葬法是风葬，此外还有土葬、火葬和水葬三种。

鄂伦春族过去一直以各种兽肉为主食，一般日食一二餐，用餐时间不固定。冬天在未出太阳前用餐，餐后出猎。夏天则早晨先出猎，猎归以后再用早餐，有时也在猎区过夜。两餐主食以瘦肉为主。

第六节　华东地区少数民族民俗

一、畲族

畲族散居在我国东南部福建、浙江、江西、广东、安徽省境内，人口约 71 万。畲族极少人使用畲语，畲语属汉藏语系苗瑶语族。无本民族文字，通用汉文。

畲族节日主要有农历的三月三、农历四月的分龙节、七月初七、立秋日、中秋节、重阳节、春节等。另外，每年农历二月十五、七月十五、八月十五都是畲族的祭祖日。祭祖时要有两杯酒、一杯茶、三荤三素六碗菜和不同时节的馃子。在节日期间除酒肉必不可少外，不论过什么节日都要做糍粑；成年人过生日，除杀鸡、宰鸭外，也要做糍粑。

解放前，畲族婚姻家庭普遍实行一夫一妻制，仍保留着古朴的婚俗，一般同姓不婚。古代，畲族青年男女有自由恋爱的传统，对歌成婚是畲族先民的习俗。后来随着封建地主经济的发展，受到汉族婚姻观念的影响，解放前畲族婚姻的封建买卖包办现象十分严重，直到解放后才被革除。现在畲族青年男女基本上都是自由恋爱，婚姻自主。丧葬形式为土葬，保留拾骨重葬的习俗。

畲族日常主食为大米，除米饭外还有以稻米制作成的各种糕点，番薯也是畲族农家的主食之一。粉丝是畲家招待客人时制作点心和菜肴的重要原料。畲民爱喝酒，每逢喜庆佳节、红白喜事、结婚、生孩子、盖房等都要请客喝酒。酒多以白酒和自家酿制的糯米酒为主。茶是畲家日常必备的饮料，以自产的烘青茶为主。畲族地区盛产茶叶，有很多名贵品种，如惠明茶、凤凰茶、红茶、武夷岩茶等。

二、高山族

高山族主要居住在中国台湾省，也有少数散居在福建、浙江等沿海地区。居住在我国大陆的高山族人口约 0.45 万。高山族有自己的语言，属南岛语系印度尼西亚语族，大体可分为秦淮、曹、排湾三种语群。没有本民族文字。

高山族宗教信仰复杂，汉族带去了佛教，西方侵略者带去了基督教、天主教等。这几种宗教都在高山族群众中生根，现在高山族的宗教生活形成了原始宗教信仰、佛教和西方宗教等交错并立的局面。高山族传统节日大都具有浓厚的宗教色彩，基本上是以祭祀典礼的形式出现。在节庆期间，除歌舞聚宴外，还增添了体育比赛、文化展览、游艺活动等。

高山族实行严格的一夫一妻制，近亲之间不通婚。高山族男女青年结婚的年龄在各个地区没有明确规定，一般说来男子在十七八岁时，熟悉农耕和狩猎之后才算成年；高山族的女子在十五六岁有熟练的编制技术时才可成婚。高山族认为人死后灵魂不灭，因此有强烈的崇拜祖先的观念，各族群都有祖灵祭祀。他们把灵魂分为善恶两种，死亡也分为善死与恶死。善灵是祖灵，是要祭祀的。对于恶死之人，多采取简单掩埋法，其葬地插标识以避之，居室多被废弃，或请巫师禳逐。对于善死者有许多收殓和埋葬的仪式，各族群形式不同。

高山族的饮食以谷类和根茎类为主，一般以粟、稻、薯、芋为常吃食物，配以杂粮、野菜、猎物。山区以粟、旱稻为主粮，平原以水稻为主粮。高山族普遍爱食用姜，有的直接用姜蘸盐当菜；有的用盐加辣椒腌制。肉类的来源主要靠饲养的猪、牛、鸡，在很多地区捕鱼和狩猎也是日常肉食的一种补充，特别是居住在山林里的高山族，捕获的猎物几乎是日常肉类的主要来源。高山族有许多禁忌，如妇女怀孕后忌用刀斧；不能吃猿、山猫、穿山甲；忌吃并蒂果实忌生双胞胎；忌见蛇、山猫、鼠、横死者及其葬地；忌见动物交尾；严禁放屁、喷嚏、同族相奸；忌吃动物头尾；忌男人接触女人专用的机织、麻织品、小锄及猪圈；禁止女性接触男人专用的武器、猎具等。

【思考题】

1. 简述东北地区少数民族民俗。
2. 简述西北地区少数民族民俗。
3. 简述西南地区少数民族民俗。
4. 简述中南地区少数民族民俗。
5. 简述华北地区少数民族民俗。
6. 简述华东地区少数民族民俗。

第六章　亚洲的民俗

【学习目标】
- 了解亚洲主要客源国的节日、社交礼仪及禁忌、传统服饰及传统饮食
- 在掌握亚洲主要客源国的当地民俗的基础上,探索旅游服务的规律特点

【知识要点】
- 亚洲各国的饮食特点及其餐饮礼仪
- 亚洲代表性国家的主要禁忌及宗教特点
- 亚洲各国的主要婚丧习俗
- 亚洲各国的民居建筑特色

亚洲是"亚细亚洲"的简称。亚细亚的意思是指东方日出的地方。亚洲是世界文明古国中国、印度、巴比伦的所在地，又是佛教、伊斯兰教和基督教的发祥地，对世界文化的发展有着重大的影响。本章根据海南省的客源地名录选取了泰国、新加坡、马来西亚、菲律宾等国家进行逐一介绍。

第一节　泰国的民俗

泰国面积 51.31 万平方千米，人口 6 690 万。全国共有 30 多个民族，泰族为主要民族，占人口总数的 40%，其余为老挝族，华族，马来族，高棉族，以及苗、瑶、桂、汶、克伦、掸、塞芒、沙盖等山地民族。泰语为国语。94% 的居民信仰佛教，马来族信奉伊斯兰教，还有少数人信奉基督教、天主教、印度教和锡克教。首都为曼谷。

一、物质民俗

（一）饮食习俗

泰国人最爱吃用大米、鱼肉、香料、椰酱及蔬菜等烹制而成的"咖喱饭"，喜爱咸味，特别爱吃辣椒且越辣越好，"辣椒酱"是每餐必备的佐料。泰国人喜欢用味精和鱼露调味，爱吃海鲜，讲究鱼肉鲜嫩，喜食蛋糕及点心。

泰国人尤其喜欢喝红茶，但不喝热茶，习惯在茶和饮料里放冰块。他们喝桔子汁或酸橙汁时，总喜欢在里面加放点盐末，这种习惯与泰国气候炎热有很大的关系。

泰国人饭后有吃水果的习惯，在吃西瓜或菠萝时，不仅爱放些冰块，而且习惯蘸上些盐末或辣椒末一起吃，认为这样别有风味。他们早餐喜欢吃西餐，午餐和晚餐爱吃中餐。早期泰国人的传统用餐方式自由随兴，以芭蕉叶盛饭，用手取饭菜进食。现在泰国的餐具也十分简单，基本餐具为一支汤匙和一双筷子，以及一个圆盘。进餐时将饭盛进圆盘中，并用汤匙取有汤的菜肴吃饭，而筷子则用来夹菜。

（二）服饰习俗

泰国男性穿的民族服装叫"萨普拉旦"，女性穿的民族服装叫"西瓦莱"，通常的穿法是将棉制或丝绢质地的布料缠在腰间或者肩头。其中女性的民族服装中，围裹上身的长方形布条——"萨巴依"，在泰国北部、东北部、南部、中部都呈现出不同的式样和花纹，颇具民族特色。

泰国的北部地区生活着为数众多的山岳民族。他们都拥有各自的文化、语言、宗教和民族服装。工艺制品是泰国北部地方特产的重要组成部分，其中较有代表性的是擅长驯象的卡伦族，俊男美女众多的里斯族，分布广泛的像克米尔族以及阿卡族、亚奥旅等五大部族。

（三）建筑文化

泰国是个全民信佛的国家，地理位置在东南亚，属于典型的热带气候。泰国的建筑明显受到宗教信仰和气候的影响。借鉴印度、中国和缅甸等国的建筑艺术，泰国人民创造了自己独特的建筑风格——多层屋顶、高耸的塔尖，用木雕、金箔、瓷器、彩色玻璃、珍珠等镶嵌装饰，在阳光照耀下，这些建筑物发出灿烂的艺术之光。泰国建筑分为以下三类。

石宫建筑　其造型的特色是主宫殿都有一柬埔寨吴哥寺莲花蓓蕾形的尖顶。如呵叻府的披曼石宫、武里南府的帕依隆石宫、巴真府的萨陶高通石宫等，其中披曼石宫有"泰国吴哥寺"之称。这类石宫一般不住人，用作供奉神、佛像，石宫的气势十分壮观。

佛塔建筑 泰国佛塔众多，且造型千姿百态。如清迈府的七顶塔，犹如我国北京真觉寺的金刚宝座塔；喃奔府的四方塔；模仿锡兰（今斯里兰卡）钟体塔的呵叻府佛骨塔；塔身似花瓶的纳空帕依府的帕侬佛骨塔等。泰国佛塔造型细巧、装饰华丽。

宫殿建筑 泰国宫殿建筑很有特色，尖尖的屋顶装饰直刺穹苍。如北标府的佛足亭、大城的汕丕巴叻莎殿、曼谷大王宫中的杜锡官殿等都很有代表性。屋顶是分段遁落式的，多有尖顶装饰，十分重视三角墙的装饰，墙面金碧辉煌、雕梁画栋，高台基。

二、非物质民俗

（一）传统艺术

象征着泰国悠久历史和瑰丽文化的泰国舞蹈，与亚洲古都华丽的格调相映生辉，是泰国具有代表性的古典艺术。泰国舞蹈可以分为传统的古典舞蹈和贴近民间的民族舞蹈两大类。最初的泰国舞蹈是作为宫廷技艺，从素可泰王朝和阿育他耶王朝传承下来的，其中取材于大叙事诗《拉玛耶那》的舞路最具代表性。"坤舞"（假面舞剧）过去是仅由男子表演的舞。另外还有"拉巴姆"（团体舞）、"尸拉姆"（独舞）、"风舞"（泰国北部舞）、泰国东北地区的"拉姆瓮"舞，以及民间即兴歌剧"立凯"等。

（二）婚姻习俗

泰国的婚姻法定实行一夫一妻制。婚姻要经历提亲、定亲、行婚礼的过程。结婚仪式均在双月举行，婚礼要由僧侣主持。新婚之夜前，举行净身仪式，即新郎新娘在新居进行沐浴，"以清洗所有的罪恶"。仪式开始时，30名本地少女头顶龛玛，由长鼓队引导，列队从新郎家向举行婚礼的场所（新娘树所在地）进发。新郎着新衣，在选定的新娘树下点燃蜡烛，开始诵经，由象征新娘家长的老太太出来授礼。婚礼仪式之后，大家就地围坐进食，食毕礼成。

结婚用的彩礼盛放在银制的大碗里，叫做"龛玛"。通常有单龛玛和双龛玛两种，单龛玛为单数，双龛玛为双数。龛玛分花和菜两部分：花包括25封槟榔果和荷叶；龛玛菜包括拉糕、炸面圈、米花糖、点心、鸡、猪头、嫩椰子、桔子、甘蔗以及蜡烛、席子、枕头等。

（三）节庆民俗

泰国人的节日很多，主要有国庆日，又称万寿节，在每年12月5日，即国王生日。万佛节，泰历3月15日，公历一般在2月，节日的清晨国王在玉佛寺斋僧。宋干节，又称泼水节，为公历 4 月 12～15 日，是泰国新年，放假 4 天，每当此刻，举国欢庆，曼谷尤其热闹，大致有五项活动，即浴佛、堆沙、放生、庆祝流行、泼水。佛诞节，又称浴佛节，是佛祖释加牟尼诞生纪念日，为公历 5 月 23 日，按规定可放假 1 天，佛寺在这一天都要举行斋戒、颂经法会，以各种香水、鲜花水浴洗佛像，这天善男信女都要到寺庙敬香，参加浴佛仪式。

农耕节　泰国的重要节日，每年到农耕节时泰国都要在曼谷大王宫旁边的王家田广场举行大典。农耕节大典始于 13 世纪的素可泰王朝。

守夏节　每年公历 7 月，是重要的佛教节日。玉佛寺会举行隆重的玉佛更衣仪式，一般由国王或御代表主持。这一天即表示泰国已进入盛雨季节，僧侣进入为期三个月的坐禅、颂经期，期间和尚除早上外出布施化缘外，其他时间一律不得随意走出寺庙，膳食只吃早晚两餐，晚餐只吃流食。

水灯节　每年公历 11 月（泰历 12 月）的月圆之日，是泰国的主要节日，亦是泰国民间最热闹、最富诗意的传统节日。届时曼谷全城沸腾，万灯漂流，壮美无比。最热闹的地区是第一世皇桥两岸、考遴公园、空洛港等地。

竹炮节　泰语称"汉邦菲"，它是泰国民间祈雨的一种风俗仪式，在东北部地区较为盛行，于每年雨季将至前的 5 月中旬举行，一般进行两天，十分隆重、热闹，极具民间气息。

（四）社交礼仪及禁忌

泰国人待人接物有许多约定俗成的规矩。朋友相见，双手合十，互致问候。晚辈向长辈行礼时，双手合十举过前额，长辈也要合十回礼。年纪大或地位高的人还礼时，双手不必高过前胸。行合十礼时，双手举得越高，表示尊重程度越高。泰国人也行跪拜礼，但要在特定场合，平民、贵官在拜见国王和国王近亲的时候行跪拜礼。国王拜见高僧的时候要下跪。

泰国人非常重视头部，认为头颅是神圣不可侵犯的，如果用手触摸泰国人的头部，会被认为是极大的侮辱；如果用手打了小孩的头，认为小孩一定会生病。睡觉忌讳头朝西，因为日落西方象征死亡。忌讳用红笔签名，因为人死后用红笔把姓氏写在棺材上。就坐时最忌讳翘腿，把鞋底对着别人，认为是把别人踩在脚底下，是一种侮辱性的举止。妇女就坐时，双腿要靠拢，否则会被认为没有教养。当着泰国人的面，不要踩门槛，他们认为门槛下住着神灵。

泰国人喜欢红色、黄色，忌讳褐色。他们习惯用颜色表示星期，如黄色是星期一，粉红色是星期二，绿色为星期三，橙色是星期四，淡蓝色为星期五，紫红色为星期六，红色是星期日。

第二节　新加坡的民俗

新加坡共和国简称新加坡。它位于东南亚马来半岛的南端，是个集国家、首都、城市、岛屿为一体的城市型岛国，由53个岛屿、7座礁滩组成。国土面积699平方千米，人口499万，马来语为国语。汉语、泰米尔语和英语为官方语言，英语为行政语言。新加坡著名的鱼尾狮像就坐落于新加坡河畔，是新加坡的象征。鱼尾象征古城"淡马锡"，代表新加坡是由一个小渔村发展起来的。

一、物质习俗

（一）饮食习俗

新加坡饮食融合了中式、印度式、马来式等，形成了新加坡特色饮食，味道既有马来菜的辛辣，又有中式菜的鲜浓，还有印度菜的咖喱。在多元文化的碰撞下，吸收了马来饮食和中国饮食特色的基础上，创新的娘惹饮食文化是新加坡饮食的代表。新加坡人的主食是米饭。马来人一般用手抓取食物，他们在餐前有洗手的习惯，进餐时必须使用右手。饮茶是当地人的普遍爱好，客人来时，他们常以茶水招待，华人喜欢饮元宝茶，意为财运亨通。

（二）服饰习俗

新加坡不同民族的人在穿着上有自己的特点。马来人男子头戴一顶叫"宋谷"的无边帽；上身穿一种无领、袖子宽大的衣服；下身穿长及足踝的纱笼。女子上衣宽大如袍，下穿纱笼；华人妇女多爱穿旗袍。政府部门对其职员的穿着要求较严格，在工作时间不准穿奇装异服。

二、非物质民俗

（一）节庆习俗

新加坡是一个移民国家，荟萃了东西方民族的文化，具有多元化的文化背景，因此新加坡的节日庆典也渗透了不同民族、不同宗教的风俗习惯，异彩纷呈，各族人民过着各自不同的年节。由于华人的特殊地位，华人节日在新加坡有重要的地位，春节、元宵节、端午节、中秋节都是华人的传统节日。

（二）礼仪及禁忌

新加坡人举止文明，处处体现着对他人的尊重。他们坐着时端正规矩，不将双脚分开，如果交叉双脚，只是把一只腿的膝盖直接叠在另一只腿的膝盖上。他们站立时体态端正，不把双手放在臀部，认为那是发怒的表现。

在社交场合，新加坡人与客人相见时，一般都施握手礼。男女之间可以握手，但对男子来说，比较恰当的方式是等妇女先伸出手来，再行握手。马来人则是先用双手互相接触，再把手收回放到自己胸部。新加坡政府极力阻止付小费，即便是对服务员的额外服务付小费，对方也有可能拒收。新加坡人不喜欢挥霍浪费，宴请客人不要过于讲排场。

新加坡人的信仰分别为：华人大都信仰佛教或道教；马来人基本信仰伊斯兰教；印度人信印度教；巴基斯坦人大都信伊斯兰教；西方人一般信基督教。新加坡人忌7字；不喜欢乌龟；严禁放烟花鞭炮。

新加坡是一个多元种族和多种宗教信仰的国家，因此要注意尊重不同种族和不同宗教信仰人士的风俗习惯。如参观清真寺必须脱帽脱鞋进入，女士不能穿短裤或暴露的裙子。

第三节　马来西亚的民俗

马来西亚联邦由马来西亚半岛及位于婆罗州的沙巴与砂拉越组成，面积33万平方千米，人口2 773万，首都吉隆坡。马来人是最主要的族群，占总人口的57%，其他族群包括华人、印度人及少数民族等。马来语为国语，英语被广泛地通用，各族群也使用多种其他语言和方言。回教是官方宗教，人民可以自由信仰其他宗教。

一、物质民俗

（一）饮食习俗

马来西亚是美食家的乐园，世界各地的风味菜肴随处可以品尝到。马来菜和其他东南亚国家的菜肴类似，口味较重，多以胡椒和咖喱调味，又辣又香。马来人多半是穆斯林教徒，所以马来菜大多不用猪肉，而以鸡肉、羊肉、鱼肉为主。肉类加上蔬菜，拌或蘸辣椒调味，配以咖喱饭，这是马来西亚最普通的饭菜。马来西亚最具代表性的一道名菜叫"沙嗲"。沙嗲是以竹签串上牛肉或羊肉、鸡肉、虾等，用炭火烤熟，食用时蘸上又甜又辣的花生酱。此外酸对虾、椰浆饭、罗惹和酸辣鱼等，都是很受游客喜爱的马来食品。餐后点心有木薯糕和炸香蕉等。饮料主要是椰汁。穆斯林禁酒，但马来西亚国产啤酒颇受好评。马来西亚国产咖啡味道淡而清香，有一股麦茶掺咖啡的味道。

（二）服饰习俗

马来人男女着装差别甚微，平时男子穿长到足底的布质纱笼，称为"卡因"，这种纱笼是由一块布缝合两端而成，不用时扎起一头就成为布袋，装盛杂物很方便。上身穿的衣服叫"巴汝"，没有衣领，宽大凉爽，很适合热带的气候条件。

二、非物质民俗

（一）文学

大约在公元初年，马来西亚就流传着许多被人民所喜爱的神话故事。印度民族移入后，便有人把印度史诗《摩诃婆罗多》和《罗摩衍那》译成古爪哇文。公元15世纪的文学带有伊斯兰教色彩。到19世纪，马来西亚新文学的鼻祖阿卜杜拉·蒙希创作了《阿卜杜拉传》等作品。

（二）节庆习俗

开斋节　马来人的新年，是全国最重要的节日。每逢伊斯兰教历9月，全国穆斯林都要在白天斋戒禁食，斋月后第一天就是开斋节。节日前夕穆斯林要进行慈善捐赠活动。节日清晨，穆斯林们在教堂举行隆重的祷告仪式，之后互相祝贺。节日里人们从四面八方赶回家同亲人团聚，亲朋好友互相拜访祝贺佳节。

春节　华人的新年，节日风俗和中国的春节大致相同。

花卉节（7月）　历时一周，届时吉隆坡将成为美丽的花园城市，全市到处百花争艳，各公园、酒店也纷纷配合举行各种活动，如寻花赛、花展等。购物中心用鲜花将门面点缀得花枝招展、引人注目。

国庆节（8月31日）　又名"独立日"，每年这一天全国人民普天同庆。

哈吉节　又名"古尔邦节"、"牺牲节"，是穆斯林的盛大节日。

（三）礼仪及禁忌

马来人的见面礼十分奇特，互相摩擦一下对方手心，然后双掌合十，摸一下心窝互致问候。在马来西亚，对女士不可先伸手要求握手，不可随便用食指指人，正确的是以右手的拇指及其余四手指合于掌心的指法，才是礼貌的动作。忌用手触摸头部和背部（阿訇除外），否则意味着厄运即将来临。同马来人握手、打招呼或馈赠礼品，不可用左手，他们认为左手是最脏的。在进入马来西亚人的屋子前，要先脱鞋。

人们在进入回教堂和庙宇前，都必须先脱鞋。一些回教堂会准备长袍和头巾给来参观的游客们穿戴。如果游客想在回教堂内或其他宗教祈祷的地方拍照，必须事先获得管理人的允许。

第四节　菲律宾的民俗

菲律宾的国土面积 29.97 万平方千米，人口 9 215 万。马来族占全国人口的 85%以上，还有他加禄人、伊洛戈人、邦班牙人、维萨亚人和比科尔人等民族。有 70 多种语言，国语是以他加禄语为基础的菲律宾语，英语为官方语言。国民约 80%信奉天主教，5%信奉伊斯兰教，少数人信奉独立教和基督教新教，华人多信奉佛教，原住民多信奉原始宗教。首都为大马尼拉市。

一、物质民俗

（一）饮食习俗

菲律宾人以大米、玉米为主食。农民煮饭前才舂米。米饭放在瓦罐或竹筒里煮，用手抓饭进食。玉米作为食物，先晒干磨成粉，然后做成各种食品。菲律宾人最喜欢吃椰子汁煮木薯、椰子汁煮饭；城市中上层人大多吃西餐。菲律宾穆斯林人的主食是大米，有时也吃玉米和薯粉，伴以蔬菜和水果等。按照伊斯兰教教规，他们不吃猪肉，不喝烈性酒。他们和其他马来人一样喜欢吃鱼，不喝牛奶。他们的烹调很简单，喜欢使用有刺激性的调味品，进食时用手抓。咀嚼槟榔的习惯在菲律宾穆斯林中十分流行。

菲律宾伊戈罗特人的主食是大米和甘薯，烹饪很简单，将小鱼、薯苗、豆苗等用盐水煮熟后即可当菜；肉和鱼类很少煎炒，多是用火直接烤熟吃；辣椒每顿必不可少；嗜嚼烟叶和槟榔。黑矮人的食物是狩猎获得的禽兽的肉、鱼、卵、野生水果、蜂蜜、初生的蜂虫和各种野生植物的根实，如薯茎、芋头、萝卜等。他们也喜欢嚼槟榔；凡不能生吃的东西，即用钻木取火烤食。

菲律宾当地名菜有烤乳猪，即烤小猪（Dechon）；巴鲁特 （Balut），即煮熟的孵化到一半的鸡蛋；阿恰拉（Atchara），即炒蕃木瓜、洋葱、蔬菜片加胡椒；鲁必亚（Lumpia），将虾、鸡肉、猪肉和可可混合烧煮而成；阿道包（Adobo），将蘸醋的鸡肉或猪肉焖透，使得肉本身又滑又烂；烤猪腿（Crispy Pate）；香蕉心炒牛肚（Kare Kare）等。菜常用香醋、糖、辣椒等调味。

（二）服饰习俗

菲律宾有男女国服，女士的国服叫"特尔诺"，是圆领短袖的连衣裙，下宽腰小，两袖挺直，两边高出肩部，犹如蝴蝶展翅一般，故有人叫蝴蝶服；男士的国服叫"巴隆他加禄"衬衣，质地为丝绸，紧身且长，领口直起，还有花纹和图案。在正式场合，如外交场合、庆祝活动、宴会等都要求穿国服。现在的年轻人多穿西服和皮鞋，学生穿 T 恤衫和西式短裤的也不少。

老年人多穿传统服装，如妇女穿紧身短袖背心、无领的连衣裙、脚口小的宽大裤，有的也穿裙子；脚穿木头制的，或麻、草制的拖鞋。

二、非物质民俗

（一）婚丧习俗

一般菲律宾人多是自由恋爱结婚。农村男青年往往用歌声向他爱慕的姑娘求爱，并赠以花束，花的颜色以白色和桃色为佳；茶色和红色属禁忌色。菲律宾穆斯林的婚姻由父母做主，男方通过媒人向女方家庭提出求婚，并交付聘金；婚礼仪式由伊斯兰阿訇主持。土著人的婚俗多种多样。伊戈罗特人的婚约主要有两种方式：父母主婚和试婚。试婚时期如果不能生育，随时可以分开。巴交人允许多偶婚，多半由父母包办，经常是表兄弟姐妹之间通婚。矮黑人男子求婚，以弓箭射中女子在远处安置的竹筒为准，未射中者说明男子无力养活妻子，求婚就难以达成。

（二）节庆习俗

菲律宾是世界上节日最多的国家之一，全国各民族大大小小的节日有几百个，其中全国性的节日就有 20 多个。充满民族、宗教韵味的热闹节日庆典经常在各岛之间举行。菲律宾全国 90％以上的居民信仰天主教，不少节日与天主教有关，如复活节、万灵节、圣诞节、护城神节等。

新年除夕 12 月 31 日至 1 月 1 日。节日期间，菲律宾全国各地的城市街道上到处燃放烟火，洋溢着热闹欢乐的气氛。新年除夕与家人团聚是菲律宾的传统习俗。饭店里举行的新年舞会，有现场的乐队演奏。1 月份的第一个星期天，相当于我国的春节。市民汇集于各区教堂，满怀着虔诚和期望，参加新年的第一个弥撒。郊区的村民穿着华丽的衣服，戴上美丽的帽子，牵着孩子兴高采烈地在村中巡游。

黑面拿撒勒耶稣节 每年的 1 月 9 日举行，这天在首都马尼拉的奇亚波区举行盛大庆典，是纪念一尊安奉在奇亚波教堂、至今 2 千年历史的黑面拿撒勒神像。庆典最精彩的部分在接近中午时分进行，参加仪式的男士们赤着脚，争先恐后去抢抬这尊神像。

　　阿替、阿替汉、狂欢节　每年 1 月的第三个星期举行，地点在菲律宾阿克兰省卡利伯镇。在这个为荣耀耶稣圣婴、庆祝种族和平而举行的庆典上，大家穿着奇装异服，全身抹黑，在镇上舞蹈狂欢、击鼓作乐。

　　此外，还有一些本国特有的节日，如 6 月 12 日的独立节；4 月 9 日纪念第二次世界大战阵亡战士的巴丹日；11 月 1 日为先人扫墓的万圣节，也被华人称为亡人节。

　　（三）文学艺术

　　菲律宾有古老的文化，著名的叙事诗《阿丽古荣》，史诗《呼得呼得和阿里姆》《拉姆安格的生活》，民间故事《麻雀与小虾》《安哥传》《世界的起源》等，都是古代流传下来的优秀的口头文学作品。

　　（四）礼仪及禁忌

　　一般情况下，菲律宾人相见时行握手礼，如果很熟悉的人就随意一些，如招招手或拍拍肩。菲律宾人对长辈很尊敬，在家里晚辈每天早晨都要向长辈行吻手礼，或者把长辈的右手拿到自己的额头部位触碰一下，以示尊敬。

　　女友间亲吻、拥抱者较多。平时谈话或问候都要使用敬语。他们很尊重有知识的人，如果知道有教授、博士、律师、医生、法官之类的头衔时，就称其头衔。女士优先的风气很流行。菲律宾人热情好客，往往用茉莉花编成的花环来迎接客人。若参加完晚宴或其他社交集会活动后，客人应以礼品或感谢信的方式表达好意。

　　菲律宾人忌讳"13"和"星期五"；不喜欢红色和茶色，喜欢白色。平时谈论闲聊时，不要涉及政治和宗教，可以说一些家庭事务，如孩子教育问题等。不要触摸别人的头部和肩部；与人说话时，切忌把手放在臀部；也不要直视别人；看到有人大笑不要介意；站立时不要把双臂交叉在胸前；招呼人时，要手掌向下，手指上下摆动；不能窥视主人的卧室、厨房，去卫生间要征得主人的同意；忌左手用餐。

第五节　韩国的民俗

　　韩国位于亚洲东北部，人口 4 875 万，是大陆连接的由北向南伸展的半岛国家，南北长约 1 000 千米，东西最短距离 216 千米，面积 22 万平方千米。全国的 70%是山地和丘陵地带，南部海岸曲折多湾，分布着 3 400 个大小岛屿。韩国河川宽广，流速缓慢。重要的河流有汉江、锦江、洛东江等。

一、物质民俗

（一）建筑习俗

韩屋指的是按韩国传统建筑形式建造的房屋。韩屋的特点体现在兼顾地形和季节气候的分布和结构上。即所说的"背山临水"，通常韩屋建在后面有山，前面有水的地方，而且考虑到冬季寒冷夏季炎热，在房间里设置暖炕（温突）设施，在结构上采取宽敞过厅的形式，以便达到良好的通风效果。不同地区韩屋的结构也不同，寒冷的北方采取封闭式结构，而中部和温暖的南方采用非封闭式结构。韩屋还按阶层不同分为上流和中下阶层住宅。

上流阶层住宅的空间是由里屋、舍廊、走廊、其他附属屋等构成的。由于受儒教的影响，根据性别、年龄和身份不同，具体安排也不同。舍廊是成年男子就寝或用餐的地方，里屋是成年女子和小孩子们居住的地方（偶尔也是夫妻共用之处），下人们住的地方叫行廊，供奉祖先的是祠堂，还有宽敞的大厅。其中里屋设在最里面，可以限制女人们出门。孩子们小的时候都住在里屋，但长到 7 岁，男孩子则搬到舍廊，而女孩子继续留在里屋。上流社会的住宅用瓦作屋顶，因此也称为"瓦房"，带有明显的阶级性。

中下阶层住宅一般结构简单，由房间、过厅和厨房组成。最具代表性的是草房（用稻草铺屋顶），一些地方也用橡树厚皮或者石片、木片瓦铺屋顶。以风多而闻名的济州岛的草屋屋顶上，通常悬挂一些小石头。

（二）服饰民俗

韩国的传统服装为韩服，优雅而有品位。近代逐渐被洋服替代，只有在节日和有特殊意义的日子里才穿。女式韩服是短上衣搭配宽长的裙子，看上去优雅而又温柔。男式韩服则是裤子，搭配短上衣、背心或马甲，精神而又有品位。白色是韩服的基本色，随季节、身份的不同，材料和色彩不尽相同。在结婚等重大仪式中，普通平民也会穿戴华丽的韩服，佩戴鲜亮的首饰出席仪式。如今，实用性的生活韩服很受欢迎。朝鲜时代随着儒教地位的巩固，衣着上也随着发生变化，开始重视儒教礼节与穿着形式。朝鲜时代的大礼服属于祭礼服（又称冕服），是宗庙、社稷等祭礼或冬至等大节日里穿的衣服。节日当天，需戴冕冠，穿冕服，而王妃则穿最高级别的大礼服——翟衣。

（三）饮食民俗

韩国饮食风格介于中国和日本之间，主要特点为高蛋白、多蔬菜、喜清淡、忌油腻，味觉以凉、辣为主。韩国人自古以来把米饭当做主食。菜肴以炖煮和烤制为主，基本上不做炒菜。韩国人喜欢吃面条、牛肉、鸡肉和狗肉。不喜欢吃馒头、羊肉和鸭肉。

韩国人普遍爱吃凉拌菜，是把蔬菜直接切好或用开水焯过后，加上佐料拌成的。还有生拌鱼肉、鱼虾酱等菜肴。生拌鱼肉是把生肉、生鱼等切成片，加上佐料和切成丝的萝卜、梨等，再浇上加醋的酱或辣酱拌成。汤是用餐时必不可少的，通常用蔬菜、山菜、肉类、大酱、咸盐、味素等各种原料烹调而成。韩国人爱吃辣椒，家常菜里几乎全放辣椒。他们有一日四餐的饮食习惯，分别安排在早上、中午、傍晚、夜晚。韩国人就餐用勺和筷子，每个人都有自己的饭碗和汤碗，其他所有的菜摆在饭桌中间供大家享用。

二、非物质民俗

（一）文学艺术

1. 文学

韩国是个具有悠久历史和灿烂文化的国家，在文学艺术等方面都有自己的特色。韩国的美术主要包括绘画、书法、版画、工艺、装饰等，既继承了民族传统，又吸收了外国美术的特长。韩国的绘画分东洋画和西洋画，东洋画类似中国的国画，用笔、墨、纸、砚表现各种话题。此外还有各类华丽的风俗画。与中国、日本一样，书法在韩国是一种高雅的艺术形式。

2. 传统音乐和舞蹈

韩国现代音乐大致可分为"民族音乐"和"西洋音乐"两种。民族音乐又可分为"雅乐"和"民俗乐"两种。雅乐是韩国历代封建王朝在宫廷举行祭祀、宴会等各种仪式时由专业乐队演奏的音乐，通称"正乐"或"宫廷乐"。民俗乐中有杂歌、民谣、农乐等。乐器常用玄琴、伽耶琴、杖鼓、笛等。韩国的舞蹈以民族舞和宫廷舞为中心，多姿多彩。韩国舞蹈非常重视舞者肩膀、胳膊的韵律，道具有扇、花冠、鼓。韩国的戏剧起源于史前时期的宗教仪式，主要包括假面剧、木偶剧、曲艺、唱剧、话剧等五类。其中假面剧又称"假面舞"，为韩国文化象征，在韩国传统戏剧中占有极为重要的地位。

（二）婚丧习俗

韩国人的婚礼有独特之处，16、17世纪以前，还沿袭着"男归女家"的旧制。新郎要到新娘家举行婚礼，并在新娘家住到有了第一个孩子之后，方择吉日携妻归家，还要再举行一次婚礼。现在虽然没有这种习俗了，但其影响仍可见到，比如韩国人习惯上称娶亲为"入丈家"，丈家即丈人家。一般来说，在结婚活动中，女方花销较男方多。结婚的第一阶段仍在女方家里举行，称"新郎婚礼"，第二阶段在男方家里举行，叫"新娘婚礼"。结婚后的第三天，仍要去妻子家里一趟，可以说是"男归女家"的一种遗俗。

新郎婚礼是在新郎到新娘家迎亲时举行的，分为奠雁礼、交拜礼、房合礼、席宴礼等。席宴礼上的食俗内容较多，席上摆满糕饼、糖果、鸡鱼（海鱼）、肉、蛋等。新郎由宾相、邻居相引入席。席宴将结束时，给新郎上饭上汤，在大饭碗底放上三个去了皮的鸡蛋，新郎用饭时要吃鸡蛋，但不全吃，留一两个给新娘吃，以示体贴。仪式结束后，新娘即随新郎到男方家。行前，新娘要向父母长辈一一叩首告别。新娘到新郎家后，要举行新娘婚礼，也备有婚宴，菜肴更丰盛些。除备有各种美味外，还一定要摆上一只烧熟的昂首鸡，鸡嘴里面放一个大红辣椒。新郎新娘要分桌赴宴。宴席摆好后，要先请陪伴新娘前来的女方亲友过目，以示男方不亏待新娘。举行婚礼的当晚，是婚礼最热闹的时候，近亲与邻居要为新郎新娘举行联欢会，唱歌跳舞，直至深夜。

（三）节庆习俗

春节 即农历新年，农历正月初一，在韩国又叫"岁首"、"元日"，是韩国最盛大且最受重视的传统节日。这天韩国人都要以崭新的姿态进行各种有意义的活动，并谨言慎行，以求辟邪招福，吉祥地开始新的一年。这一天要全家人聚在一起，穿上新衣服，拜年、吃年饭、祭祖等。此外还进行富有韩国民族特色的民俗娱乐活动，主要有放风筝、玩花窗、荡秋千、跳板等。

元宵节 农历一月十五日，又称上元节。这一天韩国人为了坚固牙齿而嗑硬果。喝耳明酒的目的则是让自己不患耳病，听到的全是好消息。吃药饭是元宵节的重要习俗，所谓药饭即用糯米、栗子、松子、枣子、蜂蜜等掺在一起蒸成的"五谷饭"。娱乐活动也很丰富，比如为避免中暑的"卖暑"，以及"迎月"，即爬山迎接新年的第一轮圆月。由于韩国各地习俗不同，还有踏桥、掷骨等活动。

端午节 农历五月初五，端午节是韩国夏天最盛大的节日，又称端阳节、天中节。节日这天韩国人要采摘益母草和艾叶，并与米酒和在一起做成车轮形的绿糕，也叫车轮饼。端午祭是端午节的一项特殊活动，活动期间要跳假面舞，祈求上苍保佑。端午节的游戏还有摔跤、荡秋千、跳板等。

中秋节 韩国的中秋节又称秋夕或嘉俳节，农历八月十五，是人们在秋收之前庆丰收的日子，也是韩国仅次于春节的重要节日。中秋节当天，韩国人要团聚在一起，庆祝五谷丰收，并用当年出产的新谷和水果准备食物，还要祭祖或扫墓，晚上在月下进行赏月联欢活动。

　　独立运动纪念日　每年 3 月 1 日,是纪念在 1919 年 3 月 1 日为反抗日本殖民统治而开展的抗日独立运动的日子。

　　尊圣节　农历三月二十三日和九月十九日，是具有韩国特色的宗教节日。韩国人每年两次举行传统的儒家祭祀仪式，地点设在首尔的成均馆，拜祭孔子、孟子以及中韩古代的儒家先贤。

　　开天节　10 月 3 日，相传神话人物檀君于公元前 2333 年的这一天建立了朝鲜半岛上第一个王国——古朝鲜，开天节也是檀君建国的纪念日。

（四）礼仪及禁忌

　　韩国人用双手接礼物，但不会当着客人的面打开。不宜送外国香烟给韩国友人。酒是送韩国男人最好的礼品，但不能送给妇女。

　　在赠送韩国人礼品时应注意，韩国男性多喜欢名牌纺织品、领带、打火机、电动剃须刀等。女性喜欢化妆品、提包、手套、围巾等物品和厨房里用的调料。孩子则喜欢食品。如果送钱，应放在信封内。

　　韩国人禁忌颇多。逢年过节相互见面时，不能说不吉利的话，更不能生气、吵架。农历正月头三天不能倒垃圾、扫地，更不能杀鸡宰猪。婚期忌单日。渔民吃鱼不许翻面，因忌讳翻船。忌到别人家里剪指甲，否则两家死后结冤。吃饭时忌戴帽，否则终身受穷。睡觉时忌枕书，否则认为将学无所成。照相在韩国受到严格限制，军事设施、机场、水库、地铁、国立博物馆以及娱乐场所都禁止照相，禁止在空中和高层建筑上拍照。忌讳数字 4。

第六节　朝鲜的民俗

　　朝鲜民主主义人民共和国位于亚洲东部的朝鲜半岛北半部，面积 12.28 万平方千米，其中山地约占国土面积的 80%。朝鲜为单一民族，人口 2 405 万，通用朝鲜语。首都平壤地处大同江下游平原和丘陵的交接处，因有部分土地在平原上，故称平壤，即"平坦土壤"之意。

一、物质习俗

（一）饮食习俗

　　朝鲜族的饮食具有独特风格，制作方法多种多样。主食以大米为主，最具民族特色的是打糕和冷面。打糕是朝鲜族逢年过节、红白喜事、招待宾客的主食，就像汉族人吃饺子一样重要。朝鲜族冷面更是别具一格，朝鲜族有正月初四吃冷面的习俗，认为这一天吃了长长的冷面能"长命百岁"，故又称"长寿面"。朝鲜族喜欢吃狗肉，特别是三伏天喝狗肉汤已成习俗，他们烹调的狗肉和狗肉汤，独具风味，味道鲜美。辣白菜是朝鲜族喜欢食用的泡菜，其特点是色泽鲜艳、味道鲜美，白菜白、辣椒红、姜丝黄、大蒜丝微绿，看上去赏心悦目，深受人们喜爱。

（二）服饰习俗

朝鲜以素服为主要服饰，故有"白衣民族"之美称。不论男女长幼均以白色面料为主，制作各式各样的服装。朝鲜人的传统男装有裤子、袄、坎肩、长袍等；女装有长裙、袄、长袍等。妇女的裙子有紧身长裙和筒裙。女袄比男袄有曲线美，如领子稍呈圆形，襟和下摆呈弧形，衣料的色调与纹样华丽，是女装的特色。女袄短小紧身，裙子则肥而长，看起来很丰盈，是朝鲜女装的特点。如今，妇女多在节日和假日穿裙袄。

二、非物质民俗

（一）节庆习俗

朝鲜半岛的民族节庆活动深受中国文化的影响，如新年、元宵、清明、端午、中秋等在朝、韩两国均为传统节日。农历正月初一为新年，人们穿上民族节日盛装，举行蔡把（祭祖）、岁拜（晚辈向长辈拜礼，长辈赠礼钱）和歌舞娱乐活动，农村一直延续到正月十五。上元节，即元宵节，正月十五日早晨食种果（栗子、核桃、松子等）、饮明耳酒、吃五谷饭、陈茶饭等。寒食节，即清明节，为去世者扫墓、祭奠。端午节，农历五月五日又称重阳节、端阳节、天中节。祛邪，吃青篙（艾草）糕，进行打秋千、摔跤等娱乐活动。七夕节，农历七月七日，是传说中牛郎织女的相会日。中秋节，农历八月十五日，也叫秋夕节、嘉俳节，全国举行民族娱乐活动，并扫墓祭祖。此外，在朝鲜"五一"劳动节和国庆节也为重大节日。

（二）社交礼仪与禁忌

朝鲜民族十分注重礼节，长幼之间、上下级之间、同辈之间的用语有严格区别。尊敬长者、孝顺父母、尊重老师是全社会的风俗。上下班时必须互致问候。在隆重场合与贵宾见面时低头行礼。对师长和有身份的人，递接物品时要用双手并躬身。年轻人未经许可，不得在长者面前吸烟。韩、朝两国人很喜欢送礼物，聚会时一般送客人一些礼物，客人应备礼物以回赠。

第七节　日本的民俗

日本位于亚洲的东部，日本海和太平洋的中间，是中国的邻邦。领土由北海道、本州、四国、九州 4 个大岛及冲绳、伊豆等 3 900 多个小岛组成，通称日本列岛，呈弧形排列，全国陆地面积 37.78 万平方千米。日本是世界上罕见的多山之国，山地和丘陵约占全国总面积的 3/4。日本群岛位于环太平洋火山、地震带上，被称为"火山、地震之国"，每年可感觉到的地震达 1 500 多次。

日本的人口约 1.28 亿，有世界第一长寿国的称号。日本是世界上少有的单一民族国家，大和族占全国总人口的 99.3%。虽然北海道地区目前还有人口 2.5 万的阿依努族（古亚细亚人种之一），但已基本上失去了其特征和固有的文化。日本是单一语言国家，通用语言是日本语。日本有神道、佛教、基督教等多种宗教信仰。

一、物质民俗

（一）服饰习俗

在公开场合，日本人一般穿西服，以套装最为常见。最喜欢的民族服装是和服，又称"着物"，是仿照中国隋唐服饰改制而成。男式和服色彩庄重，背后饰有"家纹"，女式和服艳丽，腰带更宽，打结处好像一个小包袱。在婚礼、传统花道、茶道以及其他隆重的社交场合，和服是日本人公认的礼服。未婚女子穿宽袖外服和红领衬衣，已婚女子穿紧袖外服和素色衬衣。穿和服不戴首饰，不用纽扣，只用一条打结的腰带。夏季穿和服需穿木屐。葬礼用的和服通常分为正式丧服、准丧服和略式丧服三类，有男女之分，但均为黑色。

（二）饮食习俗

日本人的饮食主要有"日本料理"、"中国料理"和"西洋料理"三种。料理是日本人对饭菜的统称。日本料理是日本民族传统的饭菜，主食为米饭，副食多为海产。"日本料理"的种类很多，其中以刺身、烤鱼、寿司等最有代表性。寿司是以生鱼片、生虾、生鱼粉等为原料，配以精白米饭、醋、海鲜、辣根等，捏成饭团后食用的一种食物，种类多达数百种。"日本料理"总的风味特点是偏甜、清淡，多凉菜和生冷蔬菜。日本人喜食生鱼片，吃生鱼片要配辣根，以解腥味、杀菌。他们也喜欢吃酱汤、酱菜、紫菜和酸梅。日本人不吃肥肉和猪内脏。爱喝传统的日本清酒和中国绍兴黄酒，还喜欢品茶。每逢过节或过生日，多吃红豆饭，表示吉利。

（三）建筑习俗

日本式住宅建筑的特色首先是木质结构，其次是房间里垫得高高的榻榻米（草垫），适应当地的自然气候条件，利于抗震、防风、防潮。日本式房间的特点是不用床、不用椅子，地板或榻榻米起到床的作用，人们直接，或垫上坐垫坐在榻榻米上。住房面积用榻榻米表示，一张榻榻米约 2 平方米左右。

二、非物质文化习俗

（一）精神习俗

1. 日本人的"岛国意识"

"岛国意识"，即"生存意识"、"危机意识"，日本的国民有一种较强烈的生存危机感，从而表现出来较强的勤劳、节俭、努力、创新意识。这种意识会从生活中的方方面面表现出来。比如推崇樱花的气质，日本尊樱花为国花，不仅因其妩媚娇艳，更主要的是她经历短暂灿烂之后随即凋谢的"壮烈"。日本人认为人生短暂，活着就要像樱花一样只争朝夕。樱花气质代表男子汉的气概，被尊为日本精神。日本人这种生存意识、危机意识的形成跟其国情是分不开的，因为日本是一个地理小国、资源小国、人口大国、多灾之国。

2. 独特的大和文化

从文化价值观的角度，日本宣称自己是西方国家的一员；然而用欧美国家价值观衡量，日本又是一个极为特殊的国度。日本的文化特征主要体现在对传统文化的继承性、对外来文明的兼容性、对求道革新的独创性。正是这种所谓的"杂食文化"，使日本既包含着儒家思想内容，同时又散发着浓厚的欧美气息。日本遵循君臣父子的道德观，造就了含蓄深沉的民族性格。对多神共处的宗教极大包容，同时又受其岛国意识的影响，形成了争强好胜、博采众长、求道创新的文化神韵，这种文化完全是日本历史的产物。

（二）传统艺术

日本传统文化深受中国的影响，最有代表性的日本艺道有茶道、花道、书道，在日本这些艺术被视为一种培养情操的方式。此外还有传统艺术歌舞伎。

茶道　也叫茶汤（品茗会），是煮茶、品茶的艺术，是一种以茶会形式进行交际的礼仪。茶道分为朝茶（上午 7 时）、饭后（上午 8 时）、消昼（正午 12 时）、夜话（下午 6 时）。茶道一般在面积不大的称为"茶室"的房间中进行，用具、点茶、冲沏、递接、加水、品茗等都有一定的方式，讲究典雅、礼仪，使用工具精挑细选，品茶时配以甜点。

花道 又称插花、生花，是日本的一种室内装饰艺术，是随着佛教从中国传入日本的。古人在佛像前供奉人工制的"莲花"，称"供花"，"花道"就是从"供花"演变而来的。插花有一定的方式和规格，如花草的选择和搭配，花朵的大小、花茎的长短、枝的斜度、一蕾一叶都要经过精心设计，力求给人以新颖的美感，一般采用瓶插或盆插。

书道 即用毛笔写汉字。佛教传入之后，僧侣和佛教徒学中国人用毛笔抄录经书，故书法随之在日本盛行。日本人称书法为"书道"。目前日本书道联盟共有会员1.5万余人，都是具有相当造诣和影响的书法家。

歌舞伎 出现于16世纪末，是反映宫廷及武士生活的历史剧目。歌舞伎是日本民族传统的舞台艺术，"歌"代表音乐，"舞"代表舞蹈，伎则是技巧的意思。歌舞伎的最大特征是女性角色全部由男性演员扮演。押韵的台词、曼妙的舞蹈、华丽的服饰、多彩的化装、悦耳的音乐、精致的饰物，是歌舞伎的最大特色。东京银座的歌舞伎座最为著名。

（三）婚姻习俗

日本实行一夫一妻制，注重订婚仪式。依据宗教信仰的不同，分别在神社、佛堂、教堂举行结婚仪式。现在，日本盛行旅行结婚，很多新婚夫妇在旅行中度过难忘的蜜月。日本人大都是在婚礼后才办结婚手续，此后女方改用夫姓。在日本的家庭中，婚后丈夫把收入原封不动地交给妻子，然后由妻子按收入比例向丈夫发零用钱。丈夫从星期一到星期五，每天下班后都可以在外应酬，即使彻夜不归，妻子也少有怨言。

（四）节庆习俗

赏樱盛会 3月15日至4月15日是日本的樱花节。全国各地都举行传统的赏樱花活动，家家户户扶老携幼到公园等地方去赏樱花。人们聚在樱树下聊天、饮酒、唱歌、跳舞，热闹非凡。

元旦 1月1日，按照日本一般风俗，除夕前要大扫除，并在门口挂草绳，插上橘子（称"注连绳"），门前摆松、竹、梅（称门松，现已改用画片代替），取意吉利。除夕（12月31日）晚上全家团聚，吃过年面，半夜听除夕钟声守岁。元旦早上吃年糕汤（称杂煮）。

桃花节 3月3日，也称偶人节，是女孩子的节日。女孩子出生后第一个3月3日，父母为她买一套整齐精致的小偶人，模仿宫廷风俗把偶人和桃枝装饰在家里祭供。每年3月3日，女孩子都要把小偶人搬出来和自己共度佳节，直到出嫁时带走。

盂兰盆节 关东 7 月，关西 8 月。传说盂兰盆节时，祖先的灵魂要回家，因此供奉祭品于先祖灵位前，祝福亡灵。节日第一天，迎接祖先灵魂；节日最后一天，点火送灵魂。节日举行盂兰盆舞活动。

（五）礼仪与禁忌

日本人在社交场合一般行握手礼，以鞠躬礼为传统礼节；与人说话不要凝视对方；两人并排行走，自己主动走在靠车道一侧，以照顾对方安全。日本人初次见面对互换名片极为重视，初次相会不带名片，不仅失礼而且对方会认为你不好交往。互赠名片时，要先行鞠躬礼，并双手递接名片。接到对方名片后随手放入口袋被视为失礼，要认真看阅，用点头动作表示已清楚对方的身份。

日本人无论是访亲问友或是出席宴会都要带去礼品。中国人讲究送礼成双，日本人却对奇数颇有好感，尤其喜欢 3、5、7 这三个单数；忌讳数字 4、9，因为日语中的"4"与"死"同音，而"9"的发音与"苦"相近。礼品要选择适当，中国的文房四宝、名人字画、工艺品等最受欢迎。礼品的包装有好几层，再系上一条漂亮的缎带或纸绳。日本人认为，绳结之处有人的灵魂，标志着送礼人的诚意。接受礼品的人一般都要回赠礼品。日本人不当着客人的面打开礼品，主要是为了避免因礼品不合适而使客人感到窘迫。

日本人没有互相敬烟的习惯。招待客人吃饭时忌讳客人只吃一碗。忌把筷子放在碗碟上面或垂直插在米饭中。约会总是准时，很少误时。访问亲友的时间避免清晨、晚上 8 点以后及吃饭时间。

日本人不喜欢紫色，忌绿色，认为绿色为不祥的颜色。还忌讳梅花图案，认为梅花为不祥之花。不喜欢狐狸、獾及荷花，也不愿接受有菊花或菊花图案的礼物，因为那是皇室的标志。喜欢的图案是松、竹、鸭子、乌龟等。日本商人忌讳"2 月"、"8 月"，因为这是营业淡季。日本人忌讳头朝北睡，因为死人停尸时都是头朝北。日本人把不完整的印篆视为不吉利，因此向日本人赠送书画印章时，应特别小心。

第八节　越南的民俗

越南面积 32.96 万平方千米，人口 8 585 万，首都河内。有 54 个民族，京族占总人口的 89%，岱依族、傣族、芒族、华人、侬族人口均超过 50 万。主要语言为越南语。主要宗教有佛教、天主教、和好教与高台教。

一、物质民俗

（一）饮食习俗

越南的傣人特别喜欢食用鱼肉和各种血冻，如猪血冻、鸭血冻、牛血冻、鹿血冻等，并爱在血冻里加蒜头、辣椒、番石榴叶等佐料。酸笋汤、青蛙肉、酸肉、酸瓜、酸汁等也是他们不可缺少的食品。"鱼露"是越南人喜欢的一种佐餐调料。主要分生、熟两种：生鱼露是用盐先把鱼腌好，在缸中密封后，经阳光暴晒半年左右，取其汁液与炒米粉等一起调配而成；熟鱼露是将鱼加盐及各种调料一起捣烂后，经半年左右的日晒即成。

越南人爱用花生油或大油来烹制菜肴；特别喜欢用干蒜瓣炒牛肉；喜欢吃糖醋类和醋溜类菜肴。他们习惯将菜炒好后一起上桌再用餐。越南人喜食槟榔，将槟榔果切成片，与蒌叶和蚌壳粉一起放入口中嚼，但不能咽下去。据说嚼食槟榔果有驱虫、固齿、除湿、清热等功效。

（二）建筑民俗

历史上越南建筑受中国传统建筑和文化的影响很大，但随后也渐渐发展出属于越南的独特风格。史前时代，根据东山文化遗址出土的铜鼓上的图案，越南早期居民多生活在高脚屋中，现在越南仍存在类似的房舍。越南传统建筑的飞檐多数比较宽大，建筑的高度较为低矮，四面有窗，这些设计往往是为了更好地降温和通风，以适应越南本地湿热的气候。

越南的皇城大多模仿中国来建，但也有一些例外。如顺化的紫禁城，摆脱了传统东亚城市规划原则中严格南北走向的限制，而是沿着香江而建，皇宫朝向东南方，其皇城的边缘部分与河水没有截然分开，而是将河水与建筑界线的关系进行了模糊化的处理。另外，整个顺化皇城的体量比北京紫禁城小。从现今保存的越南古建筑来看，其多色彩和装饰性特点较为突出，对砖石的使用率比较高。

（三）服饰习俗

古代时越南的京族人穿各种套头的衣服和长裙。到了中世纪，平民穿褐色布衣，官吏穿蓝葛衣。到15世纪后，富者通常穿锦罗沙葛，参加祭扫和宴会时穿红袍；吏役穿褐色或黑色布衣；官吏穿青色衣；平民百姓穿褐色粗布衣。法国人进入越南后，平民的衣着开始有了较大变化，妇女穿结纽上衣和裤子。进入现代，越南城市的男子多穿西装，妇女穿花色窄袖长袍。长袍是越南女子的国服，上身束腰，突出身段，使女子显得婀娜多姿，下摆舒展，开衩至腰际，活动方便。特别讲究的是，越南妇女穿长袍时还穿一条黑色或白色的宽腿拖地长裤。越南妇女喜戴项链、手镯、戒指，多留披肩长发，或用发夹束于脑后。

二、非物质民俗

（一）婚丧习俗

在越南北部蛮族的一些部落中，结婚时有让旧情人先占"初夜"的"谢恩"婚俗。一个新娘在婚前，往往有旧的情郎，如果确定与一个人订婚，就要同其他情人断绝关系。按传统习俗，新婚之夜新娘并不住在新郎的洞房里，而是去找旧情人共枕最后一夜，以示"谢恩"。从此之后，与旧情郎断绝一切来往，完全忠于自己的丈夫，不会再有其他的不轨行为。

在越南北部山区居住的娄娄族，青年男女示爱的方式颇为特别，他们用线把竹筒穿起来做成扩音器，男孩子通过自制的扩音器向他爱慕的女孩传达信息，如果女孩同意他的求婚，他就准备迎娶这位姑娘了。过一段时间，男女双方私下计划，女孩先从自己的家里溜出来，让一群年轻的小伙子把姑娘"绑架"到男孩子家中。男方抢到姑娘以后，要杀猪设宴，庆祝抢亲成功。第二天通知新娘家里，第三天托媒人前往说亲。如果双方父母同意，就可举行婚礼，女方派两名代表到新郎家中，赠送一篮子黏米饭和一只煮熟的大公鸡。新郎和新娘都要到屋外迎接这两名代表，并一起吃他们送来的黏米饭和鸡肉。也有男女双方事前没有商量好的，如果女方被抢后不喜欢这位男子，就设法逃跑，逃跑成功，男子须向女方赔礼，还要送一些酒、一只鸡和钱物等，另外还得向女方的村寨加倍赠送食物和金钱。这在当地的婚俗中是允许的，不算违法。

在越南还存在许多奇特的婚俗。越南贡族的婚俗最主要的特点是先入赘，后娶亲。除了"抢婚"、"初夜"、"入赘"以外，还有"嚼槟榔"的婚俗习惯。当地人用蒌叶包一点砚灰放入嘴中与槟榔同嚼，使槟榔起化学反应，出现满嘴红色口液。嚼槟榔有先苦后甜的感觉，可刺激神经，提神醒脑，除积消肿，象征着血浓于水的情感，期望早生贵子。他们把槟榔当作信物，求婚时要送上一颗槟榔。

（二）节庆习俗

哈节　是越南京人独特的传统节日，其隆重程度仅次于春节，节日的活动内容以唱歌为主。过节日期各地不尽相同，有的在每年越历六月初十过节，有的在八月初十过节。京人聚居的村寨都建有哈亭，祀奉神像和各姓氏的祖先牌位。每逢哈节，男人们聚集于哈亭，祭祖、宴饮、观戏、角力，彻夜狂欢。

春节　在越历正月初一开始，这是越南民间最重要的节日。按照越南的传统习俗，从腊月二十三日的"送灶王节"开始，家家准备年货。春节期间人们换上节日盛装，男穿西服，女着长袍。过春节吃团圆饭，燃放烟花炮竹，祭祀祖宗，串亲访友，互相拜年。

端午节　是越历五月初五，又称正阳节。端午节有吃粽子的习俗，还有端午驱虫习俗。节日清晨，父母为子女准备糯米酒酿、黄姜糯米饭及桃、李、柠檬等几种酸味食品和水果。南方一些地区让子女吃西瓜、芒果，煮鸡蛋、饮椰汁；大人饮雄黄酒，并将雄黄涂在小孩的头、额、胸、脐处，意在驱邪。

（三）礼仪与禁忌

越南人在平时生活中，待客极热情，只要宾客临门，他们总要拿出最好的酒和美味佳肴来招待客人，客人吃得越多，主人越高兴。客人临别时，主人往往还要把自己的家乡特产送些给客人。他们自古有染齿的特殊民族风俗，习惯把洁白的牙齿染成黑色，并以黑齿为美，黑齿是评价女性貌美的重要标志。他们对红色厚爱，视红色为吉祥、喜庆色。越南人非常喜欢狗，认为狗忠实、可靠、勇敢。他们喜爱桃花，认为桃花鲜艳、美丽，是吉祥之花，桃花被称为国花。

越南人忌讳别人拍他的肩膀或用手指着他大声叫嚷，认为这是有失礼貌的举动；忌讳用脚指物，或把脚掌对着别人，认为这是属于污辱人的动作；忌讳随意触摸他人或其小孩的头部，认为被人摸过头会带来厄运。当村寨路口悬挂绿色树枝时，是禁入的标志。南部的高棉人忌用左手行礼、进食、递物和接物，因为他们视左手为肮脏和卑贱的。越南人进餐时，忌讳把筷子直立饭中，认为这会令人懊丧。他们忌讳在众人面前擤鼻涕、掏耳朵，认为这是不雅的举止；不喜欢吃豆芽、羊肉和甜点心，也不爱吃辣味菜和多刺的鱼。越南瑶族人忌食狗肉。占婆族人忌食猪肉和牛肉。

第九节　柬埔寨的民俗

柬埔寨的国土面积 18 万平方千米，人口 1 451 万，高棉族是主要民族，占总人口的 80%，华人、华侨约 60 万；少数民族有占族、普农族、老族、泰族、斯丁族等。高棉语为通用语言，与英语、法语同为官方语言。佛教为国教，全国 95% 以上的居民信奉佛教。占族信奉伊斯兰教。

一、物质民俗

（一）饮食习俗

柬埔寨人以大米为主食，喜食素菜，但逢年过节，他们的餐桌上也有鱼有肉，菜肴十分丰富。他们偏爱辣、甜、酸的味道，辣椒、葱、姜、大蒜是不可缺少的调料。柬埔寨人很欣赏我国的广东菜和云南菜，饮酒较普遍，水果也可用来下酒。他们饭后有漱口的习惯。

（二）服饰习俗

由于地处热带，柬埔寨人的服装很单薄。他们的民族便服是男子穿直领多扣上衣，天气热时则不穿上衣，只穿"纱笼"或"山朴"。"纱笼"是由印有各种美丽图案的布两边缝合，围系腰间，状似裙子。"山朴"是用长条布，不加缝合，从腰中往下缠绕至小腿，再从胯下穿过，在背后紧束于腰部，剩余部分伸出如鱼尾。妇女的便服上衣多为丝质圆领对襟短袖衫，下身也穿"纱笼"或"山朴"，通常她们在腰间还要缠一条图案优美的长布巾。

柬埔寨有一种古老有趣的风俗，用服装色彩表示日期，有"七彩星期"之说：星期一穿嫩黄色；星期二穿紫色；星期三穿绿色；星期四穿灰色或浅蓝色；星期五穿青色；星期六穿黑色；星期天穿红色。

二、非物质民俗

（一）婚丧习俗

柬埔寨地处热带，男女发育较早，一般女子 16 岁左右，男子 20 岁左右结婚。举行婚礼前，男女双方要打扮得漂漂亮亮，在双方父母和两个证婚人陪同下，到政府有关部门进行结婚登记，领取结婚证书。按照当地习俗，全部婚礼都是在女方家举行，婚后丈夫一般随妻定居，类似中国的招赘。传统的婚礼通常要举行三天：第一天为"入棚日"，即女方家搭盖新郎棚、迎宾棚和炊事棚，让新郎在婚礼前住进新郎棚；第二天为"正日"，包括祭祖仪式、理发仪式等；第三天为"拜堂日"，仪式通常由一位善择"良辰吉日"的老人主持。现在婚礼通常从简，城镇居民和知识分子家庭多采用现代婚礼形式，根据自己的意愿举行各式各样的婚礼。

柬埔寨人死后的葬法有天葬、水葬、火葬、土葬等，现在主要采用火葬。人死后，家人通常在房前插一两面鳄鱼旗，表明家中有人去世。送葬时亲友一律穿白孝服，火葬时间一般安排在晚上，火葬三天后，子孙取回骨灰盒放在家中供奉，或在寺院里建骨灰塔埋葬。

（二）节庆习俗

在柬埔寨，一年中的节日很多，有新年节、送水节、风筝节、斋僧节、雨季安居节等。其中的送水节是柬埔寨最盛大而隆重的传统节日，送水节是为庆祝雨季结束，河水消退而设。

新年　公历每年 4 月 14～16 日，柬埔寨以释迦牟尼的诞辰（佛历 5 月 13 日）为纪元。新年第一天守岁，第二天为辞岁，第三天为新岁。新年期间，全国各地的寺院都要挂起佛教的五色旗和鳄鱼旗。

御耕节　公历 5 月 11 日，是柬埔寨隆重的传统节日。仪式由政府农业部门主持，在特定的圣田举行，四周设有五个亭子，每个亭子里供一尊佛像。仪式十分隆重，模拟一年劳作的过程，国王和王后亲自驾临观看，文武官员和外国使节也身穿礼服参加。政府机关放假一天。

送水节　阴历 9 月月圆之日，公历 10 月 31 日至 11 月 2 日，在湄公河和洞里萨河两岸举行祭拜河水落潮的节日活动，历时三天。湄公河水在雨季上涨，灌溉农田并带来肥沃的淤泥；而到旱季水位下降，留下的是等待收获的稻米和鱼虾。人们就以送水节对带来恩惠的河水表示感谢和依依送别，并希望病魔和灾难随湄公河水一起流走。节日期间，在湄公河和洞里萨河进行龙舟比赛，晚上举行灯船游行和拜月仪式。

加顶节　佛历 10 月 28 日至 11 月 28 日，是柬埔寨佛教徒最隆重的节日之一，在僧侣们结束雨季斋期后举行一个月的加顶节活动。仪式由善男信女发起，他们负责把人们捐赠的物品，如袈裟、椅子、蚊帐、碗筷和食品赠送给寺院。

（三）礼仪及禁忌

柬埔寨人认为左手是不洁的，用左手拿东西或食物是不懂礼貌的表现。他们还认为头是人的神圣部位，因此别人不能触摸其头部，也不能随意抚摸小孩的头。在柬埔寨的一些舞蹈中，常用手势来表达特定的意思，如五指并拢伸直表示"胜利"；五指攥成拳头表示"不满"、"愤怒"；四指并拢，拇指弯向掌心，表示"惊奇"、"忧伤"。

柬埔寨人姓氏在前，名字在后。贵族与平民的姓名有所不同：贵族一般承继父姓，平民一般以父名为姓；贵族起名很有讲究，往往寓意深刻，平民的名字多数是随便叫起来的，没有什么含义。柬埔寨人通常不称呼姓，只称呼名，并在名字前加一个冠词，以示性别、长幼、尊卑之别。如"召"意为孙儿；"阿"意为小孩；"达"意为爷爷；"宁"意为姑娘；"洛克"意为先生等。合十礼是柬埔寨最常见的一种相见礼仪，行礼时要根据对象把握好掌尖的高度，如女子向父母、孙儿向祖父母、学生向教师，应将合十的掌尖举到眼眉；政府官员下级向上级行礼时，应举到口部；地位相等者行礼时，应举到鼻尖。在农村人们只行合十礼；在城市，现在也有行握手礼的。

第十节　中东地区和其他地区的民俗

一、中东地区风俗

"中东地区"或"中东"是指地中海东部与南部区域，从地中海东部到波斯湾的大片地区，"中东"在地理上是非洲与欧亚大陆的亚区。"中东"不属于正式的地理术语，一般说来包括巴林、埃及、伊朗、伊拉克、以色列、约旦、科威特、黎巴嫩、阿曼、卡塔尔、沙特、叙利亚、阿联酋和也门；巴勒斯坦、马格里布国家（阿尔及利亚、利比亚、摩洛哥、突尼斯）以及苏丹、毛里塔尼亚和索马里，由于其历史文化原因一般也被认为属于中东国家。土耳其和塞浦路斯尽管在地理上属于中东地区的一部分，但是他们自身认为属于欧洲。北边的阿富汗有时也与中东联系密切。这些国家大部分属于阿拉伯国家。本节着重描述阿拉伯国家的民俗。

（一）宗教信仰

该区域的多数国家以信仰伊斯兰教为主，但也有人信奉基督教与犹太教。该区域是世界三大宗教的发源地。基督教、回教及犹太教皆以耶路撒冷为圣城。回教先知穆罕默德的出生地麦加及辞世地麦地那也在此区。犹太人视巴勒斯坦为上帝应许之地，而基督教也起源于巴勒斯坦，后来才向希腊和罗马传教。

（二）服饰民俗

阿拉伯传统服饰属于伊斯兰服饰范畴，在伊斯兰服饰文化看来，凡是与伊斯兰服饰伦理学主要原则相悖的服饰艺术，不仅不美，而且非常丑恶，必须在道德上和法律上加以制止。伊斯兰服饰观倡导人们在穿戴上追求中正之美。对男子着装的要求是服装打扮尽量体现男人的气质、气概和风度，并要求完全遮掩肚脐至膝盖间的身体。女子严禁穿稀薄、透明的衣服，更不允许穿三点式服装或泳装，以免暴露肉体。穆斯林学者们解释说，伊斯兰教服饰的标准是遮住妇女的全身，不能显露或透视出身体的轮廓，只允许露出脸和手。因此妇女最恰当的服装是穿宽大的袍子，并且不准系腰带。妇女的着装打扮应当只为取悦自己的丈夫，禁止妇女穿男装。伊斯兰教崇尚洁净，主张男缠头、女戴盖头，以遮挡风沙尘土，保持身体洁净和保护皮肤。

（三）婚姻习俗

在阿联酋，新婚之夜，新郎必须从晚上 9 点到凌晨 1 点独自一人呆在新房里。深夜 1 点，新娘在母亲的陪同下进入洞房，新郎向岳母问安，岳母随即退出。大约早晨 5 点钟，岳母再次进入洞房，询问新婚第一夜是否和谐、满意，并将自己的女儿带走，直到上午 10 点钟，岳母把新娘再次交给新郎。据说这样可使小伙子体会到娶一个女子为妻的不容易。另外在阿联酋，结婚费用越来越高，结一次婚需要相当于人民币数十万，甚至上百万的巨额花费。这直接导致很多阿联酋小伙子选择外国姑娘做媳妇。据统计，已婚青年的妻子中，印度姑娘占了 45.8%；其次是埃及和其他阿拉伯国家的姑娘，占 38.9%，余下的 15.3%才是本国的姑娘。

苏丹人对婚礼非常讲究，举行婚礼的当天上午，新郎新娘在优美动听的乐曲声中从室内走出来，新娘要随着伴唱的歌声跳 24 段舞，据说为了准备这一天的舞蹈，新娘要从小就开始练习。新郎新娘跳完一曲舞，回到彩台上坐下，男女宾客轮流走上地毯，跳起"颈脖舞"，此外还要跳"迪斯科"，传统与现代相互交替，众宾客们通宵达旦，尽情歌舞，一直持续到次日黎明。庆典活动结束后，新娘在新郎的陪同下，到青尼罗河边，用河水洗脸，祈求吉祥如意。

按照伊拉克的传统习俗，在婚礼的前一天，亲朋四邻的姑娘和妇女都应在新娘开始化妆前来到新娘家里。化妆前，将一个银质或稻草做的大盘子端给新娘，盘子中央放着用香气浓郁的木料制成的小棒，盘子里还盛放着洁白的奶油，象征爱情的诚挚与纯真。第二天，婚礼在新娘家举行，婚礼和宴席结束后，新娘在新郎的陪同下，来到丈夫家拜见公婆。在新婚之夜，新郎一定要踩踏新娘的双足，以显示新郎的力量和勇敢。这既显示出男子的威力和尊严，也意味着男子在家中至高无上的地位。

在沙特这样一个伊斯兰教法执行严格的国家里，男女之间从恋爱到成婚都是一个传统的过程。沙特国内没有电影院，也没有 KTV。男女之间授受不亲，未婚男女不能自由交往，因此对于婚事，孩子们要绝对听从父母的指令。沙特的婚礼仪式，男女宾客要分开进行。

（四）礼仪及禁忌

在世界众多民族中，阿拉伯民族是一个大家庭，有三亿多人口，分布在西亚和北非广袤的大地上。尽管他们居住的地域不同，但是以阿拉伯语和伊斯兰教为主要特征的阿拉伯文化纽带把阿拉伯人紧紧地联系在一起。在此基础之上，阿拉伯民族礼尚往来、待人接物的风俗习惯也逐渐统一起来。

见面问候说不完　阿拉伯民族热情好客，即使与生人初次见面，也会主动跟对方打招呼。双方握手致意后，两人还会相互寒暄，问一些客套话。

感情深，脸贴脸　如果是两个老朋友相见，必须相互拥抱，再行贴面礼，才能显出热情来。行贴面礼时，一方用右手扶住对方的左肩，左手搂抱对方腰部，然后按照先左后右的顺序，贴面三次，即左—右—左。此外有少数阿拉伯人在见面时除握手以外，还会亲吻对方的鼻子和额头，因为信奉伊斯兰教的阿拉伯人在做礼拜的时候，额头和鼻子是最先着地的地方，吻这两个部位，表示尊重对方，同时期望对方吉祥如意。

握手规矩多　异性之间见面，一般只行握手礼。要特别注意的是，由于伊斯兰教的教义规定，男女之间授受不亲，因此男士不可以主动向女士伸手致意，一般是女士先伸手，男士方可握手，而且在握手的时候只握女士的指尖，点到即可。男女握手时，男士必须从座位上站起来，而女士不必。

称谓有讲究　阿拉伯人的名字一般由三或四部分组成，依次为本人名、父名、祖父名和家族名。平时熟人之间一般可以直呼本人名，比较正式的场合应称呼其全名。对有身份的人，习惯上用他所担任的职务来称呼。此外，先生、女士、老师、师傅、大叔、大婶等都是阿拉伯人在公共场合常用的称谓。

走亲访友寻常事　阿拉伯人喜欢在节假日走亲访友，互相拜访时很注重衣着和礼节，拜访者一般都事先预约并准时赴约，主人则会在家里准备好丰盛的饭菜恭候客人到来。按传统，异性之间一般不会互相登门拜访。

馈赠礼品有禁忌　阿拉伯人在对外交往中注重"礼尚往来"，互赠礼品被认为是一种友好的表示。一般来说，初次登门拜访时不必送礼品，这与中国和西方国家的习惯不同。如果大家已是熟识的朋友，拜访时可以适当准备一些礼物。馈赠阿拉伯人礼品时要注意不要送酒，不要送宗教人物、神话人物和统治者的塑像、画像，因伊斯兰教严禁偶像崇拜。阿拉伯人喜欢用金色的高级钢笔作为馈赠礼品，此外，非常喜欢中国的工艺品，如木雕、石雕、瓷器、檀香扇、国画、丝绸等。需要注意的是绝对不可单独向阿拉伯人的妻子赠送礼品，这样可能会引起男主人的不快；是给孩子送礼品，一般都会受到欢迎。另外，无论送礼还是受礼，都要用双手或右手，千万不要单用左手。

二、其他地区民俗

（一）印度民俗

印度共和国（The Republic of India）位于南亚次大陆，面积 298 万平方千米，人口 11.66 亿，首都新德里。印度是一个多民族的国家，有印度斯坦族、泰卢固族、孟加拉族、马拉地族、泰米尔族等 10 多个较大的民族，另有几十个较小的民族。印度各民族都有不同的语言，其中印度宪法承认的民族语言有 15 种，全国性的官方语言为印地语和英语两种。印度社会是个多宗教的社会，世界上各大宗教在印度都有其信徒。

1. 服饰习俗

印度妇女的服装则比较艳丽，主要有裙子、纱丽和紧身上衣。裙子各式各样，五颜六色，有些绣花，爽心悦目；有些镶上镜片，光彩照人。纱丽是印度妇女最钟爱的传统服装，不仅印度人喜欢，外国人也为之陶醉。在穿纱丽的时候，首先要穿紧身上衣，将双肩和胸脯紧紧包裹起来，而小臂和腰部完全裸露在外，下身要穿短裤或衬裙，然后将纱丽披在身上，一直到脚踝处。由于纱丽本身非常轻薄，容易透光，所以衬裙的颜色与纱丽要相配。印度妇女有个习惯，就是肚脐随便露，但大腿小腿则万万不能露。

除了纱丽之外，印度妇人还有一种衣服也比较普遍，上衣比较宽松，长至膝部，叫"古尔蒂"；下身则是紧身的裤子，名叫"瑟尔瓦"；再加一条纱巾往脖子上一围，长长地向后飘去。印度穆斯林妇女习惯头戴面纱，有些人甚至在吃饭和喝水时也不摘下来。

印度男子最为普通的服装是"托蒂"，"托蒂"其实是一块三四米长的白色布料，缠在腰间，下长至膝，有的下长达脚部。随着社会发展，男子的衣服也有改进，除"托蒂"外，上身加了一件肥大的衬衣，名为"古尔达"，天冷时，再加一件披肩。不过在城市里，男子服装已经趋于西化，西装是最普遍的男子服装。印度男子，特别是有身份的政府官员在正规场合，常穿一种很像"中山装"的上衣，也是紧紧的衣领，胸部有一兜，再别支钢笔。

印度男子平常大多身穿无领或圆领的长衫和宽松的陶迪（围裤），头上缠厚厚的头巾。长衫一般长不过膝，围裤垂至脚面以上，头巾长达几米。头巾的包法各式各样，多达十几种，从头巾的不同包法反应了各自的宗教信仰。头巾的颜色不一，有白色、红色等各种颜色，其中以拉贾斯坦人和锡克人的头巾最为艳丽。印度教徒缠头巾是一种传统，也是为了防止阳光直接照射，纯属个人行为，不愿意缠可以随时摘下来。而锡克教徒缠头是他们民族的特征，是必须遵循的教规，不能轻易摘下来，如果别人要他们摘下头巾，无疑是对锡克人的侮辱和挑衅。

2. 社交礼仪

印度待人接物的讲究相当多。"那摩斯戴"是印度人最常用的问候语，在见面和告别时，印度人总免不了说一句"那摩斯戴"，这是印地语，意即"您好"。

双手合十是伴随"那摩斯戴"的身体语言。一般是双手合十于胸前，或举手示意。两手空着时，则合十问候。若一手持物，则举右手施礼，切不可举左手。合十的高低也有讲究，对长者宜高，两手至少与前额相平；对晚辈宜低，可齐于胸口；对平辈宜平，双手位于胸口和下额之间。

拥抱是常见之礼，若久别重逢，或将远行，或有大事发生等，则要拥抱。拥抱时彼此将双手搭在肩上，先是把头偏向左边，胸膛紧贴一下，然后把头偏向右边，再把胸紧贴一下，有时彼此用手抚背并紧抱，以示特别亲热。

摸足是行大礼，在很重要的场合，对于特别尊敬的长者用额头触其脚，吻其足，或摸其足。现在多用的是摸足礼，即先屈身下蹲，伸手摸一下长者的脚，然后再用手摸一下自己的额头，以示头脚已碰。

献花环在印度是欢迎客人常见的礼节，主人要献上一个花环，戴到客人的脖子上。客人越高贵，所串的花环也越粗。点吉祥痣是印度人欢迎宾客的礼数，每逢喜庆节日，印度人爱用朱砂在前额两眉中间涂上一个圆点，他们认为吉祥痣可以驱邪避灾。有时印度人为了表示隆重欢迎，不仅向宾客献上花环，而且还给客人点上吉祥痣。在姑娘出嫁之前，父母要选吉日，请僧侣专门给姑娘点吉祥痣，祝愿她终身幸福。现在吉祥痣实际上也成为印度妇女日常打扮和美容的一个组成部分。

盘腿而坐是印度人常见的坐姿，这种习惯在城乡都很普遍。农民在田间休息或在家吃饭，都爱盘腿席地而坐。在老式的铺子里，工匠干活，伙计售货，都是盘腿而坐。民间的说唱艺人和琴鼓乐手演出时，也是盘腿而坐。

印度人访友时经常送礼物，一般礼物有糖果、鲜花以及主人可能会喜欢的东西。因为印度人爱吃甜食，所以送糖果的居多。糖果有的是从商店中购买的，有的是自家做的。印度人自家做的糖果又甜又腻，如果不习惯，很难受用。

3. 印度恒河

印度恒河最神圣的一段在瓦拉纳西（Varanasi）古城旁的河岸。无数印度教徒，千里迢迢来到瓦拉纳西，就为了浸身于河里沐浴。他们深信恒河圣水能洗脱一生犯下的罪孽与病痛，灵魂因此纯洁而升天。有些自知所剩时日不多的人便来这里等待死亡。也有死后家人将遗体运来此处火化，骨灰撒入河里，让灵魂修成正果，从此超生。

4. 宗教禁忌

印度有"牛的王国"之称，牛是当地最神圣不可侵犯的动物。在路上驾车时，千万注意不要撞到牛，更不要配戴牛制品进入庙宇，同时最好也尽量避免以牛为摄影对象。印度还有一项特别不同的习惯，回答对方问题时若将头歪一边或摇头，那是肯定的表示。信仰印度教的印度人实行种姓制度，打听当地人的种姓、阶级也是一件极不礼貌的事。左手被视为不洁，平时送茶、上菜、接物、递东西、到商店挑选商品等都不允许用左手，见面时更是禁忌用左手握手。印度人用餐通常不使用餐具而用右手抓饭吃。在北方人们用右手的指尖抓食物吃，把食物拿到第二指关节以上是不礼貌的。在南方人们用整个右手搅拌米饭和咖喱，并把它们揉成团状然后食用，用手进食时不能触及公共菜盘或为自己从中取食，喝水时不能用嘴唇接触盛水器，而要对准嘴往里倒。

（二）斯里兰卡民俗

斯里兰卡民主社会主义共和国面积 65 610 平方千米，人口 2 045 万。由僧伽罗族、泰米尔族、摩尔族和其他民族构成。僧伽罗语、泰米尔语同为官方语言和全国语言，上层社会通用英语。居民主要信奉佛教、印度教、基督教，伊斯兰教。首都科伦坡。

1. 节庆民俗

斯里兰卡是世界上节假日最多的国家，实行五天工作制，每周星期六和星期日休息。此外还有公共节日 4 个，宗教节日 21 个，商业节日 2 个，职工可休假 14 天，可请事假 7 天，病假 21 天，这样斯里兰卡人每年的非工作日在 150天以上。最主要的节日有僧伽罗新年、泰米尔新年、灯节、独立日、圣诞节等。

佛牙节　为斯里兰卡最隆重的佛教盛会。每年的七八月间在古城康提要举行长达 10 天的盛大活动。届时，盛放佛牙的小金塔由寺院养育的圣象驮着，在鼓乐声中漫步而行，其后跟随着上百只大象，沿途的朝拜者、围观者多如潮水。

普桑节　庆祝佛教传到斯里兰卡的节日。每年五六月间，康提都要举行长达 110 天的盛大活动。

2. 见面礼仪

斯里兰卡人保持着许多传统的礼节。相见或告别时，一般不握手，而双手合十，表示敬意、欢迎或欢送。接待客人时常为客人戴上花环。正式集会，则送上一叠蒌叶或几片槟榔，表示尊重。斯里兰卡举行典礼仪式通常不用剪彩，一般以点油灯表示庆贺。斯里兰卡人以摇头形式表示同意。结婚通常由女方出钱。乌鸦在斯里兰卡被视为崐神鸟和吉祥物，因而受到人们的敬仰和崇拜。

3. 服饰民俗

斯里兰卡男人穿长袖紧口短褂，下身着沙笼，一般为白色。妇女上身穿短袖紧身短褂，下身裹以彩色沙丽。男女一般均穿拖鞋，不穿袜子。斯里兰卡人喜欢大红色、白色、咖啡色、黄色、天蓝色、草绿色和崐黑色，而且还喜欢带有宗教和古代神话色彩的颜色和图案。

4. 婚姻习俗

僧伽罗人的婚俗，一般是先由男方请媒人去女方家中说亲，互换庚帖。如女方同意，由男方确定婚期。有条件的男女双方还要在这时互换戒指为信物。到了选定的返亲日，新郎走进屋时，由新娘的小弟为他洗足，或是在鞋上洒几滴水。新郎这时则应向为他洗足的内弟赠送一枚戒指，然后走过一段用白布铺成的地面，将带来的礼品放在白布上。随后新郎向新娘献花，一起登上"波鲁瓦"结婚礼台。礼台四角插四棵芭蕉树，摆放着各种喜庆的器物，来宾们站在四周，把新郎新娘围在中间，婚礼开始时，新郎庄重地把一块花布和一个鱼形发卡赠给新娘，新娘接到这两件东西后，先转一圈，然后把花布围在腰间，再把发卡戴在头上，这就意味着自己已经嫁人为妻了。随后由新娘的舅舅或新郎的叔叔用一根丝线把新郎新娘的大拇指缠在一起，打一个"同心结"，用火柴把丝线点燃后再从事先准备好的铜罐里舀出一碗清水将火浇熄，意味着这对新人心连着心，经历了水与火的考验，白头到老。线解开后，新郎新娘走下台，台下会有人摔破一颗椰子，椰汁四溅，象征着吉祥如意，幸福美满。

期里兰卡人婚姻讲究门当户对，主要按种姓择偶。农村婚姻往往由父母包办，但维达人是由姑娘自己决定，婚后也永久住在妻子家里，姑舅表婚较常见，禁止叔伯兄妹通婚，妻子死后，丈夫可以和小姨子（即妻妹）结婚。丈夫死后，妻子可以和大伯、小叔（即夫之兄弟）结婚。实行一夫一妻制。

（三）巴基斯坦民俗

巴基斯坦伊斯兰共和国人口 16 679 万。巴基斯坦是一个由旁遮普、信德、帕坦和俾路支等民族组成的多民族伊斯兰国家，95%以上的居民信奉伊斯兰教（国教），少数信奉基督教、印度教和锡克教等。乌尔都语为国语，英语为官方语言。主要民族语言有旁遮普语、信德语、普什图语和俾路支语等。首都伊斯兰堡。

巴基斯但人很注重礼节，彼此见面时必须相互问候。若久别重逢时，还常行拥抱礼，他们的拥抱礼很独特，双方通常要头靠左边拥抱一次，再靠右边拥抱一次，再靠左边一次，如此三遍，毫不马虎。对久别重逢的挚友、贵宾或亲人，他们通常还给对方戴上花环。花环有的由鲜花制作，香气扑鼻；有的全由金箔或银箔编成，挂在胸前，闪烁生辉。见面时多以握手为礼，但男子见了女子不能握手，除非女子主动伸手，方可相握，也不要在公共场所碰到女人身体。对巴基斯坦人要称呼姓，并加上对方的头衔。

巴基斯坦人禁止吃猪肉，他们喜欢牛肉、羊肉和鸡肉、鸭肉。一般不抽烟，不喝酒，不让女性见客人，吃饭时只邀请男客而不请其夫人。青年的婚事都由双方父母作主，而且在结婚前男女双方不能见面，甚至婚礼的宴席，也是男女分开的。而且男宾客和女宾客的入口各自分立，成为男宾客围着新郎，女宾客围着新娘的状态，因此男宾客看不到新娘，女宾客也见不到新郎。

在巴基斯坦，一般流行鲜明的色彩，其中翡翠绿最受喜爱，巴基斯坦国旗由翡翠绿色、白色构成，上面缀有五角星和新月。居民视黑色为消极；绿色、银色、金色及鲜艳的颜色倍受当地人的欢迎。

巴基斯坦人97％以上是穆斯林，肉食来源主要是牛、羊、鸡。但宰杀时必须按教法规定念"真主至大"，按规定宰杀。当地人吃饭时往往同时喝凉水，饮食、饮水最好在饭店里。水要煮开后才喝，当地的蔬菜、水果相当丰富。

【思考题】

1. 阐述亚洲代表性国家的饮食特点及其餐饮礼仪。
2. 列举亚洲代表性国家的主要禁忌。
3. 简述亚洲各国的主要婚姻习俗。
4. 简述亚洲各国的民居建筑特色。
5. 简述亚洲各国的宗教特点。

第七章　欧洲的民俗

【学习目标】
- ● 掌握欧洲语系各个语族的分类
- ● 了解欧洲语系各个语族各大国家的民俗

【知识要点】
- ● 英国、德国、荷兰、丹麦、瑞典、挪威、冰岛、卢森堡、奥地利、列支敦士登的民俗
- ● 法国、意大利、西班牙、葡萄牙、罗马尼亚的民俗
- ● 俄罗斯、保加利亚、波兰、捷克、斯洛伐克的民俗
- ● 拉脱维亚、立陶宛、芬兰、爱沙尼亚、匈牙利、马耳他、土耳其的民俗

　　欧洲是欧罗巴洲的简称。整个欧洲地势的平均高度为 330 米，地形以平原为主，南部耸立着一系列山脉，总称阿尔卑斯山系，其中勃朗峰海拔 4 807 米，勃朗峰在法国境内，为西欧第一高峰。欧洲是世界第六大洲，面积 1 016 万平方千米，共有 45 个国家和地区，约 7.28 亿人，约占世界总人口的 12.5%，是人口密度最大的一个洲。

第一节　使用欧洲语系日耳曼语族语言的国家的民俗

一、英国的民俗

　　英国全称大不列颠及北爱尔兰联合王国，由英格兰、北爱尔兰、威尔士、苏格兰四国组成，首都仍在英格兰首都伦敦，主体是英格兰，所以习惯上称英国。人口 6 138 万，面积 24.41 万平方千米。英国人口中白人占大多数，其他还有南亚人、黑人、混血人和东亚人及其他种族。官方语言为英语。

（一）物质民俗

英国人的穿衣模式受到世界众多人的推崇。英国人的衣着已向多样化、舒适化发展，比较流行的有便装夹克、牛仔服。英国人一般较喜爱的烹饪方式有烩、烧烤、煎和油炸。对肉类、海鲜、野味的烹调均有独特的方式。英国人喜欢狩猎，在一年一次的狩猎期间，有许多饭店或餐厅推出野味大餐，如野鹿、野兔、雉鸡、野山羊等。烹调野味时采用杜松子或浆果及酒，此做法是为了去除食物本身的膻腥味。

英国人对早餐非常讲究，英国餐馆中所供应的餐点种类繁多，有果汁、水果、蛋类、肉类、麦粥类、面包、果酱及咖啡等。晚餐对英国人来说也是日常生活中最重要的一部分，他们用餐时间通常较晚，而且都是边吃边喝边聊，以促进用餐人之间的情谊。苏格兰威士忌或琴酒都来源于英国。在英国当地，有许多爱好喝酒的人士，主要因为英国本身就是个产酒国家。

（二）非物质民俗

1. 婚丧习俗

英格兰人的婚俗丰富多彩，结婚或定婚戒指是许多民族的传统习俗。金戒指象征爱情的纯真，银戒指意味情感温柔。定婚戒指是金制的而不镶嵌任何宝石，结婚戒指应加装饰物，定婚、结婚戒指可戴在同一无名指上，也可以由结婚戒指取代定婚戒指。

英国人举行婚礼时，身穿白纱礼服、头披白纱巾的新娘挽住父亲的手臂，由女宾相伴，在婚礼进行曲中步入教堂。着礼服的新郎在男宾陪同下站在圣坛等待新娘。完婚后，新郎新娘从教堂里出来时，人们要向新人祝贺，向他们撒五彩缤纷的纸屑。撒纸屑的习俗起源于撒麦粒。麦粒象征着丰收和生活富裕，同时也祝贺新婚夫妇幸福长寿、子孙满堂。

英国人家中有人去世，往往在报上登一则启事，亲友见启事后前去参加葬礼，以表对死者的敬意和对其家属的问候。

2. 社交礼仪

在英国，人们在演说或别的场合伸出右手的食指和中指，手心向外构成 V 形手势，表示胜利。如有人打喷嚏，旁人就会说上帝保佑你，以示吉祥。当婴儿出生时，父母亲朋一般依婴儿的特征、父亲的职业为婴儿取名，有的母亲家庭显赫，就用母亲的姓作为婴儿的第二个名字。英国老人讲究独立，不喜欢别人称其老，走路时不需要搀扶。

3. 主要禁忌

英国人有排队的习惯，加塞是一种令人不齿的行为。英国人最不喜欢谈论男人的工资和女人的年龄，甚至家中的家具值多少钱，也不该问。在英国购物，最忌讳讨价还价，认为这是很丢面子的事情。英国人认为 13 和星期五是不吉利的，尤其忌讳 13 日与星期五相遇，这个时候，许多人宁愿呆在家里不出门。他们忌讳四人交叉式握手，还忌一次连点三支烟。

二、德国的民俗

德国全称德意志联邦共和国，总面积为 35.7 万平方千米，人口 8 211 万，主要宗教为基督教、新教、天主教。首都是柏林。

（一）物质民俗

1. 饮食习俗

德国菜朴实无华、经济实惠。其特点是食用生菜较多，如生牛肉拌生鸡蛋。很多菜都带酸味，如酸焖牛肉、酸味猪脚等。各种各样的香肠是当地特产。咸鲱鱼色拉、多种制法的土豆几乎每餐必吃，这也作为他们的部分粮食。同时德国菜还喜欢用啤酒作调味品，别具特色。除农村外，德国人的每日三餐多以晚餐为主。烹饪是以多种多样的肉肴和面包片为特征，用餐相当丰盛，富含脂肪，营养价值很高。

2. 服饰习俗

巴伐利亚地区的德国男人多戴一种有羽毛的小毡帽，身穿皮裤，挂着背带，脚穿长袜和翻毛皮鞋，上衣外套没有翻领，颜色多半是黑绿色。

传统的妇女衣着多以裙装为主，上衣敞领、束腰，袖子有长有短，领边、袖口还镶有花边，并以白色为主。裙子的样式类似围裙，以显示劳动妇女的气质，颜色有的鲜艳，有的素雅，还有的深沉庄重。裙边多用刺绣、挑花来点缀，腿部再配上以白色为主的长袜。传统的女装常常佩有帽子，帽子的样式多种多样，有的妇女用鲜花编成花环戴在头上，十分娇艳。

（二）非物质民俗

1. 婚姻习俗

德国的婚姻习俗多种多样，在杜道森林布里德格罗姆，老橡树充当起"月老"为青年男女联姻。在柏林西南的希乔贝克小镇，青年男女通过棋艺定终身。在德国波恩，小伙子向心爱的姑娘表达爱慕之情，通过赠送白桦树这一富有诗意的形式来实现。此外在德国，婚姻管理部门通过拍电影广告的形式帮助一些"待自闺中"的姑娘解决婚姻大事。

2. 丧葬习俗

（1）临终慰藉　在德国莱茵河地区，人在临终时，必须喝一口陈年老酒。

据说这种酒是圣酒，可唤醒死者亡灵，驱散围绕在病床前的招魂魔鬼，使临终者得到安宁。人在临终前，家人会将洗礼烛、圣餐烛、圣光烛、一支红色大蜡烛点燃，并把它们放在死者身旁，一是用烛光为亡灵祝福，二是为亡灵照亮通向天堂之路。

（2）葬礼　在信奉基督教的西方国家，葬礼一般都在教堂举行。尸体要用清水洗净，他们认为水有无限的神力，能净化人的躯体、心灵和灵魂，并能祛邪镇妖。人降临尘世要洗礼，离开尘世也要洗尸，洗刷尘世间的一切罪孽。在德国，葬礼多以土葬为主，亲朋目送灵柩安葬在事先指定好的墓穴中。应邀参加亲友家的葬礼，唯一可送的礼物就是鲜花。

3. 社交礼仪

（1）守纪律，讲整洁　德国人非常注重规则和纪律，干什么都十分认真。

（2）守时间，喜清静　德国人非常守时，应邀到别人家做客或是外出拜访朋友，都会按时到达。德国人多喜欢清静的生活，除特殊场合外，不大喜欢喧闹。

（3）待人诚恳，注重礼仪　多数情况下，德国人都比较干脆，凡是他们能办的，他们都会马上告诉你"可以办"。凡是办不到的，他们也会明确告诉你"不行"，很少摆架子，或者给人模棱两可的答复。德国人比较注重礼仪，朋友见面以握手为礼，告别时亦如此。十分要好的、长时间未见的朋友相见时可以相互拥抱。

送礼在德国也很受重视，应邀去别人家做客时，一般都带礼物。大部分人带束鲜花，也有一些男性客人带瓶葡萄酒，有的人带一本有意义的书或者画册等。

三、荷兰的民俗

荷兰全称荷兰王国，位于欧洲西北部，濒临北海，与德国、比利时接壤。国土面积 4.15 万平方千米，人口 1 651 万。该国以海堤、风车和宽容的社会风气而闻名，首都设在阿姆斯特丹，中央政府在海牙。

（一）物质民俗

荷兰被称为"郁金香之国"，郁金香给这个古老的临海王国披上了美丽的盛装。1562 年，土耳其商人把郁金香带到了荷兰，由于荷兰西部的圩田多是泥炭土，气候温和，特别适宜于郁金香的生长，这种色泽绚丽、种类繁多的花受到了普遍的热爱。荷兰有"风车之国"之称，大约在 15 世纪初，荷兰人便利用风车来排水。今天的荷兰大地仍保留着许多各式各样的风车，并被用来和郁金香一起点缀着园林和大地。

（二）非物质民俗

荷兰人在介绍自己的名字时通常介绍自己的姓，尤其在恰谈生意等正规场合下。荷兰人在朋友见面时有一种特殊的打招呼方式，即不分男女，相互在对方的脸颊上吻三次。与荷兰人交谈时要注意保持距离，不可靠得太近，更要避免身体接触。

荷兰人很守时，不喜欢探听别人的收入、政治观点和私人生活。送礼物时，礼物要用色彩鲜艳的包装纸包好。无论礼物多小多轻，外壳总是古朴典雅，或雍容华贵。得到礼物的人要在对方面前打开礼物，然后赞赏一番，以示谢意和尊重。去荷兰人家里做客时要预备好一些小礼物，一束美丽的鲜花、一盒可口的巧克力或是一瓶葡萄酒都会是受欢迎的礼物，不要送昂贵的礼物。

在荷兰人家中做客或与荷兰人交谈，打断对方的话会被视为不礼貌的行为。

四、丹麦的民俗

丹麦王国是斯堪的纳维亚组成国之一，位于欧洲北部日德兰半岛上及附近岛屿。国土面积 4.31 万平方千米，人口 552 万。由丹麦人和外国移民组成。官方语言为丹麦语，英语为通用语。大部分居民信奉基督教，极少数居民信奉罗马天主教。首都是哥本哈根。

（一）物质民俗

丹麦人心地善良、朴素、不急躁、沉着而亲切。他们喜欢读书，喜欢运动，自行车是丹麦人的主要交通工具，平均 2 人就有一辆。丹麦很多人通晓英语和德语。他们对面包感情极深，可以制出各式单层、双层和多层的面包 700 多种，其中以"安徒生"名字命名的面包深得人们偏爱。

一般欧洲人喜欢喝咖啡，但对丹麦人来说，花果茶是他们饮食生活中重要的部分，花果茶含有大量维生素 C，不但老人和儿童喜欢喝，妇女也将其视为一种不可或缺的美容养颜佳品。

（二）非物质民俗

在丹麦的一些地方，人们认为送给未婚妻刻满情诗的木制棒槌是吉利的，因为棒槌能带来好运和美满。筹办婚姻需要好几天，且是秘密进行的。

五、瑞典的民俗

瑞典王国位于北欧斯堪的纳维亚半岛东南部，面积约 45 万平方千米，人口 929 万，大部分居住在南部和中部。瑞典人约占 90%，还有芬兰人、萨米人。96% 的居民信奉基督教路德宗。通用瑞典语，首都为斯德哥尔摩。

（一）物质民俗

瑞典人以西餐为主，主食是面包和马铃薯，其中特别喜欢黑面包。一般人的早餐是夹果酱和奶油的面包、咖啡、红茶；午餐有面包、肉、蔬菜、马铃薯和色拉等；晚餐与早餐的食物相仿，只加一份汤。瑞典人也喜欢吃中餐，如各种凉菜、花生仁、红烧鱼等。瑞典人的的口味偏清淡，爱吃瘦肉和新鲜蔬菜，喜欢喝浓汤，其菜肴基本上以鱼为主。

（二）非物质民俗

瑞典人的日常生活中有许多传说，比如狩猎的传说中讲述了魔法如何把人变成野兽的故事。人们认为一大早看到野兔是会倒霉的，但如果碰到狼或熊则是一个好兆头，因为这预示着狩猎的顺利。关于孩子的出生，瑞典人也有一些古老的习俗。孩子出生后，这家的女人们必须抱着他，绕父母的壁炉转三圈，然后检查孩子的胎记。如果孩子身上带有膜状一样的东西，那就意味着守护神将会一直伴随其左右。

瑞典的乡村婚礼也很有趣，一般通过传统的形式来庆祝。新郎必须在谷仓正式向新娘求婚，因为嫁妆就放在这里。

六、挪威的民俗

挪威位于斯堪的纳维亚半岛西部，东与瑞典接壤，西邻大西洋，首都为奥斯陆。国土面积约 38.52 万平方千米，人口 483 万。日耳曼族挪威人占 95%，北部有萨米族约 2 万人。挪威王国意为"通往北方之路"，又称万岛之国。

（一）物质民俗

由于广大的国土有 1/3 位于北极圈内，因此挪威饮食离不开鱼类和水产品。首屈一指的是熏鲑鱼、新鲜鳕鱼、鲱鱼和虾。肉类有羔羊肉、小牛肉、牛肉，以及驼肉和驯鹿肉。挪威人最爱喝啤酒，葡萄酒和威士忌，但价钱很高。

（二）非物质民俗

挪威的风俗习惯很有奇特之处。在挪威最流行的是红色，女孩的大衣、儿童的滑雪衫或男人毡帽的镶边全是红色。挪威人非常喜欢握手，无论何时，当陌生人相会，总要握手及互道姓名。当遇见了不怎么熟的人，也得在招呼时和道别时握手。

挪威人有一种奇特的礼节，即人与人谈话时要保持固定的距离。认为谈话双方相距 1.2 米左右是最佳的合乎习惯的距离。

守时是挪威人的特殊习俗，不守时不但失礼，还视为不守信用。挪威忌讳"13"和星期五。室内不要戴帽子。不要惊吓河鸟，因河鸟是挪威的国鸟。

七、冰岛的民俗

冰岛共和国是北大西洋中的一个岛国，简称冰岛。面积10.3万平方千米，人口32万。首都雷克雅未克。冰岛意为"冰冻的陆地"，而实际上它却是绿草茵茵、地热丰富、渔业发达的富饶国家。得天独厚的自然条件使冰岛素有"四多"之奇，即火山多、温泉多、瀑布多、鱼类多。

（一）物质民俗

冰岛气候寒冷，而且许多地方气候无常，所以人们都喜欢穿大衣，戴口罩和围巾。会见外宾、参加舞会和宴会时，如果天气较为暖和，则身着传统的社交礼服或深色西装。妇女讲究着装和化妆艺术，喜欢穿名贵皮毛大衣，出入社交场合则要束发并戴头饰。冰岛人以面食、大米为主食，由于渔业资源丰富，各种鱼类经常成为餐桌上的佳肴。

（二）非物质民俗

冰岛人不管在什么场合，站着时总喜欢把腰杆挺直。在冰岛，如果叫人过来，一般是手心朝上打手势；如果表示再见，则以手心朝下打手势。他们对当众提裤子等行为很讨厌。与冰岛人见面时行握手礼，握手应大方，不可点头哈腰，也不要将一只手插进口袋。

冰岛人在商贸活动中注重时效，忌拖泥带水。在他们看来，失约就是失礼，是缺乏信誉的表现。递接名片时，可附带说一句请多关照之类的话。赠送礼品时，越是带有异国情调和特色的礼品便越受欢迎，不要拒绝回赠的礼品。

在冰岛，人们结婚时要先到教堂举行宗教色彩浓厚的婚礼仪式。婚礼由神职人员主持，气氛庄严神圣。新郎新娘挽手并肩，接受人们的祝福。婚礼在人们的欢呼声中结束。冰岛人对年长者逝世后的葬礼很重视，要举行隆重悼念仪式，有的要持续好几天。

在冰岛，对服务员支付小费是侮辱人的举止。冰岛人大部分信奉基督教，忌讳13和星期五，不在13日这一天举行重要活动，不能有13个人同桌共餐。

冰岛的男性地位远不如女性。冰岛八成妇女外出谋生自食其力，不靠男性供养。男子一般不随便参与妇女圈的讨论，同女子接触时，忌问女子的年龄，忌与她们开玩笑。

八、卢森堡的民俗

卢森堡全称卢森堡大公国，是现今欧洲大陆仅存的大公国，位于欧洲西北部，东邻德国，南毗法国，西部和北部与比利时接壤。卢森堡国土小、古堡多，又有"袖珍王国""千堡之国"之称。面积为 2 586 平方千米，人口 49 万，官方语言为德语、法语。首都为卢森堡市。

（一）物质民俗

卢森堡饮食文化中融合了法国的精致和德国的热情，色香味俱全，堪称世界一绝。卢森堡的居民喜食野味、猪肉和淡水鱼，大多数美食也都是以此为原料制作而成。熏猪肉配马铃薯和蚕豆奶油沙拉，是卢森堡的传统民族菜式；烤肋骨、肝肉团配德国泡菜、黑布丁、煮肚以及熟奶酪，是卢森堡最受欢迎的美食。日常饮料有咖啡、茶、啤酒、葡萄酒。莫塞尔河谷则出产好酒，是当地人最佳佐餐饮料。特色美食有乳猪、腌熏火腿、生火腿片、梅子塔。卢森堡的特色小吃有土豆蛋糕配苹果，及卢森堡传统的"咖啡与蛋糕"。

（二）非物质民俗

卢森堡人虽然传统，但并不守旧。他们喜欢握手，在见面时握手，离去时也要握手。卢森堡人对早餐有特殊的偏爱，边吃边聊；午餐通常又慢又长；而在晚餐时，假如客人对产自摩泽尔的卢森堡白葡萄酒加以赞赏，主人会感到心情愉悦。若主人邀请你去他家进晚餐，给女主人带去一束花或者一盒糖是应有的礼节。

九、奥地利的民俗

奥地利位于欧洲的中部，国土面积约 8.39 万平方千米，人口 836 万。奥地利共有维也纳、上奥地利、下奥地利、萨尔茨堡等 9 个联邦州。西部和南部是山区（阿尔卑斯山脉），北部和东北是平原和丘陵地带，47%的面积被森林所覆盖。首都是世界音乐之都维也纳。

（一）物质民俗

奥地利男子平时着装随便，喜欢穿羊皮短裤或马裤，正式场合穿西装。在山区，天气寒冷时，很多人穿着马裤和罗登尼料做的夹克。观看歌剧时着装特别端正，不穿便服和牛仔服之类的服装，而大都着高级礼服出入歌剧院。节庆时，男子爱穿白色礼服，女子多穿红色衣裙。

奥地利居民以面食为主食，面包、香肠等成为人们普遍喜爱的食品。奥地利酿酒业享有盛名，全国农业人口中近 1/5 的人从事酿酒业。招待客人一般在家里进行，若在餐馆宴请，菜肴很丰盛，并且非常讲究用餐环境和气氛。

奥地利像一个建筑博物馆，尤以巴洛克式建筑居多。这一风格在教堂、修道院和宫殿建筑方面得到突出的体现。其他建筑风格如哥特式、文艺复兴、"青年风格"在维也纳也有较好的体现。

（二）非物质民俗

奥地利人姓名的顺序是名在前姓在后，但在书写时却要颠倒过来，姓在前名在后，中间用逗号分开，通常情况下要称呼其姓，并将爵位职务等冠在姓名之前。相见时，一般行握手礼。说话时双方相距半米左右，声音不高。一些地区还保留着一种古老的寒暄方式：愿神降福于你。

奥地利一年中的法定工休日有 96 天，加上国庆、新年、各种风俗节日和宗教节日等，将近有一半时间在度假和欢度节日。最著名的有国庆节和维也纳新年音乐会。奥地利是一个天主教国家，人们结婚都要到教堂举行婚礼。

奥地利有举世闻名的乐团如维也纳爱乐乐团、萨尔茨堡莫扎特音乐学院乐团、维也纳交响乐团，著名的维也纳童声合唱团早已成为奥地利的音乐使者，并活跃在世界舞台上。维也纳有国家歌剧院、音乐厅，如著名的金色大厅、维也纳音乐厅。奥地利音乐学院和专科学校的音乐教育在世界上名列前茅。

十、列支敦士登的民俗

列支敦士登公国是欧洲中部的内陆小国，是一个以阿尔卑斯山美丽风光、避税天堂与高生活水平而著称的富裕小国。该国是唯一一个官方语言是德语但与德国没有交界的国家。国土面积为 160 平方千米，人口 35 万，居民信仰天主教。首都为瓦杜兹。

（一）物质民俗

列支敦士登人的外貌和生活习惯与邻国瑞士或奥地利蒂罗尔州的山民相差无几。男子着细毛呢帽、短上衣和紧身裤，妇女爱穿深皱格的连衣裙，戴一种很别致的帽子。

（二）非物质民俗

全国人口除了少数回教徒外，大都是罗马天主教的教徒。每逢礼拜日，国内就充满了欢乐的气氛，无论是农村、城镇或是山区的人们，都穿上整洁的衣服，很多妇女还要穿着传统的绣花服装。在前往教堂的路上，妇女和孩子们，沿途在有圣地、圣物或十字架的地方，奉上一束花。

典型的列支敦士登人是蓄着两大撇八字胡子的硕壮农夫，须子上面是满布皱纹的脸和蓝色的眼睛，口中含着一支曲柄的阿赛式烟斗。他们的乐趣是老式的娱乐，和家人及邻居聚集在一起，吃、喝、唱民谣。这里的人们都爱好音乐，几乎每一个乡村都有自己的社团，每周聚集一次唱民谣。

第二节 使用欧洲语系拉丁语族语言的国家的民俗

一、法国的民俗

法国位于欧洲西部，全称为法兰西共和国。现在是法兰西第五共和国，首都巴黎。国土面积为 55.16 万平方千米，人口数量为 6 462 万。边境有阿尔萨斯人、布列塔尼人、科西嘉人、巴斯克人、佛拉芒人等。通用法语。居民 81.4% 的人信奉天主教，6.89%的人信奉伊斯兰教，其他人信奉新教、犹太教、佛教等宗教。

（一）物质民俗

法国菜风靡世界，最名贵的菜是鹅肝。法国人喜欢吃蜗牛和青蛙腿，喜欢喝酒。法国菜的特点是鲜嫩。法国人也非常喜欢中国菜。法国一日三餐的安排：早餐有面包、咖啡、热巧克力；午餐是法国人最重要的一餐，一般在下午一点左右；晚餐在九点以后。法国人社交的正餐一般要持续两小时以上，开始先是开胃菜，然后是鱼或意大利面条，之后是主菜，主菜还附带许多生菜、沙拉、奶酪、水果，有时还有甜点心，餐后咖啡也必不可少。

法国时装在世界上享有盛誉，选料丰富、优异，设计大胆，制作技术高超，法国时装一直引导世界时装潮流。如今法国家庭对小动物十分宠爱，很多人耗费重金收买哺养。

（二）非物质民俗

法国是一个讲文明礼貌的国家，对妇女谦恭礼貌是法国人引以自豪的传统。法国人见面打招呼最常见的方式是握手，握手时间不应过长或使劲晃动。一般是女子向男子先伸手；年长者向年幼者先伸手；上级向下级先伸手。

法国是第一个公认以吻表示感情的国家，法国人的吻有严格的界限，在见到久别重逢的亲友、同事时贴脸或颊，长辈对小辈则是亲额头，只有在爱人和情侣之间，才亲嘴或接吻。在交际过程中，妇女很重视化妆和美容。法国人时间观念强，工作计划性强，奉行"女士第一"的原则。

法国居民大多信仰天主教。忌"13"和"星期五"，忌黄色和墨绿色，忌孔雀和仙鹤。视菊花、杜鹃花与核桃等为不祥之物。喜爱艺术和娱乐活动。每年11 月 1 日为圣灵节，相当于中国的清明节，法国人习惯在这一天去墓地祭奠，缅怀为国捐躯的先烈。圣喀德琳娜节是巴黎"大龄女青年"的节日。每年 11 月 25 日这一天,年满 25 岁而尚未婚配的姑娘们到喀德琳娜塑像前献一束鲜花,再到大时装店跳舞,饮酒狂欢,最后选出一位最美的姑娘作为节日的王后。

二、意大利的民俗

意大利位于欧洲南部,主要由靴子形的亚平宁半岛和两个位于地中海中的大岛西西里岛和萨丁岛组成。国土面积 30.13 万平方千米,人口为 5 983 万,主要信仰天主教。官方语言为意大利语,首都为罗马。

(一)物质民俗

在意大利进餐时,当地习俗是男女分开就座。进餐顺序一般是先上冷盘;接着是第一道,有面食、汤、米饭或其他主食;第二道有鱼、肉等;然后是甜食或水果、冰淇淋等;最后是咖啡。比萨和意大利面是意大利最出名的美食。意大利人喜欢喝酒,而且很讲究。一般在吃饭前喝开胃酒,席间视菜定酒,吃鱼时喝白葡萄酒,吃肉时用红葡萄酒,席间还可以喝啤酒、水等。饭后饮少量烈性酒,可加冰块。意大利人很少酗酒,席间也没有劝酒的习惯。

意大利人在正式社交场合一般是着西式服装。在婚礼上,新娘喜欢穿黄色的礼服。在一些节庆活动中,常举行规模盛大的化装游行,从小孩到老年人都穿各式各样的奇装异服。

(二)非物质民俗

意大利人用餐时很注意礼节,不能一次要太多食物而吃不下。在用餐过程中,不能把刀叉弄的叮当作响。在吃面条时,用叉子将面条卷起来往嘴里送,不可用嘴吸。尤其是在用汤时,不能发出响声。每道菜用完后,要把刀叉并排放在盘里,表示这道菜已用完,即使有剩的,服务员也会撤走盘子。意大利人热情好客,待人接物彬彬有礼。见面礼是握手或招手示意。和意大利人谈话要注意分寸,一般谈论工作、新闻、足球即可,不要谈论政治和美式橄榄球。意大利人忌讳交叉握手,忌讳数字"17"。应邀到朋友家做客时,特别是逢年过节,应给主人带点礼品或纪念品,礼品的包装要讲究。

在意大利人心目中,自由是最重要的。意大利人守时和集体观念相对差一些,参加宴会迟到 20 分钟左右都是十分正常的事情。意大利人的嫁娶需要经过订婚(交换订婚戒指)、结婚(分为民政和教堂婚礼)两道仪式,3 月、4 月是意大利青年选择结婚的高峰期。意大利人忌讳菊花。埋葬方式多为土葬,多葬在大型公墓内。意大利人完全以家庭为中心,祖母非常受人尊重。

三、西班牙的民俗

西班牙全称西班牙王国，是一个位于欧洲西南部的国家，境内多山，是欧洲高山国家之一。国土面积 50.59 万平方千米，人口数量 4 593 万，主要是卡斯蒂利亚人（即西班牙人），少数民族有加泰罗尼亚人、加里西亚人和巴斯克人。首都为马德里。96% 的居民信奉天主教。卡斯蒂利亚语（即西班牙语）是官方语言和全国通用语言。西班牙国名意为野兔、边疆、海洋。

（一）物质民俗

披风是西班牙女性的传统服饰，至今仍流行，西班牙妇女外出有戴耳环的习俗，否则会像没有穿衣服一般被人嘲笑。斗牛裤子是男士的传统行头。西班牙人的住房装修考究、宽敞而舒适。传统的西班牙烹饪中经常使用以橄榄油为主的植物油和以猪油为主的动物油脂，西班牙盛产土豆、番茄、辣椒、橄榄等，烹调方式汇集了西方各地菜肴的烹制方法，其菜肴品种繁多，口味独特。特色食品有西班牙的生火腿、西班牙海鲜烩饭等。

（二）非物质民俗

西班牙马斯克人习惯上认为星斯二是"吉日"，婚礼一般选在这一天举行。典礼要在教堂里按天主教教会规定的仪式进行。著名的西班牙斗牛是颇为盛行的一种竞技表演，它起源于古代的宗教活动。18 世纪中叶，西班牙各地开始兴建正式的斗牛场，每年春秋两季便是斗牛季节。西班牙当地妇女有"扇语"，如当妇女打开扇子，把脸的下部遮起来，意思是：我是爱你的，您喜欢我吗？若一会打开一会合上，则表示：我很想念你。

西班牙人的见面礼节一般采取握手、亲吻和拥抱三种方式。去西班牙人家做客要事先约定，如事先未打招呼就贸然到主人家或办公室是一种失礼行为。客人一般都带些礼品，一瓶葡萄酒、一盒点心或送一束鲜花都可以。西班牙人忌讳送大丽花和菊花，只有在葬礼上才送菊花。送的时间也有讲究，每月的 13 日一般都不送花，送花时也不送 13 支，因为"13"这个数字在西班牙人心中不吉利。

四、葡萄牙的民俗

葡萄牙全名葡萄牙共和国，是欧洲伊比利亚半岛上的一个国家，位于欧洲伊比利亚半岛西南部，国土面积约 9.22 万平方千米，首都里斯本。人口 1 071 万，其中葡萄牙人占 97%。葡萄牙语为官方语言。约 94% 的居民信奉天主教，2% 为新教徒。葡萄牙是欧洲古国之一。

（一）物质民俗

葡萄牙人热爱大自然的花草树木，喜弄花莳草。喝葡萄酒是葡萄牙人的一种嗜好。特别是波尔图酒，不论是成年人还是儿童，用餐时都要喝上几杯。每年圣诞节，葡萄牙人还要烤制曾得到王后伊沙白尔赞赏的半米长的面包分给大家。葡萄牙人爱看只供观赏的斗牛，爱唱宿命之歌。他们以面食为主，喜食面包，有时也吃米饭。爱吃牛肉、猪肉及水产品，常吃土豆、胡萝卜等，饮酒颇有讲究。当地所产酒的度数不高。

（二）非物质民俗

在葡萄牙，人们从元旦第一天的天气看一年的年景，认为刮南风，新的一年将风调雨顺；刮西风，是个捕鱼和挤奶的好年景；刮东风，水果丰收。在仲夏时节，6月20日前后葡萄牙各城市都要过"城市节"。

葡萄牙人比较讲究礼仪，与人交谈时，坐姿要端正，尤其是女子，入座时注意双腿并拢。他们不喜欢久久凝视别人，认为这样做是一种不良的表现。葡萄牙人相见时，男子习惯热情拥抱并互拍肩膀，女子在熟人相见时亲吻对方的脸。如有客人来访，他们总是早早地到门口迎接，客人离去时，总要亲自送到门口。葡萄牙人忌讳13和星期五。

斗牛是葡萄牙人十分喜爱的一种娱乐活动，每年元旦前后都要举行斗牛表演。与西班牙斗牛不同的是，当地骑马斗牛，而且并不将牛杀死，只是将牛刺伤，因此人们称这种斗牛为文明的斗牛。

五、罗马尼亚的民俗

罗马尼亚，东欧国家，国土面积23.84万平方千米，人口2 150万，大部分居民属于罗马尼亚族，少部分为匈牙利族、茨冈族和日耳曼族等。官方语言为罗马尼亚语，主要民族语言为匈牙利语。主要宗教有东正教，其他包括罗马天主教、新教、希腊天主教。首都是布加勒斯特。

（一）物质民俗

罗马尼亚的服装常通过浓重色彩对比和简洁的花边取得协调效果，款式多样。大部分地区的男子都喜欢穿白色的裤子，有的长及小腿，裤脚塞进黑色长筒鞋里，有的人穿凉鞋。一到冬天，不论男女都喜欢穿羊皮夹克。盐和面包是罗马尼亚人生活中必不可少的食物。客人到来，最隆重的礼节是由主人家的一位姑娘托着盘子向客人送上面包和盐。罗马尼亚人对早餐和晚餐要求比较简单，对午餐则非常重视，讲究质好量多。

（二）非物质民俗

在罗马尼亚农村和山区，婚礼前新娘要用加入牛奶的净水洗身，然后由女友帮助梳妆打扮。有些农村地区举行婚礼的时候，一对新人要走到新娘家往东方向的第三口水井旁，用一水罐从井里打三次水，新人与另外一对未婚男女一起用事先捆好的一把草蘸着水往人群里洒，以此给大家带来吉祥和喜庆，也给那些未婚的男女带来婚后幸福的好运。举行婚礼前，新郎新娘要砍下一些绿树枝，在山坡上建造一座"未来之门"，象征爱情。

十二月节、仲夏节是罗马尼亚传统的盛大节日。罗马尼亚人热情，交谈时喜欢直截了当，讨厌拐弯抹角。进门、上车都要让女士先行，下楼梯时男子则在前护卫。在社交场合，他们讲究公共卫生，忌讳在宾客面前挖耳、剔牙。罗马尼亚人姓名的排列是名在前，姓在后，与中国人正好相反。到罗马尼亚人家中做客，可带些礼品，以鲜花为最好，要送单数。13 是罗马尼亚人忌讳的数字。

第三节　使用欧洲语系南斯拉夫语族语言的国家的民俗

一、俄罗斯的民俗

俄罗斯地跨欧亚两洲，是个多民族的国家，国土面积 1 707.54 万平方千米，人口 1.42 亿。俄罗斯人口分布极不均匀，欧洲部分人口约占全国人口的 4/5。而广大东部地区人口密度每平方千米不足 1 人，共有民族 130 多个。其中俄罗斯人占 79%。主要少数民族有德意志、鞑靼、乌克兰、楚瓦什、巴什基尔、白俄罗斯、摩尔多瓦、乌德穆尔特、亚美尼亚、阿瓦尔、马里、哈萨克、奥塞梯、布里亚特、雅库特、卡巴尔达、犹太、科米、列兹根、库梅克、蒙古、印古什、图瓦等。俄语是俄罗斯联邦的官方语言。主要宗教为东正教，其次为伊斯兰教。首都是莫斯科。

（一）物质民俗

俄罗斯民族饮食习惯有以下特点：喜欢吃酸的食品；午餐多是冷盘；午餐、晚餐喜欢喝汤；喜欢喝烈性酒，而且一般酒量很大；喜欢喝红茶，在茶中加柠檬片和糖。主食大多数是以黑麦、小麦面粉制成的面包。黑面包是俄罗斯人喜爱的食物，并常用来作为待客的食品。副食主要是鱼、虾、羊肉、青菜和水果。但俄罗斯人不吃一些海鲜（乌贼、海蜇、海参）和木耳。吃西餐时，应左手持叉，右手持刀。面包通常用手拿，饮酒时用右手拿杯。

（二）非物质民俗

应邀到俄罗斯人家里做客时，进屋应先脱衣帽，向主人及其他人问好。俄罗斯人有"泡澡堂"的习惯。他们的澡堂是独特的蒸汽澡堂。澡堂里有炉子，上面放有烧热的石头，把水泼到石头上，立即出现蒸气，然后用由白桦树条编成的"小扫帚"拍打身体。让烟时，一般要递上烟盒让对方自取。特别应注意不要用一根火柴替三个人点烟。男人吸烟时，应先问问身边的妇女介不介意。

古老的俄罗斯婚俗很具有民族特色，但结婚仪式十分复杂隆重，其过程大致分为说媒、订婚、送嫁妆、婚礼、回娘家五个部分。按照东正教的习俗，在斋戒期间、某些宗教节日、星期二、星期四、星期六不举行婚礼。

俄罗斯小孩出生时被羊膜包着全身，预兆终生幸福。乔迁时先放一只猫进屋，日后生活必定顺意。姑娘试穿新衣时被针刺，预示她穿这件衣服时定会得到他人、特别是小伙子的喜欢。不能送别人手帕，因为送手帕预示着分离。忌在家里和公共场所吹口哨，口哨声会招鬼魂。俄罗斯人至今还有向左肩后吐三次唾沫消灾和不送他人尖利东西的习俗。

二、保加利亚的民俗

保加利亚共和国是欧洲东南部巴尔干半岛上的一个国家。国土面积 11.1 万平方千米，人口 759 万，保加利亚语属印欧语系中南斯拉夫语的一支，也是保加利亚的官方语言。约 84%的人口属保加利亚人，约 9%属土耳其人。88%的人口信奉保加利亚东正教，约 10%信奉伊斯兰教。首都为索菲亚。

（一）物质民俗

保加利亚人一般以午餐为主，早晚餐比较简单。他们喜欢辣味菜，早餐喜欢喝酸牛奶，晚餐爱喝红茶。他们迎宾的食品之一是"烤南瓜"，其制作方法是将南瓜去皮切成块放入烤箱烤熟，再撒上白糖和果仁。保加利亚人在饮食嗜好上有如下特点：注重实惠廉价，注重菜肴味美量大。主食为面食，面包和烤饼深受当地人喜爱，米饭也是调剂食品。喜食肉类、蔬菜和各类调料。对由烤、炸、烧、炒等烹调方法制作的菜肴偏爱。喜爱中国的粤菜、川菜、京菜。爱喝啤酒、矿泉水、咖啡、酸牛奶。保加利亚人一般在穿戴上不十分讲究，他们的原则是简朴实惠。经常穿着的服装是衬衫、短袖衫等，西服多在正规场合穿。各地区的民族服装有一定差别。

（二）非物质民俗

保加利亚人很注意自身的修养，在正式社交场合与客人相见时，一般都施握手礼。亲朋好友相见，一般施拥抱礼和亲吻礼。保加利亚女子对特别尊敬的男子，一般施屈膝礼，并同时伸手给对方，以便对方施吻手礼。

保加利亚人用餐时一般用活动的或一边固定在墙上的折叠桌。就餐座位有严格规定。靠火炉最里边的位置为上座，是家中长者的座位。长者旁是其妻子座位，然后才是儿子、儿媳的座位。

保加利亚人将结婚看做是人生的重大转折而予以高度重视，故其婚礼选定的吉日达五天之多，举办的仪式也名目繁多。从星期四到第二周的星期一，婚礼仪式一个接一个，极具风格。在农村，婚礼前一天，由一位腰扎三角巾的人到全村邀客，被邀者要对着酒壶吸一口酒。

保加利亚工商界人士在初次见面时，一般要互换名片。他们时间观念较强，约会准时到达。保加利亚居民忌讳 13 和星期五，认为不吉利。

三、波兰的民俗

波兰全称波兰共和国，是一个中欧国家，首都为华沙。国土面积 31.27 万平方千米，人口总数为 3 815 万，主要民族是波兰人，占总人口的 98%，其余为乌克兰、白俄罗斯、立陶宛、俄罗斯、德意志和犹太等少数民族。全国约 90%以上的居民信奉罗马天主教。官方语言为波兰语。

（一）物质民俗

波兰人的穿着打扮极有自己的特点，讲究与众不同。但正式场合要穿西服、套裙。波兰人的饮食习惯与其他东欧国家大致相似。平时以面食为主，爱吃烤、煮、烩的菜肴，口味较淡，爱喝咖啡和红茶。在饮用红茶时，波兰人大都爱加入一片柠檬，并且不喜欢茶水过浓。在饮食禁忌方面，波兰人主要不吃酸黄瓜和清蒸的菜肴，忌讳就餐者是单数。在吃整只鸡、鸭、鹅时，通常讲究由在座的最年轻的女主人亲手操刀将其分割开，然后逐一分到每位客人的食盘中。忌讳口中含着食物讲话。波兰人吃饭时先喝汤，特色菜有烤、煮猪肘子，圆白菜肉卷，苹果烤鸭和饺子等。波兰人很爱喝酒，特别是啤酒、伏特加。

（二）非物质民俗

在人际交往中，同外人打交道时，波兰人对称呼极其重视。在波兰最常用的见面礼有握手礼和拥抱礼。民间十分流行吻手礼。一般而言，吻手礼的行礼对象应为已婚妇女，行礼的最佳地点为室内。在行礼时，男士宜双手捧起女士的手在其指尖或手背上象征性地轻吻一下，吻出声响或吻到手腕之上，都是不合规范的。

波兰人普遍爱花，在所有鲜花之中，他们最喜欢三色堇，并将其定为国花。

给波兰人送花时，宜送由一种鲜花组成的单束花，不宜送双束花。波兰人最喜欢的动物是白鹰，被定为国鸟。波兰的公共设施，还被标以与众不同的标志。比如男卫生间的标志是倒三角形，女卫生间的标志则是一个圆圈。

波兰人大多数信奉天主教，忌讳 13 和星期五。他们忌讳打听个人的工资、年龄、宗教和社会地位等问题。波兰人由于受宗教的影响，养成了特别爱佩挂"十字架"的风格，如项链、胸徽等。

波兰人从外面回家，如果进屋就顺手把礼帽放在床上会被认为不吉利。波兰人家里的床一般不许别人坐，尤其是未婚女子的床更是不许人坐。

四、捷克的民俗

捷克共和国面积 7.89 万平方千米，人口 1 049 万，大部分为捷克族，还有斯洛伐克族、德意志族和少数波兰族，官方语言为捷克语，首都为布拉格。

（一）物质民俗

捷克人习惯吃西餐，也爱吃中国菜，尤其喜爱广东菜肴。在家里宴请客人时，客人需自带餐具赴宴。捷克居民每人每年要消耗 160 升啤酒，居世界前列。捷克人的饮食以猪肉为主，传统民族菜是烤猪肉、酸菜和馒头片。捷克餐口味偏咸，饭菜较油腻。捷克人在穿着上比较讲究，正式场合都是西装或长大衣，妇女爱穿具有传统风格的黑色或深红色裙子。应邀到捷克人家里做客，要带上礼物，如鲜花、葡萄酒、威士忌或法国白兰地。

（二）非物质民俗

每年新年开始，捷克都要举行迎接新生儿的传统仪式。元月 3 日选出新年里的第一批婴儿公民，选中的将得到衣服和摇篮车等奖品。当地人的婚礼在教堂举行，婚礼当天，新娘家门紧闭，等待由新郎及媒人率领的迎亲队伍前来迎娶。捷克人不但在与别人打交道时谈吐文雅、彬彬有礼，而且独处时也不随便，他们对举止轻浮的人非常讨厌。现代捷克人绝大多数只有一个姓和一个名，称呼时，一般叫先生、小姐，见面行握手礼。

捷克人受教育程度较高，音乐素养较好，有"每个捷克人都是乐师"的民谚。在对外交往中，讲究礼仪、穿着、身份对等。不随意打听别人隐私，尤其不能打听女性的年龄。捷克人不喜欢柳树、柳木制品和菊花。重视红白喜事，特别重视庆祝 50 岁生日。在捷克，不要在军事设施和机场拍照。多数人忌讳"13"这个数字。

五、斯洛伐克的民俗

斯洛伐克共和国简称斯洛伐克，国土面积 4.9 万平方千米，人口 542 万。主要民族为斯洛伐克族，此外有匈牙利人、茨冈人、捷克人等。官方语言为斯洛伐克语。居民主要信奉罗马天主教和斯洛伐克福音教。首都为布拉迪斯发。

（一）物质民俗

斯洛伐克人习惯吃西餐，对中餐也乐于品尝。他们对啤酒的嗜好非同一般。斯洛伐克人在饮食上有如下特点：菜肴要丰盛，菜品要量大质精；口味一般不喜欢太咸，爱甜、酸、微辣味道；主食为面食，喜欢中国的炸饺子、花卷和馒头；副食喜欢肉类、蔬菜和调料；对煎、炸、烤等烹调方法制作的菜肴偏爱；喜爱中国的粤菜；特别爱喝啤酒和蜜酒；喜欢咖啡、可可、桔子水、矿泉水、红茶饮料。

（二）非物质民俗

在斯洛伐克山区，青年订婚常常是在晚上，天黑之后，男青年在媒人带领下去女方家，与姑娘见面后姑娘就躲起来，然后小伙子对姑娘的母亲请求与姑娘见面。一旦女方母亲答应，小伙子就去找姑娘，找到后把她带出来，接着媒人向他们讲亚当夏娃以来的婚姻制度，订婚仪式就算完成了。

斯洛伐克人在正式场合与客人相见时，一般都惯行握手礼。男人之间相见施拥抱礼，女人之间惯施亲吻礼。他们忌讳交叉式握手和交叉式的谈话，认为这都是不礼貌的。他们对凝视自己的人很反感。斯洛伐克人视 13、星期五为不祥的数字和日期。

与女士交谈中，男士一般不主动问及对方年龄及婚姻状况。斯洛伐克人一般不邀请人到家里来做客，除非是较熟悉的朋友。斯洛伐克人没有把客人送出很远的习惯。宾客赴宴时自带餐具。在做客回来后打电话向主人再次道谢，是十分周到的行为。

第四节　使用欧洲语系波罗的海语族语言的国家的民俗

一、拉脱维亚的民俗

拉脱维亚共和国简称拉脱维亚，是一个位于东北欧的国家。国土面积 6.46

万平方千米，其中陆地面积 6.2 万平方千米，人口 227 万，民族有拉脱维亚族、俄罗斯族、白俄罗斯族、乌克兰族、波兰族等。居民主要信奉罗马天主教、基督教、俄罗斯东正教、旧教、浸礼教。官方语言为拉脱维亚语，属于印欧语系立陶宛语族，还有以拉丁字母为基础的文字。首都为里加。据最新统计，拉脱维亚是世界上最缺男人的国家。

（一）物质民俗

拉脱维亚的食品与北欧其他国家类似，油腻而且丰盛。民族主要食物为面食、豌豆、肉冻、酸奶汤、面包汤。特色菜有奶油大麦汤、牛奶鱼汤、夹着腊肉和洋葱的馅饼以及黑面包布丁。当地人很喜欢喝啤酒。拉脱维亚传统的民族服装中男子着衬衫、长裤、长外衣，扎腰带、戴呢帽。女子着绣花短袖白衬衫、方格或条纹裙子，系绣花围裙，扎头巾。已婚妇女戴亚麻布帽子，姑娘戴穿珠刺绣的花箍。饰物有银手镯、胸针。

（二）非物质民俗

拉脱维亚的主要传统节日中最古老且最有纪念意义的是仲夏节 （6 月 23 日的力果之夜和 6 月 24 日的亚力斯日）。节日期间有丰富多彩的传统庆祝活动。歌咏节是传统的民间佳节。此外还有成年节、海洋节、开春节、丰收节等。

该国不同宗教信仰的国民各自信守教规。在国际场合行握手礼，采用国际通用的称谓。如对某人特别尊敬时，习惯上赠送柞木叶子做成的桂冠。

二、立陶宛的民俗

立陶宛共和国简称立陶宛，面积 6.53 万平方千米，人口 334 万。立陶宛民族有立陶宛族、俄罗斯族、波兰族、白俄罗斯族，还有少量的乌克兰族、犹太族、拉脱维亚族和鞑靼族等。南部人口密度较大，城市人口占总人口的半数以上。主要宗教为天主教、东正教，其次是基督教新教、犹太教等。主要语言为立陶宛语和俄语，立陶宛语为官方语言。首都为维尔纽斯。

（一）物质民俗

立陶宛人的主要食物有面食、土豆、甜菜、白菜、猪肉、羊肉和奶制品等，火腿、香肠、熏猪肉是传统的肉制品。他们一般都喜欢烤制食品，也爱吃土豆或豌豆煮的稀饭和用土豆泥、奶渣及肉末做的甜饺子，猪肉熏肠也是常用食品。立陶宛人喜欢俄式西餐，用餐惯于使用刀、叉、匙餐具。他们对中国菜肴也很感兴趣，尤为喜欢熟透的风味菜肴。立陶宛的传统饮食文化是波罗的海三国之中保存得最完好的，美式、德国、匈牙利、法国，甚至唐餐一应俱全，食物十分清淡，用油极少，口味清新又健康。

（二）非物质民俗

立陶宛人社交习俗的特点是文雅持重。他们在社交场合很注重"女士优先"。他们喜爱清洁，从不随便在公共场所乱丢废弃物。喜爱红色，认为红色为喜庆、欢乐、胜利之色。立陶宛人在社交场合与客人相见时，一般惯以握手为礼，在与好友相见时，大多施拥抱礼，在与亲友相见时，还常施吻礼，吻额、吻面颊、吻手等都比较常见。

立陶宛人对在众人面前耳语的人很反感。在用餐时，忌讳餐具任意作响，也不喜欢他人在用餐时发出咀嚼食物的声音。忌讳询问他人的工资、年龄、宗教信仰等问题。忌讳用一根火柴为三人点烟，认为这样会给人带来厄运。认为13 和星期五是不吉利的数字和日期。

第五节　使用芬兰—乌戈尔语系语言的国家的民俗

一、芬兰的民俗

芬兰位于欧洲北部，有岛屿 17.9 万个、湖泊 18.8 万个，有"千湖之国"之称。国土面积 33.81 万平方千米，人口 534 万。芬兰有两种官方语言，芬兰语和瑞典语。少数民族包括萨米人、俄罗斯人、犹太人等。大多数芬兰人信奉基督教路德宗，少数则信奉东正教。首都为赫尔辛基。

（一）物质民俗

在芬兰，受海洋的影响气候多风且变化无常，风衣和雨具都是必备品。室内温度一般在 20℃左右，因此衣服不宜穿得过多，应带些外套。平常芬兰人的衣着很朴素、随便，只有在商务会谈、高级餐厅或正式的社交场合才穿西装戴领带或穿长裙、礼服、高跟鞋。

（二）非物质民俗

依拉普兰人的结婚礼仪，一般在 1 月交换婚约，在次年的 1 月结婚，结婚典礼之后，举办喜宴款待客人。赴宴者视自己的能力赠送新郎新娘金钱或驯鹿。新娘聘金由驯鹿代替。婚礼当日，新郎新娘交换结婚戒指。婚后凡值得纪念的日子，丈夫都要给妻子送戒指。

据历史传说，芬兰是最早迎接圣诞老人安居的故乡。芬兰与前苏联于 1927 年确定以拉毕省"耳朵山"为两国通往北冰洋的国界线。芬兰的儿童故事大王玛尔库斯从中获得灵感，他在电台讲故事时说，圣诞老人和 2 万头驯鹿一起住在这座"耳朵山"上，正是有"耳"，圣诞老人才能在北极听到世界上所有孩子的心声。他这种颇有感染力的浪漫推理获得了世人认可，从此故事中的"耳朵山"就成了圣诞老人的故乡。

芬兰人特别友善和诚实，并有一点害羞。桑拿在芬兰是最普遍的家庭设施，据传已有 2 000 多年的历史，每户人家造屋时必考虑蒸汽浴室。

二、爱沙尼亚的民俗

爱沙尼亚位于波罗的海东海岸，国土面积 4.52 万平方千米，海岸线长 3 794 千米。人口 134 万。爱沙尼亚人属芬兰乌戈尔民族。全国中爱沙尼亚人占 67.9%，俄罗斯人占 25.6%，其余为乌克兰族人和白俄罗斯族人等。居民多信奉基督教路德教派。爱沙尼亚语为官方语言。首都为塔林。

（一）物质民俗

爱沙尼亚妇女过节时穿花条裙子和绣花翻领衬衫，外罩色彩鲜艳的背心、围巾和围裙，爱戴圆形银制胸针。爱沙尼亚人通常食用肉、奶制品、面食、蔬菜等，爱喝自制啤酒，猪肉、土豆比较普遍。俄罗斯风味的菜肴在爱沙尼亚随处可见，最常见的是俄罗斯的黑面包。由于地处北欧，所以蔬菜、水果的种类不是十分丰富，一般只能在超市看到几种普通的蔬菜，如圆白菜、洋葱、土豆、胡萝卜。其他配料，如大蒜、姜等价格都比较高。水果更是稀少，价格非常高。

（二）非物质民俗

爱沙尼亚人在国际场合行握手礼，采用国际通用的称谓。仲夏节（St John's Day）是庆祝一年之中最长的白昼的节日，至今已有上千年历史，具有广泛的群众性。节日这天，整个爱沙尼亚到处可以见到升起的营火，人们唱歌、跳舞，不间断的活动将持续一整夜。

三、匈牙利的民俗

匈牙利共和国简称匈牙利，位于欧洲中部。国土面积 9.3 万平方千米，人口 1 002 万，主要民族为马扎尔族即匈牙利族，其他有日耳曼族、斯洛伐克族、罗马尼亚族、塞尔维亚族、德意志和吉卜赛族等。首都为布达佩斯。

（一）物质民俗

匈牙利人以面食为主，喜欢吃猪肉、牛肉等，喜食白菜、洋葱等蔬菜。匈牙利人不吃奇形怪状的食物，认为吃了这些东西，吉祥就会像鱼一样溜走。匈牙利盛产用水果酿造的各种白酒，著名的有杏子酒和李子酒。

在正式社交场合，匈牙利人着装很注意整洁，男子多穿保守式样的西服，也有的穿双排扣西服；女子则多是裙子配上衣，也有的穿款式新颖的连衣裙。平时人们穿着较为随便，对衣服的颜色和衣料质量也不很讲究。

（二）非物质民俗

匈牙利人的婚礼，现在通常有两种形式：一种是在教堂里由神父主持；另一种是在家庭中举行。匈牙利民间婚俗有求婚、定亲、迎娶三个阶段。求婚者登门求婚，往往要等好长时间，才能得到待嫁姑娘明确的答复。被求婚者如把求婚者的大衣扔到房檐下是表示拒婚。定亲双方由一位女性亲戚陪同到神父那里登记，此后一连三个星期日都要由神父当众宣布双方已订婚的消息。迎娶的当天，新郎到新娘家要通过道道难关。尽管证婚人和陪同的宾客一再央求，新娘家人也绝不轻易交出新娘，而是一再让别人冒充顶替，最后才送出真正的新娘。举行结婚仪式时，新娘要设法踩一下新郎的脚，以示婚后她在夫家可占"统治"地位。

匈牙利人的民间节庆活动很多，如圣诞节、复活节等。复活节有泼水的传统习俗。小伙子追逐姑娘，追上以后就把姑娘推到井边，汲水泼之。姑娘则回赠彩蛋。现在，泼水已演变为喷香水。匈牙利人注重守时，也希望别人同他们一样守时。若第一次拜访，礼貌上宜送女主人花，所有约会必须事先安排。匈牙利人根据死者的年龄选用不同颜色的棺材。认为打破了玻璃和镜子将有倒霉的事发生。将大蒜头放于产妇的床边，被匈牙利人视为母子平安的象征，不能把切割用的工具当礼物送人，因为它意味着切断情意。不能用手指着别人的脸部，避免做出伸懒腰等不礼貌动作。匈牙利人的姓名排列与我国汉族人名相似，称呼匈牙利人时，只称姓不称名。社交场合与客人相见时，一般是以握手为礼，妇女则通常行屈膝礼。匈牙利人忌数字 13 和星期五。

第六节　其他国家的民俗

一、马耳他的民俗

马耳他是位于地中海中部的岛国，有"地中海心脏"之称，面积为 316 平方千米，人口 40.6 万（2006 年），主要是马耳他人，占总人口的 90%，其余为阿拉伯人、意大利人、英国人等。马耳他语和英语为官方语言。天主教为国教，信奉人数占全国人口的 98%，少数人信奉基督教新教和希腊东正教。首都是瓦莱塔。

（一）物质民俗

马耳他家庭经常制作意大利通心粉，比萨也是生活中的重要饮食组成部分。鱼和肉在马耳他人的生活中是必不可少的。但马耳他渔业的发展受意大利和北非的限制，所以鱼很贵，甚至还要从意大利进口一些鱼产品。肉类的品种很多，可以吃到新西兰很嫩的小羊腿。

马耳他人用鲜花做成的菜肴很受世界各地人民青睐，有许多人在酒和饮料中放入鲜花，使饮品独具芬芳。烹饪的鲜花汤名扬四方，有梨花、凤尾花与草莓混合做成的"三色汤"，还有将葫芦花切碎制作的"碎花汤"等不胜枚举，为这个风光美丽的岛国增添了别样风情。

（二）非物质民俗

马耳他许多公共汽车上都有小神像，老年乘客在汽车启动时或经过教堂大门时会在胸前画十字，表示"我们信仰上帝"。为了迷惑鬼魂，一些教堂的顶部装有两只钟，一只是真的，另一只是风水筒，魔鬼弄不清楚就不能吸亡灵。但很少有教堂能造得起两只钟。

马耳他人家有婚庆喜事时，会在大门上钉上一枚白色蝴蝶花结；反之，有丧事的人家，大门口一定放一碟盐或一杯水，为了亡灵回家后不会口渴，食物也不会因没有盐而无味。为了驱邪，马车上往往系上红丝带或羽毛。

孩子出生一周岁时，家庭便举行聚会，家人们把许多小物品放在一个盘子里，给男孩和女孩的物品略有区别。盘子里一般放的是顶针、钢笔、念珠、鸡蛋和一些钱币。把盘子放在周岁孩子面前由他挑选，预示着他将来会当裁缝、官吏、牧师、农夫、银行家等。

二、土耳其的民俗

土耳其共和国是一个横跨欧亚两洲的国家，面积 78.36 万平方千米，人口7 152 万，土耳其人占总人口的 80%以上，其余为库尔德人、阿拉伯人、亚美尼亚人等。居民中 99%信奉伊斯兰教，大多数属逊尼派。土耳其语为官方语言。首都是安卡拉。

（一）物质民俗

土耳其人的烹饪技术非常有名，他们特别爱吃羊肉，尤以羊脑髓为最珍贵，认为羊脑髓是上等的补品。在土耳其人的心目中，"转烤羊肉"是极受欢迎的，他们乐于边转烤羊肉，边从外围削下些肉片，铺在大饼上吃，认为这样削下来的肉嫩、酥、香味美。他们对茄子倍加偏爱，因此烹制茄子的菜肴品种多达几百种，很喜欢吃大米，不过不是用大米作主食，而是和羊肉汤一起当菜吃，即羊肉大米汤。

（二）非物质民俗

在土耳其，人们保留着一种古老的传统习俗，他们普遍对大蒜怀有特殊的感情，因此人们都愿意在自家门口挂上几瓣蒜，用来逢凶化吉。他们特别喜爱花，尤其是郁金香花更受青睐。他们偏爱绿色、白色和绯红色。

土耳其人在社交场合与客人见面时，一般首先互致问候，然后再施握手礼，同时祝愿客人身体健康。在同亲朋好友相见时，也有的施亲吻礼。土耳其人为亲友宾朋送别时，一般多施鞠躬礼。进入清真寺之前，要脱鞋。

土耳其人忌讳用左手传递东西或食物。认为左手是肮脏的，使用左手传递东西或食物是对人极大的不敬，并有污辱人的嫌疑。

土耳其是穆斯林国家，伊斯兰教允许一夫多妻制。凯末尔革命后，法律禁止一夫多妻制。现在是一夫多妻与一夫一妻并存。对正式的、非宗教的结婚仪式不重视，而由阿訇主持的穆斯林仪式婚礼则相当隆重。

【思考题】

1. 简述英国、德国、荷兰、丹麦、瑞典、挪威、冰岛、卢森堡、奥地利、列支敦士登的民俗。

2. 简述法国、意大利、西班牙、葡萄牙、罗马尼亚的民俗。

3. 简述俄罗斯、保加利亚、波兰、捷克、斯洛伐克的民俗。

4. 简述拉脱维亚、立陶宛、芬兰、爱沙尼亚、匈牙利、马耳他、土耳其的民俗。

第八章 非洲的民俗

【学习目标】
- 掌握埃及、南非、埃塞俄比亚、坦桑尼亚的民族民俗
- 了解津巴布韦、塞舌尔、毛里求斯、赞比亚、肯尼亚的民族民俗
- 了解北非、南非、中非、东非、西非地区的特色民俗

【知识要点】
- 埃及、南非、埃塞俄比亚、坦桑尼亚的民族民俗
- 津巴布韦、塞舌尔、毛里求斯、赞比亚、肯尼亚的民族民俗
- 北非、南非、中非、东非、西非地区的特色民俗

非洲的全称是阿非利加洲，意思是阳光灼热的地方。总面积约 3 020 万平方千米，为世界第二大洲。居民约 10 亿（2009 年），占世界总人口的 15%。居民主要为黑种人（尼格罗—澳大利亚人种）和白种人（欧罗巴人种）。非洲语言主要属于四个语系：闪含语系、尼罗—撒哈拉语系、尼日尔—刚果语系和科依桑语系。非洲居民多信天主教和基督教、伊斯兰教，少数信原始宗教。

第一节 埃及的民俗

埃及全称阿拉伯埃及共和国，面积约 100 万平方千米，人口 7 682 万，主要是阿拉伯人。官方语言为阿拉伯语，通用英语和法语。伊斯兰教为国教。首都为开罗。

一、物质民俗

古埃及的建筑与天文学密切相关，许多建筑中都隐含了一定的天文学知识。如胡夫大金字塔、哈夫拉金字塔和狮身人面像等建筑都蕴含天文知识。

古埃及人每日两餐或三餐，早餐多为奶酪、面包及咖啡。午餐和晚餐较为讲究，很重视就餐前洗手，吃饭习惯用右手抓食。埃及人主食大米、黄豆、羊肉、山羊肉、家禽和鸡蛋。大量食用奶酪，如山羊奶酪以及酸奶制品，也喜欢用蔬菜作菜肴，在沿海地区流行鱼肴。埃及人不吃猪肉。小吃有枣子、柠檬和由杏仁面团制的"卡那华"、糖浸蒜、炸豆球以及土耳其杏仁等。主要饮料是茶、冰镇水果汁和甘蔗汁等。

埃及男人最主要的衣着是缠腰布。缠腰布有好多种：平滑的、打褶的、胸前交叉的、两端塞进腰带的、胸前成三角形的、下摆突起的、双层的、长到膝盖像裙子的等，偶尔加上一件遮住双肩、前面一直开到胸口的宽大外套。女人们喜欢穿一种多褶、宽松的无袖裙，外面加一件盖住双肩的短外套。

二、非物质民俗

伊斯兰教为埃及国教，其教规是共和国立法的主要根据。每逢周五，伊斯兰教徒都要做集体礼拜。为数众多的教徒仍然虔诚地信守每日五次礼拜的教规，即晨礼、晌礼、晡礼、昏礼、宵礼。每逢宗教节日，电视还播放总统及政府首脑去清真寺礼拜的镜头。除穆斯林外，埃及还有大约900万科普特人信奉科普特教——希腊东正教的支派。

埃及婚俗首先要提亲，然后男女双方开始商讨女方的陪嫁数额，一般是男方把陪嫁款项的2/3作为聘礼送给女方，并在村长的主持下订立婚约。埃及农村的婚礼场面热闹奢侈。迎亲时，新郎的母亲带领多辆装点漂亮的马车到女方家接新娘，新娘要坐在其中一辆用昂贵克什米尔毛绸、玫瑰花等装饰的花车上。晚餐后，新郎要由乐队引路去清真寺行跪拜礼，最后回到新房，与新娘共饮一杯清泉水，以示同享甘甜幸福。婚礼大约要持续30天左右。

踏青节是埃及最古老的传统节日之一，历久不衰。人们在节日里祈愿人间太平和春光永驻。另外，埃及东部省素来以饲养和培训阿拉伯马闻名，自1991年起东部省每年举行阿拉伯马节。

埃及人习惯用自制的甜点招待客人，客人若是谢绝，会让主人失望。埃及人在斋月里白天禁食。平时不吃一切忌物；也不吃红烩带汁的和未熟透的菜；吃饭时不与人谈话；喝热汤及饮料时禁止发出声响；食物入口后不可吐出；忌讳用左手触摸餐具和食品。

埃及人见面时异常热情，见到陌生人一般是相互问候，如果是老朋友，就行握手礼、拥抱礼、亲吻礼或贴面礼等。握手时不要用左手；行拥抱礼时力度要适中。与人交谈中男士不要主动与妇女攀谈。不要夸人身材苗条。不要称赞埃及人家中的物品。不要与埃及人谈论宗教纠纷、中东政局及男女关系。

埃及人不忌讳外国人家访，甚至引以为荣。但异性拜访是禁止的，即使在埃及人之间，男女同学、同事也不能相互家访。如果送礼品，礼品图案不能是星星、猪、狗、猫及熊猫，因为有悖民族习俗。

埃及人喜欢的颜色是绿色和白色；讨厌的颜色是黑色、蓝色。喜欢的数字是 5 和 7。喜欢葱，认为它代表真理。忌讳针，认为是骂人的话。而且每天下午 3～5 点，埃及人不卖针。

第二节　南非的民俗

南非共和国位于非洲大陆的最南端，国土面积 121.9 万平方千米，人口 4 932 万。南非是世界上唯一一个同时有三个首都的国家。行政首都是比勒陀利亚（现已更名为茨瓦内），立法首都是开普敦，司法首都是布隆方丹。南非有黑人、白人、有色人和亚洲人四大种族，有 11 种官方语言，英语和阿非利卡语（南非荷兰语）为通用语言。

一、物质民俗

南非建筑文化是欧、非、亚建筑的大熔炉，它有壮丽的英国维多利亚式的建筑，典雅的荷兰开普式建筑，回教清真寺及现代化的高楼大厦。南非的剧院、博物馆、艺术馆和土著村落以及早期移民时期的欧式房屋，都反映了它深厚的文化积淀。首都茨瓦内著名的教堂大街全长 18.64 千米，为世界上最长的街道之一。

南非黑人以玉米、高粱和小麦为主食，薯类、瓜类和豆类食品也在日常饮食中占很大比例。主要副食品是牛、羊肉，一般不吃猪肉和鱼类。南非白人平日以吃西餐为主，牛肉、鸡肉、鸡蛋和面包是主要食品，以红茶和咖啡为饮料。如宝茶是南非著名的饮料，它与钻石、黄金一道，被称为"南非三宝"。

在南非，部分黑人受到西方文化的影响，经常身着西装。但大部分黑人，特别是妇女保持着传统的服饰风格。南非黑人偏爱鲜艳色彩，尤其爱穿花衬衣。在南非，个别部族的黑人着装奇特，有的喜欢穿兽皮斗篷，有的则全身赤裸，仅在腰间围一块腰布。有的部族妇女以拔掉门牙为美。有的部族已婚妇女为了表现出对丈夫的忠贞，佩戴的首饰少于未婚妇女。

二、非物质民俗

南非黑人信奉基督教新教、天主教和伊斯兰教，亚洲人信奉印度教，部分黑人信奉原始宗教。南非人见面时大多行握手礼，在广大农村行拥抱礼、亲吻礼。在迎送客人时，他们往往以鸵鸟毛或孔雀毛赠予贵宾，客人为了表示感谢，要高高兴兴地将这些珍贵的羽毛插在自己的帽子上或头发上。

南非祖鲁人有试婚习俗。南非科萨人中妙龄少女一般要被禁闭在幽暗的茅屋里，亲朋好友绕屋而行，且边走边唱，少女则要赠以礼物。南非祖鲁族的女子若是双乳袒露，表示尚未婚嫁；若是头戴斗状饰物，则表示已经订婚。祖鲁族姑娘一旦出嫁，就永远属于丈夫的家族。如果丈夫不幸去世，亡夫的弟弟便要娶嫂嫂为妻，故称为"转房婚"。该族少女如果婚前怀孕，男方不仅要被该族酋长罚款，而且还要送给女方父亲一头阉牛。

喧闹艺术节是每年9～10月，在约翰内斯堡举行的最大的民间节日。节日期间各部落的艺术家云集此地，展示具有丰富非洲文化内涵的文艺节目。卡瓦地节，每年1～2月和4～5月聚居在南非班德市的印度教徒都过该节日，以求神灵消灾免祸。

南非人视羊为吉祥宠物。当地人为人处世率真，而像南非人过分地委婉或兜圈子都是不受欢迎的。南非黑人特别忌讳外人非议黑人的祖先和古老习惯。与当地人谈话时，不可妄加评论不同黑人部族或派别之间的关系及矛盾，更不可颂扬白人。信仰基督教的南非人，忌讳数字13和星期五。信仰伊斯兰教者忌吃猪肉；信仰印度教的人忌讳吃牛肉。南非的文达人保持母系社会的传统，他们不吃猪肉和没有放过血的动物。

第三节　埃塞俄比亚的民俗

埃塞俄比亚旧称亚比西尼亚。国土面积110.36万平方千米，人口7 922万。全国约有80多个民族，其中奥罗莫族人占54%，阿姆哈拉族占24%，提格雷族占5%，其他还有阿法尔族、索马里族、古拉格族、锡达莫族和沃莱塔族等。阿姆哈拉语为联邦工作语言，通用英语。首都为亚的斯亚贝巴。

一、物质民俗

埃塞俄比亚人的住宅是一种圆形的茅屋，称为"土库里"，以树杆和树枝作骨架，外面抹上泥巴。屋顶用稻草覆盖，中间用一根柱子支撑着。房子中间设有炉灶，墙边放有皮带框架的床，上面铺着毡子和皮枕。房间里还摆有用木墩做的凳子。

埃塞俄比亚特产一种称为"提夫"的谷物，它是该国居民的主食，用"提夫"粉做成又软又薄的大饼，略带酸味，吃时拌辣酱和调味汁。埃塞俄比亚人喜食辣椒，还喜欢吃牛肉，但必须是刚刚宰杀的、鲜血淋淋的新鲜"牛里脊"肉。在节日或红白事中都备有生肉宴。

埃塞俄比亚的民族服饰一般上身为高领长窄袖的衬衣，下身为窄裤或马裤，身披白色"沙马"，冬天外加带风帽的斗篷。妇女一般都穿长而窄的连衣裙，外罩"沙马"。"沙马"比较宽大并镶有花边，有的甚至裹住头部只露面部。男子的"沙马"是狭长的，搭在肩上。埃塞俄比亚加拉族女人的头发要用油脂弄硬，并在其中加些草梳成小辫，耳朵穿孔佩草制或白色贝壳制成的花环，手和脚戴金属的手镯与脚镯，身上涂抹香料。

埃塞俄比亚奥莫人视穿唇为美，凡是年轻姑娘到了一定年龄，都要用刀把下嘴唇与下巴割开，并把嘴唇用力拉长、拉圆，然后用一个木盘支撑着下嘴巴，直到刀口长好为止。也有的姑娘把下唇穿透，穿上铜或金链子来装饰。埃塞俄比亚人有把盐粒含在口中的习惯。

二、非物质民俗

埃塞俄比亚是没有投递员、没有门牌的国家，首都也如此。买报靠串街的报童，信要到信箱自取。首都和各地的邮局都设有很多信箱。高级职员、富商等都租有专用的信箱。埃塞俄比亚历法一年为 13 个月，前 12 个月每月 30 天，第 13 个月平年为 5 天，闰年为 6 天。在埃塞俄比亚，一天 24 小时是从早晨 6 点钟算起的。这种计时法官方并不采用，但在民间则普遍沿用。

埃塞俄比亚人普遍早婚，农村男女一般 10 多岁就结婚。婚事由双方父母作主。从订婚后到结婚前，男女方不能见面。婚礼之日，新郎带一些人到新娘家"抢婚"。用一块布把新娘从头到脚全部蒙上，然后背起新娘往新郎家跑。一路上新娘脚不沾地，头不露面。从结婚当天起，要接连几天设宴庆贺。两三年后夫妇才能另立门户。驴是姑娘的嫁妆，所以农村的驴较多。孩子长到十二三岁就要干活，到时家人送他一头驴，祝愿家道兴旺。未婚男人家里如果没有驴，就娶不到妻。埃塞俄比亚人悼念死者时，穿淡黄色服装，但出门做客时绝对不能穿淡黄色服装。

　　每年的 9 月 11 日或 12 日是埃塞俄比亚人的新年。在农村，新年期间男男女女都穿着民族服装，挨门逐户，互相祝贺，迎接新的一年。埃塞俄比亚居民信奉伊斯兰教、埃塞正教、新教、天主教和原始宗教。

第四节　津巴布韦的民俗

　　津巴布韦共和国简称津巴布韦，位于非洲大陆的东南部。国土面积 39.06 万平方千米，人口 1 330 万，主要有绍纳族和恩德贝莱族。居民多信奉基督教和原始宗教。英语、绍纳语和恩德贝莱语同为官方语言。首都为哈拉雷。

一、物质民俗

　　津巴布韦民居一般是由木篱笆围成小院，里面有四五座圆形的小房屋。所有房屋都是由黄土垒成，中间饰以各色菱形花纹，是用各色泥土调成的。房顶一律是用茅草密密铺就，厚度可达半米，即使到了雨季，也不用担心漏雨。太阳能板是各家使用的电源，津巴布韦旱季里充足的光照足够保证全家的用电。

　　津巴布韦人的主食称作"萨杂"，即用白玉米面熬成的粥，加以牛肉、鸡肉、猪肉和蔬菜。部族或个人禁食其崇拜的图腾类动物。津巴布韦人爱吃毛毛虫且很少出外就餐，在饭店吃饭的几乎都是外国人，西餐价格不菲。饮料一般有咖啡、红茶、炭酸饮料，也生产近似东方米酒的酒类。

　　津巴布韦"绍纳石雕"艺术反映了绍纳人崇拜神灵的传统意识，各种表现神灵的作品构成了绍纳石雕的重要部分。《津巴布韦鸟》是具有代表性的作品。它是古代绍纳人用皂石雕刻的鸟，这件精美的古老艺术珍品是迄今发现的最早绍纳石雕之一，有 500 余年历史，是津巴布韦的国宝。

二、非物质民俗

　　津巴布韦法律允许"一夫多妻"。直到现在，津巴布韦人仍然保持着古老而奇特的婚嫁习俗。当男方去女方家求亲时，要和女方家人商定聘礼的金额。聘礼可以"分期付款"，对于急于结婚而又手头不富裕的年轻人来说，这的确很人性化。结婚聘礼对津巴布韦人来说，往往算是一生中最大的一笔支出。如果花重金娶回来的妻子"英年早逝",丈夫还可以去岳父那里哭诉,要求岳父从妻子的姐妹中选一个"替补"。而按照当地习俗,岳父往往会答应这个请求,至于给哪个女儿,就不是这个丈夫能做主的了。

津巴布韦的主要节日有新年、独立日、非洲日、圣诞节等。凡遇到喜庆节日,妇女均会穿上民族盛装,载歌载舞,气氛非常活跃。津巴布韦人信奉基督教。在农村中,相当多黑人信奉本地原始宗教。此外,大部分部族还保持着图腾崇拜的传统,部族和个人崇拜不同的图腾,以此作为各自的标记。

津巴布韦人比较注重礼节。拜访朋友或出席社交场合应预先约定,并按时到达。有见面送花的习惯,花束需扎得比较精致。津巴布韦人注重仪态美,与人交谈时,不可跷二郎腿,不可因某个兴奋话题而笑得前仰后合。忌讳伸出舌头,当地人认为对着人吐舌头是污辱人的举动。

第五节　坦桑尼亚的民俗

坦桑尼亚联合共和国由坦噶尼喀和桑给巴尔两部分合并而成。国土面积94.51万平方千米,人口4 060万,有126个民族,人口超过100万的有苏库马、尼亚姆维奇、查加、赫赫、马康迪和哈亚族。另有一些阿拉伯人、印巴人和欧洲人后裔。斯瓦希里语为国语,与英语同为官方通用语。首都为达累斯萨拉姆。

一、物质民俗

坦桑尼亚中部的马萨伊人居住的是一种蚕茧式房屋。房子用树枝编织成墙,顶盖茅草和树枝,然后把牛粪拌上黏土抹墙。屋顶是椭圆的半拱形。坦桑尼亚人以面食为主,也喜欢吃米饭,讲究菜肴鲜、嫩、香,注重菜肴的色彩。一般口味喜清淡,对煎、炸、烤等烹调方法制作的菜肴偏爱。爱喝啤酒,对饮料中的咖啡、可可、酸奶、汽水、可乐和中国绿茶等都很喜欢。

坦桑尼亚坦噶尼喀的克拉依族人为表敬意常用"蛇饭"招待客人。"蛇饭"是用一条只去五脏、不去头尾、不剥皮的红色花蛇放在谷粉里蒸煮成的。坦桑尼亚马萨伊族人以女子剃光头、男子梳辫子为美;有的部族妇女还以纹面为美。他们喜爱红色,因为红色给人以兴奋和刺激。

二、非物质民俗

坦桑尼亚人的婚恋别具一格。马赛族至今仍流行"指腹为婚"的习俗。哈亚族盛行"摸脚完亲"。男方父母向女方父母提亲，当女方父母同意将女儿许配给男方时，男方父母要摸一下女方双亲的脚以示谢意，这就表示这桩婚事已说定。"露乳引情郎"是哈亚族人的另一种习俗。哈亚族姑娘为了吸引小伙子注意，常把乳房袒露在外，并把这看做是一种自然美。

坦桑尼亚传统节日为月圆节，是每年公历九月的月圆之日。这天晚上各家各户的都轻轻地打开大门，静悄悄地走出家门来到空旷处，围成一个个圆圈，默默地坐下。直到皎洁的月亮高悬中天，人们才开始热烈地交谈，并举行各种各样的庆祝活动。此外坦桑尼亚的节日还有独立日、国庆日等。

坦桑尼亚人信奉基督教、伊斯兰教、传统宗教等。他们与客人相见时，惯于先指自己的肚子，然后鼓掌，再相互握手。坦桑尼亚妇女遇见外宾时，握手后便围着女外宾转圈，嘴里还发出阵阵尖叫，这是对客人最亲热最友好的表示。

坦桑尼亚人忌讳左手传递东西或食物。他们认为称呼他人就要用最尊敬的语言，直呼其名是不懂礼貌的行为。信奉基督教的人忌讳数字13。信奉伊斯兰教的人禁食猪肉和使用猪制品，也忌讳谈论有关猪的问题。坦桑尼亚哈亚人在饮食中最大的禁忌是忌食飞禽，其中包括鸡和鸡蛋。也忌食昆虫和饮酒。

第六节　毛里求斯的民俗

毛里求斯全称毛里求斯共和国。国土面积2 040平方千米，人口128万，主要是印度和巴基斯坦人的后裔。居民多信奉印度教、基督教和伊斯兰教，另外还有少数人信奉佛教。官方语言主要为英语，法语普遍使用。首都为路易港。

一、物质民俗

由于毛里求斯居住有不同的种族，因此便集合了各民族的独特饮食习惯，如印度咖喱、东非烧鸡、英国烧牛肉、客家梅菜扣肉等，岛上也盛产水果和海鲜。毛里求斯人的主食是大米。很多人喜欢用刀叉吃饭。绝大多数人喜食印度饭。南印度人一般喜欢吃鱼。毛里求斯的蛋挞堪称世界上最美味的蛋挞，就是在普通蛋挞上加上一层精心烤制出的薄脆焦黄色糖霜。用甘蔗酿的朗姆酒是当地的特产，甜而不腻，口感很好。当地人的喝法是在酒中加入不同的水果，泡制成不同的口味。毛里求斯很多人都穿西装。宗教节日很多，当地传统宗教的信徒们常在脸部化妆、穿着奇异服饰游行。

二、非物质民俗

毛里求斯的塔莫伊斯人，每年都要举行三次洗礼活动。洗礼前的数日，受洗者男女不得同房，须严格斋戒。洗礼仪式大多在庙宇前举行，洗礼之日每个人要手拿黄花束、肩挂黄花环、身披黄袍聚集于庙宇前，在男巫的带领下点燃巨大的木材堆。受礼人先到"洗礼湖"沐浴，再接受其亲属的"针刺"。亲属可在受礼人的胳膊、前胸、耳部、下额、大腿乃至舌部扎各种针，数量多达几十或上百根，以示祝福。针刺后，受礼人要赤脚走过由燃烧的煤渣铺成的小路，完成走火焰的仪式。整个受洗仪式需要一天。仪式程序结束后，受洗者还要邀请众亲属共进晚餐，向亲友表示感谢，共庆受洗成功。

毛里求斯是把华人春节定为法定节日的国家。独立日和圣诞节是各民族共同的传统节日。毛里求斯人讲究礼貌待人，朋友见面都要热情地打招呼，常用的礼节是行握手礼。在国际社交场合，采用国际通用的称谓。毛里求斯人有一种非常强烈的身份意识。在与他们交往之中千万不要流露出傲慢或恩赐的神态。另外，毛里求斯没有给小费的习惯。

第七节　塞舌尔的民俗

塞舌尔总面积为 455 平方千米，人口 8.7 万。属于多民族国家，居民主要为班图人、克里奥尔人（欧洲人和非洲人混血）、印巴人后裔、华裔和法裔等。国语为克里奥尔语，通用英语和法语。首都是维多利亚。

一、物质民俗

首都维多利亚市中心的小钟楼，是塞舌尔的标志性建筑之一，象征来自欧、亚、非三大洲的塞舌尔民族渊源，表明这里无种族歧视。位于国家图书馆附近的四条鱼雕塑，象征塞舌尔的旅游、渔业、工业、农业四大经济支柱。塞舌尔日常生活用品主要依靠进口，物资匮乏，市场商品供应不足，水果、蔬菜尤为缺乏。塞舌尔终年天气炎热，穿着简单，如短袖衬衣、衣裙、长裤、短裤、墨镜。塞舌尔保有古老习俗，常有人戴一只耳环，据说可避邪。喜舞蹈，民间村社常在夜间燃起篝火跳穆蒂王舞、四组舞。

二、非物质民俗

塞舌尔有婚礼游行的习俗，重视女子婚前的贞操。婚丧嫁娶及日常生活受法、英影响较大。居民比较温和，但离婚率很高，离异后孩子通常由母亲抚养。

除传统宗教节日外，主要节日包括新年、国际劳动节、解放日、国庆日、独立日、万圣节、圣诞节等。居民 90%信奉天主教，8%信奉英国圣公教，2%信奉印度教和伊斯兰教。首都有天主教和圣公教堂各 1 座，印度庙 1 座，清真寺 1 座，各区均设有分教堂。

第八节　肯尼亚的民俗

肯尼亚位于非洲东部，国土面积 58.26 万平方千米，人口 3 860 万。全国共有 42 个民族，主要有基库尤族、卢希亚族、卢奥族、卡伦金族和康巴族等。此外，还有少数印巴人、阿拉伯人和欧洲人。斯瓦希里语为国语，英语为官方语言。首都为内罗毕。

一、物质民俗

肯尼亚马塞族人住在用牛粪混合黏土为墙、以树枝为支架的圆形小屋中，俗称蚕茧屋。而首都内罗毕是一座美丽的城市，建筑物多为浅色，并有许多现代化的高层建筑。农村的房屋除了茅草房，也有许多砖瓦房。

肯尼亚人的主食有米饭、烙饼、面包、甜食等。副食有肉类、鱼类、禽蛋、各种蔬菜、水果。肯尼亚盛产茶叶、咖啡，这也是肯尼亚人喜欢的饮料。他们有用手抓饭的习俗。

肯尼亚人喜欢穿色彩鲜艳的服装，他们的民族服装宽大凉爽。他们大多喜爱动物，妇女们多喜欢用兽状装饰物。马塞族人以大耳垂为美，为了达到这一效果，他们从幼时就将双耳穿洞，戴上重的耳环。

二、非物质民俗

居住在肯尼亚拉莫地区的斯瓦希里族为了把新娘打扮得更美，常将新娘的四肢浸泡在指甲花汁液中，身上还要画一些花纹。肯尼亚基库尤族的姑娘出嫁时，要表现得极度悲伤，在男方背新人时要奋力哭喊挣扎。在基锡地区，女人娶妻和正常婚姻一样，要举行结婚仪式。婚后，两个女人就在一个家庭生活，以夫妻相称。婚礼后，妻子从"女丈夫"亲属中挑选一名男子同居，所生的孩子就算是"女丈夫"的孩子，有继承权，这一风俗受到法律保护。咬鼻子是生活在肯尼亚安群岛的青年们求爱的方式。这里的男婚女嫁，一切都是女方主动。

生活在肯尼亚西部的卢希亚族居民死后通常被葬在自家前院，死者的遗体会被放在棺木中，在家里停放3～5天，至亲们通宵达旦地击鼓歌唱以示悼念。葬礼要等所有亲戚到来后才会开始，几乎死者的所有邻居都会到场。肯尼亚的马塞族人盛行天葬。

肯尼亚人主要信奉基督教新教、天主教、伊斯兰教等。肯尼亚吉库尤人崇拜万物有灵的宗教信仰。肯尼亚的奥其艾克人信仰一个上帝，同时崇拜祖先。

肯尼亚马塞族人的迎宾仪式奇特。当贵宾到来时，村中的男子先在家中洗脸净身，身披白布，踩着高跷到村口迎宾，场面极其热烈。如果有客人造访，他们总要拿出上好的烤牛肉和鲜牛奶来款待客人。马萨伊族人的迎客习俗十分罕见——吐唾沫迎客。每当有客人来访时，主人便领着一家大小立在村口迎客，家庭中年长者，走到客人面前，出其不意地向客人脸上连吐三口唾沫，以示欢迎和祝福。

外国客人到肯尼亚朋友家中拜访，需事先联系，约会应当准时抵达。进入肯尼亚人的家庭，不可用左手同主人握手、行礼、接物品、递送物品或者抓饭吃；不可随意进入主人家的卧室；在信奉拜物教的家庭里，看见摆着的木偶、图案、标记等，不可打听其用途，更不可用手触摸；谈话时不可用手摸鼻子或者挖耳朵；询问儿童年龄不可用手心向下比划，当地认为这是诅咒儿童夭折的动作；在穆斯林家庭，谈话时不可提及"猪"等禁忌的字眼；在肯尼亚，7 和以 7 结束的任何数字都是不吉利的。

第九节　赞比亚的民俗

赞比亚共和国面积 75.26 万平方千米。人口 1 253 万，其中欧亚人 7 万，大多属班图语系黑人。有 73 个部族，其中奔巴族约占全国人口的 18%，通加族占 10%，其他还有洛兹族、恩戈尼族和隆达族等。官方语言为英语，另有 31

种部族语言。国花是三角梅。首都是卢萨卡。

一、物质民俗

在赞比亚农村，每天晚上人们一起吃一顿饭，全村分三摊吃小米粥和美味。老年人为一摊，青年男子为一摊，妇女和孩子们为一摊。美味食品主要是炖野兽肉和家禽肉，里面还放果仁、蘑菇、豆类、菠菜等，有时还放毛虫。饭后村民们围坐在火旁休息，听老人讲关于打猎、打仗和魔鬼的故事。在赞比亚，男女的着装都较为简单。男子在炎热的夏天经常光着上身，穿着短裤或长裤，有的只围一块布。天气较冷时，则披一件短袖或无袖衫。相对来说，女子的着装讲究一些，一般围围裙，生活富裕的家庭，女子都爱戴耳环、项链，有的同时戴几个大小不等的项链。

二、非物质民俗

赞比亚女孩的成人仪式颇具特色。她们长到一定年龄后，便被家人藏在屋里隔离起来，在此期间不许接触任何人，时间有长有短，有的长达一年，有的短则一周。其间由一名年长妇女送饭，并传授其做妻子和做家庭主妇的经验。这里的婚丧仪式开支不大，但都办得隆重，一般都要请神职人员主持或祈祷。

赞比亚的主要节日有新年、复活节、圣诞节等。居民大多信奉基督教，其余信奉原始宗教。赞比亚人在社交场合与客人相见时，一般都惯行握手礼。与客人互致问候时，常习惯地把手掌绕着对方的大拇指紧握两三下。赞比亚妇女之间握手时，习惯用左手托住右臂，但妇女一般不与男人握手，若其主动伸手，男子再伸手相握，但不可紧握或长时间相握。

当地人有些禁忌，除了旅游观光地区以外，其他地区不要拍照。若给女人、小孩拍照，赞比亚人认为是莫大的耻辱，会立刻叫来警察将拍摄者抓进拘留所。政府建筑物、邮政局、警察署、桥梁、机场等，都被列为重要的军事设施，若拍照，会被视为间谍行为。赞比亚人认为偶数是吉利的象征，而尽量避免奇数。大多数人忌讳 13 和星期五。赞比亚人忌讳别人从自己背后穿过，忌讳他人用手指着自己说三道四，认为这是一种蔑视和污辱。另外，在和他们交谈时，尽量不要涉及党派之争。

第十节　其他国家的民俗

一、北非地区风俗

北非地区通常包括埃及、苏丹、利比亚、突尼斯、阿尔及利亚、摩洛哥、亚速尔群岛和马德拉群岛。其中埃及、苏丹和利比亚有时称为东北非。其余国家和地区称为西北非。北非的面积 820 多万平方千米，人口约 1.2 亿，阿拉伯人占 70%左右。

（一）物质民俗

北非的埃及、苏丹、摩洛哥、利比亚等国家都处在世界著名的撒哈拉大沙漠之中，这里的人们喜欢穿又宽又长的袍子。长袍白天为衣，晚上又可当铺盖。男子头上有一条头巾，或戴一项毡帽。妇女则蒙面，妇女外出时，在黑色面纱上扒开一道小缝以便看路。

北非国家多穆斯林，牛羊肉是主食。但只有在开斋节等大日子才能大吃一场。此外一周通常只吃一次鸡，并且一定放在周日。当地人吃鸡的另一特点是只吃净肉，不吃内脏和鸡爪。

北非其他家畜也不少，尤其是出了名的毛驴和单峰骆驼。驴肉价格极其便宜，而且是给宠物吃的。北非人认为马肉是一种治疗肾亏体虚的灵丹妙药，所以只能在药铺才能买到。在摩洛哥，渔业不发达，即使是小鱼小虾，价格也比牛羊肉贵。其烹饪方法也有些单调，基本上是清一色的烤鱼。此外还有兔肉、鳄鱼肉和河马肉等，但市场上很难见到。

每逢过节或招待客人，突尼斯人都要吃"库斯库斯" 和"布里克"。"库斯库斯"是将面粉洒上水，放在细筛子上搓成小米粒状，晒干后放在笼屉上拌以牛羊肉丁、葡萄干、巴旦杏仁、松子等干果，蒸熟后，用肉汤浇食。"布里克"是把一个去壳的生鸡蛋用春卷皮裹成三角状，放进油锅里稍炸即成，吃时先咬中间的部位，以防蛋黄流出。在招待最尊贵的客人时，还要吃烤全羊。

苏丹人普遍以玉米和谷子为主食。他们爱吃一种称为"扎拉尔"的食品，先把玉米摊开用太阳晒，晒时常浇水，直到长出一拃高的芽时，再将其晒干，磨成粉后加入苏丹啤酒和一种称为"依卜里亚"的饮料即成。苏丹人还特别爱喝咖啡。

（二）非物质民俗

北非的阿拉伯国家中除了伊斯兰教的传统节日外，还有埃及的惠风节、尼罗河的忠诚节、婴儿节、布尔节、摩洛哥的献羊节、突尼斯的撒哈拉联欢节、苏丹的摔跤节等。

斗羊比赛是突尼斯人喜爱的一项具有独特风格的民间娱乐活动，斗羊赛按羊的体重分为轻量级、重量级和超重量级。羊的年龄为 5～12 岁，均为公羊。比赛按时间计场次较量出高低，获胜者可得奖杯或奖金。斗骆驼赛是一些阿拉伯国家沙漠地区人民的一种娱乐活动。摩洛哥人喜欢马术和赛马。每逢节日和国王登基时都有马术表演。全国还有盛大的赛马节。

二、南非地区风俗

南非地区通常包括赞比亚、安哥拉、津巴布韦、马拉维、莫桑比克、博茨瓦纳、纳米比亚、南非、斯威士兰、莱索托、马达加斯加、科摩罗、毛里求斯、留尼汪岛、圣赫勒拿岛和阿森松岛等，面积为 661 万平方千米，人口约 1 亿，其中班图语系黑人占 85%，马达加斯加人占 9%，欧洲白种人占 5%以上。

（一）物质民俗

南非的一些黑人主要食品有用玉米或高粱做的稀饭或烤饼，用牛奶提炼奶油，做成奶渣，还有豆类、南瓜、萝卜等蔬菜。还有一种用高粱酿制成的具有独特风味的啤酒是当地人们所喜爱的饮料。

莫桑比克人以白净为美，每天在太阳出来之前，姑娘们便对镜梳妆，在脸上抹上一层层用当地的"面包树"磨成的白粉。这种白粉是莫桑比克姑娘们最喜欢的美容化妆品。

（二）非物质民俗

纳米比亚的霍屯督人的女孩子长大成人时，必须在大雷雨中赤身裸体到处跑一次，以冲去身上的邪气。女孩成年的另一种仪式，是把女孩关在小屋中，用羊皮裹身。女孩安静地躺着，不能大声说话，不能接触冷水，她的朋友将一些有香味的花树叶子捣成碎末撒在她身上，过一段时间后再由一位生过孩子的妇女将其领出，用牛奶和湿牛粪擦遍全身，以清除"儿童时期的污秽"。

对包括德贝利人在内的南部非洲各民族来说，图腾都是伴随每个人一生最重要的符号。每个孩子一出生，就被灌输氏族或家族图腾的概念。在过去，信仰同一个图腾的当地人也不能结为夫妇。现在这条古老的传统虽有所松动，但按照当地规矩，在结婚前必须请德高望重的巫师来做法"解除诅咒"。

伊斯兰教非洲人的"送行"；科特迪瓦的塞努福人的"告别"；博次瓦纳人

的出殡、送葬；加纳人的闹丧；马达加斯加人的宰牛追悼和"翻尸"等构成了南非地区的丧葬习俗。

三、中非地区风俗

中非地区通常包括乍得、中非、喀麦隆、赤道几内亚、加蓬、刚果、圣多美和普林西比，有时也把赞比亚、津巴布韦和马拉维作为中非的一部分，面积为536万平方千米，人口约5 600万，其中班图系黑人约占80%，分布在南部；其余为苏丹语系黑人，分布在北部。

（一）物质民俗

中非地区的居民穿长袍，无领有袖、长至下摆拖地，袖宽30～60厘米，布料以平纹或绸料为主，长袍的颜色多为白色。妇女的长袍上印有各种美丽的图案，中老年妇女习惯上穿汗衫，下穿"巴依"筒裙。裙子由颜色和图案不同的三块布组成，分三层巧妙地束在腰间，必要时其中的一块可解下来背小孩，晚上又可当铺盖。中非人的传统主食是木薯粉糊、小米粥和烤玉米。赤道几内亚布比族人的肉类食品有羊肉、猪肉或从林中猎来的猴、松鼠、羚羊等野味，他们喜欢吃海龟和海龟蛋，喜欢吃辣椒。布比人用棕榈树上的雄性花蕊酿成酒，作为节日和举行仪式时的饮料。

（二）非物质民俗

中非各部族的男孩长到三四岁时都要做包皮切除术。参加切除术的男孩由村长带到丛林中实施手术，并留在林中养伤，其间父母不许前往探望，两个月后伤愈便可回村。喀麦隆贝蒂人由少年进入成年期时需要接受启蒙教育，参加启蒙礼。启蒙礼分成三步：首先是庆祝仪式；第二步是净身和接受性德方面的教育，净身是男孩割掉包皮，女孩在河中由老妇人捅破处女膜；第三步是由教父带领教子们遍访村中的亲友。

赤道几内亚布比人信仰上帝鲁佩，信仰祖先莫尼蒙之亡灵、超上帝的偶像即伟大的阿巴。布比人认为上帝鲁佩是比布人世界的创造者；而祖先莫尼蒙的亡灵则控制着人的命运；伟大阿巴的神圣职责是给人们提供食物和保护神火，指示人们过宗教节日。赤道几内亚的著名传统节日是芋头节。喀麦隆的传统节日有玛卡人的岳母节、传统舞蹈节等。

在非洲各民族的竞技活动中，喀麦隆帕胡安青年的智慧竞赛极有特色。青年们常聚集在一起，以飞禽走兽和花鸟鱼虫为题，比谁知道的种类最多，最后选出知道最多的人为优胜者。

四、东非地区风俗

东非地区通常包括埃塞俄比亚、厄立特里亚、索马里、吉布提、肯尼亚、坦桑尼亚、乌干达、卢旺达、布隆迪和塞舌尔，有时也把苏丹作为东非的一部分。东非面积约370万平方千米，人口约1.3亿，主要是班图语系黑人，分布在南部，还有阿姆哈拉族、盖拉族和索马里人，分布在北部。

（一）物质民俗

东非的一些国家如坦桑尼亚，青年妇女最爱穿一种"加乌尼"的无褶长裙，裙长至膝。还有一种叫"康加"的围身花布，她们将它从胸或腰一直围到腿脚部。花布上还印有柳树和田园风光的图案，穿起来美观大方。

（二）非物质民俗

鼓是乌干达崇高的象征，也是乌干达民族勇敢精神的象征。在乌干达用鼓传递消息、通知事情，宗教仪式上也用鼓，击鼓而跳舞是他们的爱好和习惯。乌干达奏索族的舞蹈最有特色，舞蹈者把脸涂红，身上裹着猴子皮，胸前戴玻璃珠、贝壳和几块小皮子缀起来的装饰，左手戴着贝壳手镯，右手和腕上系着牛尾鞭子，手里拿着舞蹈手杖，脚腕上系着铁铃，随着鼓点酣然而舞。"英多雷"是卢旺达的传统舞蹈。演员头插茅草，额头、身上佩戴彩色珠带，两脚系上铃铛，一手拿着长矛，一手拿着盾牌或流苏，几十名男演员随着一位长老的哨子声开始起舞。

五、西非地区风俗

西非地区包括毛里塔尼亚、西撒哈拉、塞内加尔、冈比亚、马里、布基纳法索、几内亚、几内亚比绍、佛得角、塞拉利昂、利比里亚、科特迪瓦、加纳、多哥、贝宁、尼日尔、尼日利亚和加那利群岛，面积约656万平方千米，人口约1.5亿，其中黑人约占总人口的85%，其余多为阿拉伯人。

（一）物质民俗

西非地区人们传统的衣服是一件长袍，无领无袖，穿在身上裸露肩臂。颜色有白、黄、蓝、红等。长袍肥大，多用棉布做成，穿起来凉爽、舒适。西非的妇女爱穿长裙，上身为色彩艳丽的罩衫，头戴五颜六色的包头。西非人把文身看做勇敢的标志。在马里，黑人把黑色视为一种吉祥和最美的颜色，因此他们有将手和足、牙齿染黑的习俗。马里人和巴姆巴拉人喜欢把头发梳理成一个公羊角，摩尔人则把头发编成骆驼峰。另外还有伞形发型等。

西非的阿德雅-埃维人的小屋呈长方形,四周是用树条编成的涂着泥土的土墙。屋顶是用茅草盖的，呈圆锥形，厨灶在庭院里，由三块石头砌成。西非的孔孔巴人住的是圆形小屋，只开着一个非常狭小的圆形出口，还装有一支向外射的箭，据说可以保护在屋子里的人。西非汤贝人居住在他们的"城堡"里。这个城堡包括许多圆形小屋和粮食仓囤。这些小屋由一座墙连接起来，还有一层石块砌成的外墙，建筑材料是用少量的麦杆和泥沙搅拌而成的。

西非人以"萨尼奥"作主食，这是一种近似中国高粱的耐旱作物。当地人将米粒捣成粉末，倒入一个有许多细孔的胡芦瓢里，将瓢架在盛水的铁锅上蒸熟，用肉或菜汤拌着吃。毛里塔尼亚有用骆驼奶待客的习俗。科特迪瓦北部林区的居民吃一种"库斯库斯"的食品。而西部和中部林区居民则以大薯、木薯、山芋、普兰丹蕉等为粮食。

（二）非物质民俗

尼日利亚东北部伊博族有试婚的习俗；尼日利亚卡杜纳州古瓦里人、豪族人以水联姻；马里、布基纳法索、贝宁、加纳国富拉尼族人以棍联姻。在西非众多民族仍保留着传统婚俗。

西非地区的民族节日有科特迪瓦阿肯人的大薯节。加纳的传统节日有阿肯人的阿达埃日、埃夫图人的捕鹿节、阿布里人的木薯节等。多哥的传统节日有埃维人的阿博博扎节、卡布列人的哈比耶舞节、卡布列人的摔跤节、甘人的圣石节等。凳子在多哥埃维人的心目中是权力和荣誉的象征，酋长有"酋长凳"，富人有"财富凳"，宗教仪式中有"神凳"，埃维人拿出自己珍藏的精美凳子，招待客人落坐是最尊贵的礼节。

【思考题】

1. 分别介绍埃及、南非、埃塞俄比亚、坦桑尼亚的民族民俗。

2. 简述赞比亚和肯尼亚的礼仪与禁忌习俗。

3. 简述津巴布韦和坦桑尼亚的婚丧习俗。

4. 简述非洲各地区的饮食习俗。

5. 论述非洲民居建筑的表现及特征。

第九章　北美洲的民俗

【学习目标】
- ● 了解北美洲各国概况
- ● 理解北美各国在建筑、饮食、服饰、婚姻、节庆、宗教、礼仪禁忌等方面的差异
- ● 掌握北美洲主要国家的民族民俗

【知识要点】
- ● 北美洲各国的概况
- ● 北美洲各国的物质民俗
- ● 北美洲各国的非物质民俗

第一节　古巴的民俗

　　古巴全称古巴共和国，位于加勒比海西北部墨西哥湾入口，由古巴岛、青年岛等1 600多个岛屿组成，是西印度群岛中最大的岛国。国土面积11.09万平方千米，人口1 124.3万，其中白人占66%，黑人占11%，混血人种占22%，华人占1%。官方语言为西班牙语。古巴人主要信奉天主教、非洲教、新教和古巴教、犹太教等。首都为哈瓦那。

一、物质民俗

　　古巴城市居民在正式场合，男人多数穿西服，其色彩根据季节或场合的不同而异。女性穿礼服或较讲究的衣裙。古巴的瓜希罗人仍穿传统的民族服装，他们喜欢白色，常穿一种白色衬衫。古巴的农民在衣着上一般比较随意。

　　在古巴，人们大多信仰天主教。在饮食上基本以西餐为主，一般以烤、煎、炸制成的菜肴居多，以猪肉为主要食品。古巴人嗜好饮酒，尤其喜欢上等的朗

姆酒。比较喜欢的饮料是台克利酒，是由朗姆酒和莱姆果汁调制而成。他们还爱喝咖啡、可可、红茶。古巴人生活中离不开水果。居民一般将芒果、菠菜、柑橘等切成块，加大量的糖拌在一起吃。他们还喜欢把水果挤成汁，作为日常饮料。烟草是古巴的传统经济作物，著名的"哈瓦那雪茄"驰名世界，每年创造产值在 4 亿美元左右。

二、非物质民俗

古巴是恰恰、伦巴、曼波等拉丁舞的发祥地，又以高水平的现代舞闻名于世。"古巴的热带舞"令人赏心悦目。古巴人喜好足球、网球、排球等体育活动。民间盛行斗鸡。

古巴的节日主要有狂欢节，届时，男女老少身着盛装涌上街头，载歌载舞。此外，古巴还有三大民间节日：一是 12 月 24 日的"良夜"，是全家团聚的节日；二是 12 月 31 日，为送旧迎新的日子，按习惯每人必须要准备一碗清水，等午夜的时钟敲过 12 下后，就各自将准备的清水倒到室外去以表示去旧迎新；三是 1 月 6 日的"诸王日"，民间认为诸王与圣诞老人相似，凡参加这一活动者都能从诸王手中得到珍贵的节日礼物。

古巴禁止对军事设施、政府机关拍照。与人交谈忌讳谈古巴的内政与外交问题。拜会政府机关，必须预约，并准时赴约。古巴人忌讳 13 这个数字，更忌讳在 13 日和星期五这一天举行娱乐活动。婴儿出生后要举行洗礼，并给其取教名。

第二节 牙买加的民俗

牙买加起源于印第安语，意为"林水之乡"。原为印第安人阿拉瓦克族居住地。国土面积 10 991 平方千米，人口 269 万，黑人和黑白混血种人占 90% 以上，其余为印度人、白人和华人。多数居民信奉基督教，少数人信奉印度教和犹太教。首都为金斯敦。

一、物质民俗

牙买加人的住宅各阶层不同。城市建筑和规划是欧式的，有许多高层建筑，沿海城市有漂亮的饭店和游泳场等。牙买加的每个村庄一般都有一个中心广场，这个广场是整个村子的中心。村里的房子多是用木板做墙、铁板盖顶的平房。

居民的主食是大米、玉米、面包，副食是牛肉、牛奶、蔬菜等，其中味道特殊的红色水果鳕鱼是其国菜。青年人喜欢喝可乐，而老年人喜欢喝茶和咖啡。啤酒和龙酒也是许多人喜欢的饮料。牙买加盛产朗姆酒和咖啡。

牙买加人的服饰多为普通欧式服装，男女服装色彩鲜明，尤其盛行白色。居民常穿的衣服有衬衫、短裤。妇女平时穿裙子，在庄重场合都穿西装。

三、非物质民俗

按照牙买加的习俗，男方在结婚前必须买一栋或建一栋房屋，举行隆重的婚礼，妻子不出去工作，但这往往只在上流社会流行，下层的居民则有另一种婚配方式。牙买加的女子大约有 1/3 在婚前就怀第一个孩子，当女子一有怀孕症状时，女方的母亲通常会承认这一既成事实，只要婴儿的父亲答应负担孩子的一定费用，就可以住进女方的房子，一旦生下孩子，就可过同居生活，不必举行正式婚礼，因此牙买加 70%以上的婴儿是私生子。

居民喜欢跳迪斯科，喜欢听莱加乐曲，喜欢群体对舞。每年的 8 月 6 日是牙买加的独立日，每年 8 月的第一个星期一是牙买加的国庆日。牙买加人的常用称呼是先生和女士、太太、夫人等，习惯在称呼前面加官衔或职称。赴宴时，被邀请的人应带礼物。牙买加的禁忌与英国相似，如不问妇女的年龄，认为每月的 13 日不吉利等。

第三节　墨西哥的民俗

墨西哥全称墨西哥合众国，面积 196.44 万平方千米，人口 1.08 亿，居民 90%以上为印（印第安人）欧（欧洲白人）混血人种。主要民族有墨西哥人、玛雅人、阿兹特克人等，还有少数移民。官方语言为西班牙语，有 7.1%的人讲印第安语。居民中 89%信奉天主教，6%信奉基督教新教。首都是墨西哥城。国花为仙人掌和大丽菊，国鸟是雄鹰。

一、物质习俗

墨西哥人口味清淡，喜欢咸甜带酸的食物，烹调以煎、炸、炒为主，大多数人吃西餐，也偏爱中国的粤菜。爱喝可乐、啤酒、白兰地和威士忌等。

墨西哥是玉米之乡，人们说玉米是墨西哥人的面包。墨西哥人可以用玉米制作出各种各样的食品。许多人喜欢喝玉米面粥，吃玉米面饼，还有肉炸玉米卷，卷饼中包鸡丝、沙拉、洋葱、辣椒做的馅，鲜脆可口，叫做"达科"。还有甜、咸的玉米粥，嫩玉米冰激凌等。

墨西哥有"仙人掌之国"的美称，当地人喜食仙人掌，他们把它与菠萝、西瓜一起当做一种水果食用，并用它配制成各种家常菜肴。墨西哥盛产辣椒，因此他们也特别能吃辣椒。在食用昆虫方面，墨西哥也是世界上消耗量最大的国家。

墨西哥人的传统服装，最著名的是"恰鲁"和"支那波婆兰那"。前者是一种类似骑士服的男装，由白衬衣、黑礼服、红领结、大檐帽、宽皮带、紧身裤、高筒靴组成，穿起来很帅。后者则为一种裙式的女装，多以黑色为底，金色滚边，并以红、白、绿三色绣花，无袖、窄腰、长可及地，穿起来显得高贵大方。

二、非物质民俗

墨西哥是美洲文明古国、印第安文化中心之一，曾蕴育了玛雅、阿兹特克、托尔特克、奥尔梅加和特奥蒂华坎等古印第安文化。玛利雅奇音乐和萨巴特奥舞蹈融合了西班牙和印第安音乐、舞蹈的特色，成为墨西哥独特的民族艺术形式。"哈拉贝"是墨西哥最具代表性的民间舞蹈，男子身穿传统民族服装，头戴宽沿帽，热情专注地追逐女伴。女子身穿宽肥艳丽的土布裙，佯装害羞，优雅地躲避，并不时用裙子甩出各种花形图案。墨西哥人能歌善舞，喜欢斗牛，斗牛士受到国人的尊重。

墨西哥的主要节日有三王节、圣船节、瓜达卢佩圣母节、客店节和圣诞节等。葡萄是每一个墨西哥家庭年末必备的食物。

三王节　在每年的1月6日，父母要向未成年子女赠送礼品。晚上亲友团聚，分食"三王面包圈"。大的面包圈内藏几个象征圣婴的塑料小人或瓷器小人，最先吃到"小人"者于"圣烛节"（2月2日）请客。

圣船节　主要流行于纳亚里特州的斯卡尔蒂坦岛。每年6月29日这一天，当地渔民举行象征性的"圣徒"划船比赛。晚上人们纷纷举行聚会，庆祝载有圣彼得和圣保罗像的"圣船"比赛胜利。

瓜达卢佩圣母节　每年12月12日这一天，天主教会在特佩亚克山下的瓜达卢佩大教堂举行盛大的宗教仪式，数百万信徒赶来参拜瓜达卢佩圣母原像。境内各地教堂也举行宗教仪式。节日前后，印第安人教徒还要表演传统的民族舞蹈，按照自己的方式祭祀圣母。庆祝活动要持续一个月左右。

客店节和圣诞节　每年的 12 月 16～25 日，传说"圣灵怀胎"的贞女玛利亚随父到祖籍登记户口，因城中客店客满，结果在客店的马棚中生下了耶稣。客店节是圣诞节的一部分，圣诞节前夜，各家都摆设装饰好的圣诞树和模拟耶稣降生场面的"圣诞马槽"。在这一夜，合家欢聚，共进晚餐。

墨西哥人热情好客，对老人和妇女十分尊重。见面多行握手礼和亲吻礼。墨西哥人十分注意礼节风度和言谈举止。拜访墨西哥人要事前预约，约会时间比双方约定的时间迟一刻钟到半个小时左右，因为这被认为是一种礼节风度。

墨西哥人绝大多数信奉天主教，忌讳 13 和星期五；他们常用亲吻方式施礼，但忌讳相互不熟悉的男子之间亲吻或吻手；忌送菊花、黄色花和红色花；忌送手帕和刀剪；忌讳蝙蝠及其图案和艺术造型；忌讳紫色。

第四节　巴哈马的民俗

巴哈马是个岛国，正式名称是巴哈马联邦。国土面积 1.39 万平方千米，有鸟类 200 多种，其中红鹤就有 5 万多只，是世界上红鹤最多的国家。人口 34 万，其中黑人占 85%，白人占 12%，其余 3% 为亚裔或西班牙裔人。多数居民信奉基督教。英语为官方语言。首都是拿骚。

一、物质民俗

海产品是巴哈马菜系的主要原料。在新鲜而未加工过的海螺肉上面加酸橙汁和调味品后可生吃。还可以油炸、蒸、炖、煮汤，或是做成沙拉、杂脍、海螺丁等。巴哈马特产的大螯虾是一种无爪多刺的海产品，可以用来烧烤，剁碎吃或做成沙拉。其他的美食还有煮或蒸的陆地蟹。各种新鲜的鱼也是巴哈马餐桌上必不可少的好菜。豌豆经常做成各种美味的汤。巴哈马的菜系有些辛辣，风味也很特别。

巴哈马岛上，不管是烈性酒还是软饮料都有各自的特色品种。卡力克酒通体淡黄，经过冷藏之后饮用，可以消暑降温，给人清凉惬意的享受。饮料有椰水，其中掺有少量甜牛奶和杜松子酒。

二、非物质民俗

巴哈马的传统音乐是贡贝，是非洲音乐传统和欧洲殖民地风俗相结合的产物。"贡贝"是班图语，是节奏、韵律的意思，也指那种用来演奏这种风格旋律的羊皮鼓。典型的简约乐队有一架鼓、一把木匠用的锯、几个沙球、几根鼓槌，还有一把自制的低音小提琴。小提琴是用一个洗衣盆，中间穿一根 0.9 米长的木棍，系上一根弦制成的。传统的简约音乐队是用来给巴哈马四对方舞和踢踏式波尔卡舞蹈伴奏的，后者也是非洲与欧洲因素融合而成的舞蹈。今天的简约乐队除了用锯条和贡贝鼓之外，还用萨克斯、电吉他或其他乐器来演奏。

黑人在文化上已被白人同化，因此姓名也不例外，即名在前，姓在后。人们见面都行握手礼，称男士为先生，称女士为夫人、小姐。在巴哈马访问政府办公室宜穿西装，其他时候穿长裤、衬衫，打领带。拜会办公单位须先预约。

第五节　美国的民俗

美国全名美利坚合众国，位于北美洲南部，国土面积约 937.26 万平方千米。人口 3.07 亿，是一个多种族、多民族的移民国家，有 100 多个民族，大体可分为三部分：一是美利坚人，占全国人口绝大多数；二是未被同化的各国移民集团；三是土著居民，包括印第安人、因纽特人、阿留申人和夏威夷人。居民通用英语。居民信奉基督教新教、天主教、摩门教、犹太教、佛教、伊斯兰教、其他宗教等。首都为华盛顿。

一、物质民俗

（一）饮食习俗

美国饮食比较随便，但注重营养。饮食喜欢"生"、"冷"、"淡"，即爱吃生菜、凉菜，口味淡、偏甜。烹调时不爱用调料，习惯用餐桌上的备用调料自行调味。忌食动物的脚和内脏，不吃蒜，不吃太辣的食品和肥肉。美国人喜欢喝果汁类饮料，就餐时喝牛奶、汽水、啤酒、葡萄酒，一般不喝烈性酒，饭后喝咖啡或茶。美国人使用刀叉不同于欧洲人，右手用刀切割食品后，将刀放下，再用右手拿叉取食。

美国人的早餐往往是果汁、鸡蛋、牛奶、面包之类。午餐可以是三明治、水果、咖喱等。晚餐最爱吃的是牛排与猪排等佳肴，并以点心、水果配餐。

（二）服饰习俗

美国人一般不讲究打扮，穿衣宽松、随便，喜欢标新立异。但正式场合讲究礼节。一般来说，不能穿背心出入公共场合，更不能穿睡衣出门。晚上有客来，也必须在睡衣外穿上外衣才能开门见客。在政府部门和公司工作的上班族每天均衣冠整齐。男士西服革履，女士是各式裙装配以淡妆。舞会上人们穿着庄重典雅，男士穿黑色晚礼服，女士则穿深色的长裙。常见的美国服饰有牛仔服、礼服（笔挺的西服）、三件一套的官服、夏威夷衬衫、穆穆装（形似旗袍的连衣裙），以及不拘一格的帽子和领带。

二、非物质民俗

（一）婚姻民俗

美国人在婚姻问题上讲求感情第一，交往自由，爱情自由。男女恋爱，一般不需要媒人介绍，父母也很少干涉。性爱自由是许多美国人的爱情观。他们认为男女双方不必做过多的了解，美丽的外表、强壮的体魄、性感的诱惑，足以构成感情的基础。他们重视婚姻合同，结婚前，男女双方到律师事务所签定一份"婚姻合同"，主要内容是婚后的钱财归属、家务分担、离婚的前提条件等。他们还讲求离婚自由，把离婚当做喜事予以宴庆。

美国人传统的婚礼仪式无奇不有，一般来说，他们的婚礼着重突出"新、旧、借、蓝"的特点。所谓"新"，是指新娘需穿着崭新的雪白长裙，以示新生活的开始；"旧"是指新娘头上的白纱必须是旧的，一般是其母亲结婚时用过的，以示不忘父母的恩情；"借"是指新娘的手帕是向女友借来的，以示不忘友情；"蓝"是指新娘身披的缎带必须是蓝色的，以示她已经获得了赤诚的爱情。现代美国人的婚礼多在当地法院举行，由一名法官证婚并主持。新人往往不穿礼服，不收礼品，也不设喜宴。还有的婚礼在户外以野餐的形式举行，仅有双方的父母、兄妹等人参加。他们十分重视结婚周年纪念日，认为随着时光流逝，一年比一年珍贵。他们为各个婚后周年所取的名称很有趣：第一年叫纸婚，第二年叫棉婚，依次下去是皮革婚、木婚、铁婚、铜婚、陶瓷婚、水晶婚等。从第十五年以后，每五年有一个名称，它们是搪瓷婚、银婚、珠婚、珊瑚婚、红宝石婚、蓝宝石婚、翡翠婚、钻石婚。每逢结婚周年纪念日，夫妻双方常互赠礼品，互致赞美和谢意，让对方感到欣慰。

（二）艺术和节庆习俗

美国艺术流派众多，音乐中的爵士乐风靡全球。美国人除了花费大量时间和金钱在音乐会、歌剧和流行歌会上，还更多地投入自身的演奏和演唱。美国是世界著名的电影王国。电影于1889年首次出现在美国，1894年在美国出现首家电影院，很快好莱坞确立了其世界电影制作中心的地位，并持续至今。

美国的主要节日有感恩节、独立日、圣诞节、万圣节、情人节、复活节等。

独立日 是美国的主要法定节日之一,是为纪念 1776 年 7 月 4 日大陆会议在费城正式通过《独立宣言》而设立的。

情人节(2 月 14 日) 在这一天,恋人之间都要互赠卡片、鲜花和巧克力。

复活节(3 月 21 日以后第一次月圆之后的第一个星期日) 是基督教纪念耶稣复活的一个宗教节日。复活节有不少传统的庆祝活动,彩蛋因其有孕育新生的含义而成为复活节最典型的象征,繁殖能力很强的兔子是复活节的另一象征。

万圣节前夜(10 月 31 日夜晚) 是颇具美国特色、且充满神秘色彩的时刻,更是孩子们纵情玩乐的好时候。千奇百怪的化装服饰、面具占据了商店的一角。装扮成妖魔鬼怪的孩子,加上一盏南瓜灯成为万圣节的主角。

感恩节(11 月的第四个星期四) 也叫火鸡节。它既是一个祈祷和感谢上帝的古老节日,也是美国人合家欢聚的节日。感恩节的食品极富传统色彩,火鸡是传统主菜,红莓苔子果酱、甜山芋、南瓜饼等也是感恩节的传统食品。

圣诞节(12 月 25 日) 是美国最盛大的节日。全城通宵欢庆,装饰圣诞树,吃圣诞蛋糕,人们互赠礼品,教徒们跟随教堂唱诗班挨户唱圣诞颂歌。

(三)礼仪与禁忌

美国人大都开朗大方,易于接近,不喜欢客套。喜交谈,不善隐瞒观点。坦率、自信、独立、进取心强、喜欢猎奇。正规场合,人们见面一般行握手礼和亲吻礼。在美国,12 岁以上的男子就享有"先生"的称号,但多数美国人在非正式场合不爱用先生、夫人、小姐、女士之类的称呼,喜欢别人直接叫自己的名字,并视为这是亲切友好的表示。

美国是一个时间观念很强的国家,各种活动都按预定的时间开始,迟到是不礼貌的。应邀去美国人家中做客或参加宴会,最好给主人带上一些小礼品,如化妆品、儿童玩具、本国特产或烟酒之类。对家中的摆设,主人喜欢听赞赏的语言,而不愿听到询问价格的话。如果想和朋友见面,要先打个电话,或者告知自己的愿望后,等待对方的邀请。名片只是在双方想保持联系时才送。当着他人的面抽烟,必须问对方是否介意。

在美国,人们一般不谈论别人的隐私。美国人注重个人隐私权,在社交场合,忌问女子的年龄、婚姻、服饰价格等私事;忌问男子的收入、财产、信仰、党派等。也不要随便问别人来自何方、去向哪里。忌讳数字 13 和星期五。美国人大多认定"胖人穷、瘦人富",所以听不得别人说自己"长胖了"。忌讳在公共场合和他人面前蹲在地上,或是双腿敞开而坐。忌讳别人冲自己伸舌头,认为这种举止是污辱人的动作。

喜欢象征纯洁的白色，如白猫、白色秃鹰（国鸟），还喜欢蓝色和红色，认为是吉祥如意的象征。偏爱黄色，认为是和谐的象征。忌讳黑色，认为黑色是肃穆的象征，是丧葬用的色彩。他们讨厌蝙蝠，认为它是吸血鬼和凶神的象征。

第六节　加拿大的民俗

加拿大位于北美洲北部，国土面积 998.47 万平方千米，居世界第二位。首都是渥太华。国花为枫叶，又称"枫叶之国"。人口 3 374 万，英裔居民占 42％，法裔居民约占 26.7%，其他欧洲人后裔占 13％，土著居民（印第安人、米提人和因纽特人）约占 3％，其余为亚洲、拉美、非洲裔等。其中华裔人口已占加拿大总人口的 3.5％，成为加拿大最大的少数族裔。英语和法语同为官方语言。居民中信奉天主教的占 47.3％，信奉基督教新教的占 41.2％。

一、物质民俗

加拿大人爱吃烤制食品，用刀叉进食，偏爱牛肉、猪肉、鸡蛋和水果。口味清淡，一般不用蒜味、酸辣味调味品，对沙丁鱼和野味有特殊的爱好。早餐吃面包、黄油、牛奶、麦片和蛋类，量较大。午餐多为三明治、牛奶和罐头食品。晚餐一般吃肉类和蔬菜。加拿大人喜欢喝下午茶，爱吃中国菜。习惯在用餐后喝咖啡、吃水果。

加拿大人忌食肥肉、动物内脏以及其他一切带有腥味、怪味的食物。不喜欢吃动物的脚爪和偏辣的菜肴。

加拿大的着装以欧式为主，日常生活中，他们的穿着都非常随便，T 恤、牛仔裤和运动鞋是最常见的搭配；上班时间，一般穿西服、套裙；参加社交活动时，往往穿礼服或时装。

二、非物质民俗

加拿大居民大多信奉天主教或基督教，因此他们的婚礼习俗同西方信基督教的国家大体相似。婚礼仪式一般都在教堂里举行，在结婚仪式上，牧师要为新人做祷告，新郎新娘相互赠送的戒指内侧刻着各自姓名的缩写字母和结婚日期，双方视其为珍品而留作永久的纪念。教堂仪式结束，新婚夫妇要乘坐装扮得花枝招展的彩车沿着繁华地区走一圈，随后到风景秀丽的公园或名胜游览地拍摄新婚合影照片。加拿大人的新婚宴会一般都选在晚上举行，先是非正式的酒会，接着是正式的冷餐和热餐，气氛热烈，场面隆重。加拿大新婚夫妇也有婚后蜜月旅行的习惯。加拿大人去世后，一般都要请牧师做弥撒，使死者的灵魂升入天堂。在葬礼上，亲友要在牧师的祷告声中撒下鲜花。

加拿大的节日丰富多彩，颇具特色。其中影响较大的民间重要节庆活动有如下几个。

冬季狂欢节（2月上、中旬） 魁北克省居民最盛大的节日。节日活动规模盛大，内容丰富多彩，具有浓郁的法兰西色彩，人们要在冰雪上举行各种活动。

郁金香花节（5月的最后两周） 首都渥太华的盛大节日，节日间举行各种彩车游行。欢庆的人们还选出一位美丽的"皇后"。人们尾随"皇后"的花车，以乐队为前导徐徐前行。如今该节日已成为世界最大规模的郁金香盛会。

淘金节 加拿大阿尔伯达省的居民每年从8月底起连续10天举行淘金庆祝活动以纪念祖先的奋斗精神。

枫糖节 加拿大盛产枫树，其中以东南部的魁北克和安大略两省枫叶最多最美。每年三四月间，正值加拿大采集糖枫叶、熬制枫糖浆的时节，一年一度的"枫糖节"就开始了。

元旦 人们将瑞雪作为吉祥的征兆，哈德逊湾的居民在新年期间，不但不铲平阻塞交通的积雪，还将雪堆积在住宅四周，筑成雪岭。他们认为这样可以防止妖魔鬼怪的侵入。另外，其他盛大节日还有圣诞节。

在人际交往上，加拿大人在社交场合与客人相见时，一般都行握手礼，亲吻和拥抱礼仅适合熟人、亲友和情人之间。许多加拿大人喜欢直呼其名，以此表示友善和亲近。对于交往对象的头衔、学位、职务，加拿大人只有在官方活动中才会使用。

加拿大人有较强的时间观念，热情好客。一般在家里宴请宾客，以示更友好。在加拿大，应邀去友人家吃饭不需要带礼物，但如果去亲朋好友家度周末或住几天，则应给女主人带点礼品，如一瓶酒或一盒糖等。离开主人家后，回到家中应立即给女主人写封信，告诉已平安到家，并对受到的款待表示感谢。

大部分加拿大人忌讳13和星期五。忌讳黑色及百合花（葬礼上的花），偏爱白色及枫叶图案。白雪在加拿大人的心目中有着崇高的地位，并被视为吉祥的象征与辟邪之物，在很多地方人们甚至忌讳铲除积雪。在需要指示方向或介绍某人时，忌讳用食指指点，而用五指并拢、掌心向上的手势。

第七节　其他国家的民俗

一、巴拿马的民俗

巴拿马全称巴拿马共和国，是中美洲最南部的国家，国土面积 7.55 万平方千米，人口 340 万，印欧混血人种占 65％，黑人 13％，白人 11％，印第安人 10％。西班牙语为官方语言。85％的居民信奉天主教，4.7％信奉基督教新教，4.5％信奉伊斯兰教。首都是巴拿马城。

（一）物质民俗

巴拿马人在正式场合一般都西装革履，风度翩翩。富人多数都有一件名叫"波列拉"的服装。"波列拉"是用质量上乘的白麻纱或高级薄麻布做成的薄纱短衫，上面饰有贴花或绣着各种生动的动植物图案，皱边上缝有手工织的花边，沿领口有一条色调对比鲜艳的绒线，前后都有结。农村居民最典型的服装是"下米西利亚"，是用一种薄料做成的圆领长衬衫。农民喜欢头戴草帽，脚穿草鞋。农村妇女常穿的服装是印花布连衣裙。

巴拿马草帽是用一种名为多基利亚植物的纤维或彩色杆纺织而成的。带有黑条纹或花饰且边沿上翘的草帽，原产于厄瓜多尔，由于外国游客见巴拿马人多戴这种草帽，故称之为巴拿马草帽。

巴拿马人以大米和玉米为主食，他们制作的食品讲究五味俱全。"瓜乔"是巴拿马最有名的民族菜，是用大米、豆类和肉做成的。人们还喜欢吃用玉米面和肉做成的玉米面饼、腊肉大米饭等。巴拿马人很喜欢一种叫桑科乔的食品，当地人常以此宴请客人。巴拿马居民常喝的饮科是可乐和咖啡。

（二）非物质民俗

巴拿马的婚姻风俗基本上遵循天主教的传统，国家法律规定实行一夫一妻制。大部分印第安人的婚姻和婚礼按照天主教习俗操办，但仍有一部分保留着本民族的传统。在举行正式婚礼前，少女们必须经历一种开花的成年仪式，是女子将要婚嫁的证明。仪式进行时，全村人都要赠送礼物，女方父母要宴请全村人。每年当地要举行一种被称为谢肉祭的狂欢节。节日期间，人们身着华丽的服装，装扮成各种奇异的角色。

巴拿马人热情好客，招待周到，使宾客无陌生感，如同在家一般。印第安的乔科族人尤其好客，且心地善良。

在正式社交场合，巴拿马人同宾客见面时常行握手礼，而在亲朋好友之间除握手外，还要拥抱和亲吻面颊。当地人接电话，往往先问您是谁。巴拿马人交谈时喜欢双方的距离靠得近一些，认为这样才显得亲近自然。他们有一些手势语，如吻指尖表示赞美。

巴拿马妇女不喜欢别人问的年龄；人们不喜欢打听他人的私生活和工资收入，认为每月的 13 日是最不吉利的日子。

二、危地马拉的民俗

危地马拉全称危地马拉共和国，是中美洲的一个国家。国土面积 10.89 万平方千米，人口 1 340 万，土著印第安人占 41%，其余为印欧混血人种和欧洲移民后裔。官方语言为西班牙语。70%的居民信奉天主教，20%的居民信奉基督教新教。首都是危地马拉城。

（一）物质民俗

危地马拉以玉米、小麦和大米为主食。饮食上以西餐为主，喜欢面包、三明治等。当地盛产咖啡，大多数人的午餐都要有一杯咖啡，当地人以午餐为正餐，晚餐一般在晚上 8 点以后才开始。

危地马拉的民族服装色彩艳丽，格调多样，100 多个部落的服装各有不同的图案、色调和穿法。只看服装就可以判断一个人所属部落或居住的区域，也可以根据服装上的细微变化，区分出人的社会地位、婚姻状况。

（二）非物质民俗

当地的奇奇卡斯特南戈人在每年 12 月 18 日都要过天主教节，节庆期间，人们来到教堂前面的广场上狂欢唱歌。教堂中摆满了各种形状的偶像，香烟缭绕，人们戴着彩色假面具进行祈祷。居住在山区的玛雅人每年的 4 月 10 日要在广场上举行化装舞会，以祭祀祖先。

危地马拉人举止大方，性情开朗，熟人之间常拍打对方的肩膀，他们在交谈时，常热情地注视着对方，彼此离得很近。当地人的时间观念比较淡薄。他们不仅认为 13 和星期五是不吉利的，而且还不喜欢 14 这个数字。最好不要在当地人家里或在他家人面前谈论工作。

三、哥斯达黎加的民俗

哥斯达黎加全称哥斯达黎加共和国，面积 5.11 万平方千米，人口 462 万，白人和印欧混血人种占 95%，黑人占 3%，印第安土著居民约 0.5%。官方语言为西班牙语。95%的居民信奉天主教。

哥斯达黎加人的日常饮食主要有玉米、豆类、大米、香蕉等。最普遍的饮料是咖啡、加粗糖煮开的郎姆酒、糖酒等。黑人居民多食君子兰、木薯和几种当地产的茎类食物。印第安人基本上吃玉米和香蕉，极少能吃上鱼和肉。哥斯达黎加男人见面时握手；妇女之间如果是朋友或亲戚，就亲吻面颊。

四、多米尼加的民俗

多米尼加全称多米尼加共和国，面积 4.87 万平方千米，人口 966 万，黑白混血人种和印欧混血人种占 73%，白人占 16%，黑人占 11%。官方语言为西班牙语。90%以上居民信奉天主教，少数人信奉基督教新教和犹太教，也有少数人信仰回教、佛教。首都为圣多明各。

（一）物质民俗

多米尼加饮食虽然和拉丁美洲其他国家非常类似，但是口味和菜肴名称稍有不同。多米尼加的一餐中多包含海鲜、肉类、饭、马铃薯、大蕉、蔬菜或是沙拉，喜食各种热带水果饮料。

由于多米尼加盛产甘蔗，当地用甘蔗加工的郎姆酒也非常有名。多米尼加独特的 Mama Juana 是当地家庭自己调配的药酒，主要是把郎姆酒、蜂蜜、红酒混合后，并在酒瓶里加入树皮或树根和草药。各种兰姆水果酒都是在多米尼加常见的饮料。多米尼加的咖啡和雪茄也世界驰名。

（二）非物质民俗

多米尼加以两种音乐风格闻名，一个是默朗格舞曲，另一个则是巴恰塔舞曲。这两种音乐风格不同，但是都风靡了整个加勒比海地区和拉丁美洲。多米尼加人从小喜爱音乐，大街小巷里随时随地都能听到轻快的乐曲和歌声。

多米尼加各大城镇都设有斗鸡场，每周三和周末有斗鸡比赛，赌博合法且金额颇大，斗鸡场旁边还设有跳舞吧台，算是当地人民的传统休闲活动之一。

【思考题】

1. 简述墨西哥人的服饰民俗和饮食民俗。
2. 美国人的性格特点有哪些，与美国人交往应该要注意什么？
3. 加拿大人的婚丧习俗和节庆习俗有何特点？
4. 古巴人的礼仪禁忌有哪些？
5. 牙买加人的建筑与饮食、服饰、婚姻习俗有何特点？
6. 巴哈马有哪些特色艺术？

第十章　南美洲的民俗

【学习目标】
- 了解南美洲各国概况
- 了解南美各国在建筑、饮食、服饰、婚姻、节庆、宗教、礼仪禁忌等方面的差异
- 掌握南美洲主要国家的民族民俗

【知识要点】
- 南美洲各国的概况
- 南美洲各国的物质民俗
- 南美洲各国的非物质民俗

第一节　智利的民俗

智利全称智利共和国，是世界上地形最狭长的国家。国土面积 75.66 万平方千米，人口 1 693 万。其中印欧混血人种占 75%，白人 20%，印第安人 4.6%。官方语言为西班牙语。在印第安人聚居区使用马普切语。居民中绝大多数信奉天主教，部分人信奉基督教新教、犹太教及地方传统宗教等。国花为一种叫"戈比爱"的野百合花。首都是圣地亚哥。

一、物质民俗

智利人的主要食物有面粉、大米、玉米、牛肉、猪肉和羊肉。葱头、土豆、西红柿、生菜、龙须菜、白菜和紫菜头等蔬菜及菜豆、兵豆和鹰嘴豆，以及各种各样的水果，如苹果、柑桔、葡萄等都是家家户户餐桌上的必备食品。智利人吃饭必须饮酒。

智利的美食十分出名，传统欧式烹调手法加上南美传统的烧烤，再结合本

国的蔬菜、香料、新鲜海鲜等天然资源，有少油、低卡路里、清爽的特色。

智利城市建筑的最大特点是殖民时期遗留下来的建筑物和现代化的住宅形成鲜明的对比。农村房屋一部分是欧式的，其余大部分是平房。智利居民在庄重和正式场合一般都穿西装，平时穿着比较随便。

有的印第安部落仍然过着原始不定居生活，他们或从事狩猎、采集浆果，或捕鱼抓虾、采集贝壳动物，身穿兽皮斗篷，以两端尖翘的独木舟为家，不断变换住处。在智利北部保留地内过着定居生活的印第安人则耕种梯田，驯养美洲驼，织染驼毛用以编织，他们还擅长制造精致陶器。

二、非物质民俗

智利流行一种民间舞蹈，叫做"奎格"舞，一男一女都穿着色彩鲜艳的民族服装，男士手拿白手绢，弯曲着腿跳舞。这种"戈比爱"国花和"奎格"民间舞的形象，在智利各地的浮雕和铜制工艺品中常可见到。

智利北部印第安人流行一种有趣的婚俗：在秋后的庆祝会上，未婚青年男女在父母带领下尽情歌舞，当明月当空时，人们围成一个大圈子，未婚青年男女走进场地，姑娘被蒙上眼睛，在歌舞中进行捉迷藏游戏，小伙子被姑娘捉住，即可结为百年之好。这种择偶方式虽有盲目性，但当地很少有离婚现象。

智利印第安人把安第斯山奉为山神，定期举行各种祭奠仪式。许多印第安人认为大山是有生命的，山神同基督教共存。这种对山的崇拜形成了神秘的安第斯文化。印第安人把咒术施于仪式、病痛的治疗及圣灵交感等。

智利人勇敢热情，好饮酒。他们十分重视见面时的问候礼节，同外来客人第一次见面时，多要握手致意，熟悉的朋友见面还要热情拥抱和亲吻。智利人的禁忌和西方几乎一样，他们还认为"5"这个数字不吉利。

第二节　巴西的民俗

巴西全称巴西联邦共和国，位于南美洲东部，面积851.49万平方千米，人口1.94亿，居世界第5位，白种人占53.74%，黑白混血人种占38.45%，黑种人占6.21%，黄种人和印第安人占1.6%。官方语言为葡萄牙语。国内大多数居民信奉天主教，部分居民信奉神道教、犹太教及佛教等。

一、物质民俗

巴西人的住房多种多样，在大城市，既有高楼大厦，又有大庄园式的传统庭院。农村人住的是用支架支撑起来、离地面很高的圆筒形草房。东北部地区大多数是木制房屋，东南部地区是石屋、木屋和土屋。而米纳斯吉拉斯州人，喜欢几代同堂住在一起，和睦相处。即使住高楼大厦，他们也尽量住在同一栋楼或同一层楼。

在饮食方面，巴西南部的人食肉较多。东北地区人们的主食是木薯粉和黑豆。其他地区的主食是面、大米和豆类等。蔬菜的消费量，以东南部和南部地区居多。在巴西人的主食中，巴西特产黑豆占有一席之地。大多数巴西家庭每天都会做黑豆饭。巴西的国菜"脍豆"是用猪蹄、杂碎、黑豆放在砂锅里炖制而成，味道十分鲜美。烤肉为国菜，烤肉在巴西的每个地方都是极为主流的风味菜。

巴西盛产咖啡，有"咖啡王国"之称。咖啡是巴西人日常生活必不可少的饮料，平均每天要喝六七次，平均每人每年要消费 6 千克。客人来访时，主人会奉上一杯香浓的咖啡，表示对客人的尊敬。

在正式场合，巴西人的穿着十分讲究，一定要穿西装或套裙。在一般的公共场合，男士至少要穿短衬衫、长西裤，女士则最好穿高领带袖的长裙。巴西妇女爱戴首饰，爱穿花衣裳，并且喜欢色彩鲜艳的时装，一般情况下，大都喜欢赤脚穿鞋。

二、非物质民俗

巴西的文化具有多重民族的特性，在音乐舞蹈方面都与众不同。著名的桑巴舞就带有浓郁的非洲风情。巴西体育具有世界水平，特别是足球运动使它享有"足球王国"的美誉。

巴西狂欢节由葡萄牙人传入巴西，在每年 2~3 月举行。节日期间举行三天盛大的群众性活动，人们狂热地跳着桑巴舞，并举行化装游行比赛。巴西人具有尊敬老人的民族美德，每年 8 月的第二个星期日为父亲节，这一天举国同庆，庆祝的形式各异，人们手捧鲜花或礼品送给父亲或长辈，然后共进丰盛的午餐。在这一天，各种宣传机构、报纸、杂志都刊登尊敬老人的事迹，充分体现出巴西人尊重老人的社会风尚。马贡巴祭典是巴西黑人的宗教节日。每年在海滩上举行一次宗教祭奠仪式。由大神父主持，杀公鸡、鸭和鸟等动物祭奠大海女神伊埃曼哈。

巴西人会在大众面前表露情感，慷慨好客。在一般情况下，巴西人喜欢直呼其名，有时候会采用本名加父姓组合而成的简称，而一个人的姓名全称只有在极为正式的场合才会使用。初次见面时，人们以握手为礼，亲戚朋友彼此问候，也习惯拥抱、亲颊。

巴西人特别喜爱孩子，对当地政治问题闭口不谈。适于谈论的话题有足球、笑话、趣闻等。除此之外，巴西人还有一些独特的见面礼。其一是握拳礼，主要用于问安或致敬。行礼时，先要握紧拳头，然后向上方伸出拇指。其二是沐浴礼，它是巴西土著居民迎宾的礼仪。当客人抵达后，主人必须做的第一件事，便是邀请客人入室洗浴。客人沐浴时间越久，就表示越尊重主人。有时主人还会陪同客人一道入浴。宾主双方一边洗澡，一边交谈，显得亲密无间。

巴西人忌棕黄色、紫色和深咖啡色，棕黄色表示凶祸，紫色表示悲伤，深咖啡色会招来不幸。在人际交往中，巴西人极为重视亲笔签名，无论是写便条、发传真，还是送礼物，他们都会签下自己的姓名。否则就视为不重视交往对象。与巴西人交往，不宜向其赠送手帕或刀子，他们认为手帕会引起吵架，刀子会割断友情。英美人表示"OK"的手势，在巴西人看来是非常下流的动作。

第三节　秘鲁的民俗

秘鲁的全称为秘鲁共和国，面积 128.52 万平方千米，人口 2 913 万。秘鲁居民中绝大多数人信奉天主教。首都利马，被誉为"世界不雨城"。

一、物质民俗

秘鲁人在社交活动中通常穿西式服装，平时穿着比较注重个性。但在同一场合，若在场的秘鲁人未脱掉上衣，其他人这样做则是不礼貌的。当地妇女喜欢佩戴各种金属饰物，节日里通常戴用银或铜制的耳环等。

秘鲁人喜食马铃薯和玉米，在高山地区，马铃薯是基本食物，平原地区则常以玉米为主食。上马及沿海地区的菜肴以辣味为主，秘鲁人特别喜欢吃烤肉串，虽然有时也烤阿拉伯式的牛羊肉串，但更多的是烤牛心，这是秘鲁人宴请宾客时的一道佳肴。

二、非物质民俗

秘鲁的印加印第安人，在每年9月举行定期驱魔节日。因9月是雨季，瘟疫易于流行，为了驱除病魔，秋分后月圆的第一天，所有的人要禁食。晚上各家聚会，烤制一种掺有小孩鲜血的玉米饼。人们在洗浴之后，用这种面饼擦头、脸、胸、肩、腿，认为这样可以消除病痛。然后再用这种面饼擦门槛，证明全家都已斋戒净身。

每年5月30日是秘鲁的"国家土豆日"。每逢这一天，在秘鲁各大城市和主要土豆产区，人们都会自发地组织各式各样的庆祝活动，感谢土豆为人类做出的贡献。

佣人节的起源是在2007年3月，秘鲁总统加西亚在一个由秘鲁劳工部组织的有关指导佣人争取劳工权益的讲座上宣布，秘政府将把每年的3月30日定为全国"佣人节"，以维护广大从事家庭服务行业人员，特别是从事该行业的妇女的合法权益。

皮斯科鸡尾酒是秘鲁人的骄傲，它于2007年被确认为秘鲁国家文化遗产。2004年，秘鲁政府宣布将每年2月的第一个星期六定为全国皮斯科鸡尾酒节。皮斯科酒原产于秘鲁皮斯科地区，以葡萄汁为原料，经过蒸馏酿制而成。如今皮斯科鸡尾酒已成为秘鲁的一种餐饮文化象征。

秘鲁人中信奉天主教的城镇教徒，一般是到教堂中举行婚礼，但在一些边远山区仍保留着传统的婚俗。在秘鲁的安第斯山区的印第安人还保留有制作木乃伊的习俗，即人死后要被制成木乃伊。

秘鲁基巴罗族人视巫师如神明，并对其异常崇敬。秘鲁人特别忌讳"死亡"这个词，若以"死亡"来诅咒他人，必定会引起一场大殴斗。

秘鲁人在社交场合与客人相见和告别时，都惯以握手为礼。男性朋友之间相见，一般惯施拥抱礼，并互相拍肩拍背。秘鲁妇女之间相见习惯施亲吻礼，亲吻对方的面颊，嘴里不停地发出表示友好的啧啧声或说问候的话。任何场合下，都可用花作为礼品。秘鲁人具有拉丁民族的特征，热情、好客。

秘鲁人忌讳13和星期五，认为是不吉利的数字和日期。他们还认为乌鸦是一种不祥之鸟，会带给人厄运和灾难。秘鲁人忌讳以刀剑为礼品，认为送这些东西意味着割断友谊。他们在饮食上忌食海参等奇形怪状的食品。在秘鲁，平时忌用紫色，只有在10月份举行宗教仪式时使用，秘鲁人把紫色视为不祥。

第四节　阿根廷的民俗

　　阿根廷全称阿根廷共和国，位于南美洲南部，面积 278.04 万平方千米，是拉美第二大国，人口 4 062 万，主要由欧洲人和印第安人组成，其中白种人占 97%，多属意大利和西班牙后裔；混血人种、印第安人及其他人种占 3%。官方语言为西班牙语。居民大多数信奉天主教，其余的信奉新教及其他宗教。首都是布宜诺斯艾利斯。

一、物质民俗

　　阿根廷的饮食文化搀杂了欧陆西餐的成分，肉食方面主要以牛、鸡、驴为主，很少吃猪肉，而炭烧烤肉是当地的特色。炭烤牛肋条肉质甘香，配上用洋葱、青红椒切细的香料，不肥不腻，香嫩可口。

　　马黛茶也是阿根廷的特色，据说这种茶被阿根廷誉为"国宝"、"国茶"，在当地语言中"马黛茶"就是"仙草"、"天赐神茶"，因为它含有多种营养成分，不仅可以清除胆固醇、降低血脂，还能促进血液循环、提神醒脑等，所以阿根廷人认为"马黛茶"不同寻常，人们每天都喝。

　　在正式场合，阿根廷人的着装讲究干净整齐，不论是进行正式访问还是外出，一定要男穿西装女穿裙装。在阿根廷各民族中，高乔人是西班牙人和印第安混血的后裔，其服装最为华丽，具有民族特色。高乔人喜欢穿方格细布短上衣，肥大的灯笼裤，系围巾、宽皮带，穿草鞋。

二、非物质民俗

　　阿根廷是探戈的故乡。探戈可唱、可跳、可演奏，它是一种集音乐、舞蹈、歌唱和诗歌于一体的综合性艺术形式。它实际上是在米隆加、哈巴涅拉、坎东贝等拉美、非洲等多种民间舞蹈基础上演绎而成的。阿根廷探戈不同于我们在国标舞中看到的探戈表演，它其实是一种唱多于跳的艺术形式，由清一色的男性独唱，偶尔有几个小滑稽剧穿插其中。

　　阿根廷最隆重的传统节日是每年 2 月 22 日至 3 月 9 日的葡萄节。节日期间，人们身着节日服装，载歌载舞，随着彩车游行。节日的高潮是全国的选美比赛，最后选出葡萄女王。选美结束后，还有西班牙绘画、雕塑等艺术展览和探戈舞表演。

在一些阿根廷牧区，如阿亚库乔地区，自1970年开始每年都要举行一次杜犊节。节日期间，要举行传统的赛马和骑术表演。晚上在为杜犊节专门兴建的两座大型娱乐厅中，由全国最优秀的艺术团体表演民间传统戏剧和歌舞。

阿根廷图库曼省山区的土著人克丘亚人在每年9月28日举行庆祝活动，庆祝他们心中的万能上帝——土地妈妈。届时，当地居民身着盛装，妇女们还用各种鲜艳的画纸贴在脸上、身上。男人们把面粉调成糊状涂在脸上，一边唱歌，一边击鼓。傍晚，人们聚集在教士身旁，听其说教，并举行宗教游行，之后是长时间的祈祷。此时，幽静的山谷里只能听到虔诚的祈祷和教士的赞美诗声。

阿根廷人的交往礼仪与欧美其他国家大体一致。阿根廷人大都信奉天主教，所以一些宗教礼仪也常体现在阿根廷人的日常生活中。拜访阿根廷人时，可赠送一些小礼品。但不要送衬衫、领带之类贴身用的物品。阿根廷人喜欢别人夸奖他们的孩子、家里的陈设和菜肴，忌谈有争议的宗教、政治问题。

第五节　委内瑞拉的民俗

委内瑞拉全称委内瑞拉玻利瓦尔共和国，面积91.67万平方千米，人口2 793万，由印欧混血人种、白人、黑人和少数印第安人组成。官方语言为西班牙语。居民主要信奉天主教，少数居民信奉基督教新教。首都是加拉加斯。

一、物质民俗

委内瑞拉的城市建筑是西班牙式的，城市的新区多是高楼大厦，有豪华的住宅，也有贫民窟。农村房子的样式比较多，有的是两层漂亮的楼房，有的是用砖瓦和水泥建成的平房，有的是茅草屋。

"阿利亚卡"是最典型的圣诞食品，如同中国北方人过年吃的饺子。阿利亚卡是用玉米面和猪肉、牛肉、鸡肉加上果仁等材料做成。另一种圣诞食品是火腿果仁面包。烤好后的火腿果仁面包呈金黄色，食用时切成段。

委内瑞拉人十分讲究社交场合着装整齐，即使天气热，在正式场合中男女都要穿西服、系领带、穿皮鞋。男士的西服是三件套装，颜色以深色为好，内穿白色衬衫，衬衣的下摆要塞进裤子里，系好袖扣和领扣。女士西装多根据自身的条件选择，配以各种衬衣或内衣，领带可自愿佩戴。

二、非物质民俗

婚姻习俗各异，有的部落是一夫多妻制，妻子们法律上平等，她们各自耕种土地。有的部落则分为若干个母系亲属集团，只给女孩举行成人礼，在结婚时彩礼送给女孩的母亲或舅舅。

在委内瑞拉最具有特色的节日是黑人的宗教节日。居住在西部的黑人盛行过圣贝内狄克特节。圣贝内狄克是黑人的圣人，故又称"圣黑人祭"。每年 10 月 1 日至 12 月 25 日，信徒们便举着圣像周游各个村落。先是游行，最后举行村祭，典祭时所有阶层的人都可以参加。

新年来临之际，很多委内瑞拉人还喜欢将大面额的纸币放在钱包或是右脚穿的鞋子里，表示自己掌握了财富。在委内瑞拉，很多老人相信，如果想在新的一年里发大财，就应该在新年钟声敲响后祝酒碰杯，并让一枚金戒指掉进酒杯中。在委内瑞拉，新年时喝的酒首选香槟等起泡沫的酒，因为泡沫象征着好运。

委内瑞拉人认为得体的称谓是对他人的尊敬，也是基本的礼仪要求。在社交场合，对委内瑞拉的任何女性都可以称为"女士"。委内瑞拉人对自己的头衔比较看重，一般要在称呼前加行政职务或学术职称。委内瑞拉人相互交谈时喜欢离得很近，有的人脸对脸几乎可以碰到对方的鼻子，谈话时可能捏捏对方的肩膀，摸摸对方的领口，熟人之间时常抓住对方的双手说话。

委内瑞拉人一般只邀请关系密切的朋友到家中做客。应邀到委内瑞拉人家中做客，最好事先给男主人或女主人送去一些鲜花或糖果，随身带去也可以，事后再寄上一封感谢信。适合男人的礼物包括一支笔或其他办公用品。兰花是委内瑞拉的国花，是送给妇女的好礼物。

第六节　圭亚那的民俗

圭亚那全称圭亚那合作共和国，印第安语意为"多水之乡"，位于南美洲东北部，国土面积 21.5 万平方千米，人口 77 万，由印度裔、非洲裔、混血人种和印第安人组成。英语为官方语言和通用语，也使用克里奥尔语、乌尔都语、印第安语和印地语。居民信仰印度教、基督教、罗马天主教和伊斯兰教。首都为乔治敦。

一、物质民俗

圭亚那城市建筑多为高层楼房，农村多为英国老式建筑，印第安人的房子是茅草屋。圭亚那民房常有一种方格式的窗格，在窗格里有一种红色或绿色的花纹。如果走近细看会大吃一惊地发现，原来窗格里都是盘着的蛇。这种蛇也叫"文身蛇"，它自己会将躯体卷缩起来，绞成一种非常美丽的"花纹"。当地人将一种浓胶洒在蛇的躯体上，马上能将蛇粘住，于是将这种活的蛇"花纹"装进窗格里，就成了美丽的"蛇窗格"。窗格蛇的身上会散发出一种非常香的气味，虫子嗅到这种香味就会被熏昏，因此当地居民将这种蛇用来作窗格，既增加了美观，又阻止蚊虫等飞进屋内。窗格蛇的香味一般可保持一二年。

城市居民在正规场合穿西装，平时穿着较随便。当地居民的主要食物是大米、青菜、面包、饼、猪肉、鱼虾等。饮料主要有啤酒、咖啡、红酒、白酒等。

二、非物质民俗

圭亚那人在社会交往中最常用的称呼是先生和女士、夫人或太太。对未婚青年男女，可称少爷和小姐，在称呼前一般加行政职务或学术职称。人们见面行握手礼。圭亚那居民的禁忌和英国人一样，如妇女不喜欢别人询问自己的年龄，也不喜欢 13 这个数字。

第七节　厄瓜多尔的民俗

厄瓜多尔全称厄瓜多尔共和国，面积 25.64 万平方千米，人口 1 401 万，主要由印欧混血人种、印第安人、白种人、黑白混血人种、黑人和其他人种组成。官方语言为西班牙语，印第安人通用克丘亚语。居民主要信奉天主教。首都是基多。

一、物质民俗

在厄瓜多尔，不论男女都喜欢文身，妇女穿一种名为图南的五颜六色的衣裙，科方部族的男子穿无袖长衫，妇女穿裙子或带袖的罩衫。他们喜欢佩戴羽毛和花草做成的耳环。厄瓜多尔人常吃的食物有米饭、土豆和肉类（牛肉、鸡肉和猪肉），这样的食品一般都配辣汁，辣汁配方不尽相同。厄瓜多尔的煲汤是世界闻名的，一般在正餐前喝汤，有的汤配肉、土豆和奶酪；有的配鱼肉和蔬菜；还有的配当地有名的牛鞭。

二、非物质民俗

厄瓜多尔的印第安人仍保留一些传统的婚俗，青年男女求爱时，小伙子向姑娘投掷小石块，打到对方的部位越高，表示越爱，他们的婚礼多在傍晚举行。厄瓜多尔每年 11 月的前两天要过亡人节，类似中国的清明节。

厄瓜多尔的节日很多，以下是重要节日：1 月 1 日新年；2 月 12 日亚马逊河发现纪念日；3 月或 4 月卡尼沃节；5 月 24 日皮苛察战争纪念日；6 月可派斯克里斯第节，全国举办大型舞会及各种纪念性活动，庆祝高地地区的丰收和宗教典礼；每年 9 月是厄瓜多尔黑母亲节，又称圣母施恩节，相传圣母玛丽亚的乳娘是黑人，是她引导印第安人和梅斯索人崇拜圣母玛丽亚，人们为纪念黑人乳娘而把每年 9 月定为黑母亲节；12 月 6 日为基多创立者之日；12 月 28～31 日年终大庆典以欢庆单纯之节开始，全国都沉浸在欢庆的气氛中，人们在路上燃烧纸草人，意味着全国都喜气洋洋地进入新的一年。

在厄瓜多尔的印第安人的部落中，至今仍保留着一些原始宗教。大多数部落把安第斯山脉的崇山峻岭奉为他们衣食住行和荣辱祸福的主宰者。厄瓜多尔没有特殊禁忌。在厄瓜多尔给小费很普遍，但金额不大。

第八节　其他国家的民俗

一、巴拉圭的民俗

巴拉圭全称巴拉圭共和国，是南美洲中部的内陆国家，面积 40.67 万平方千米，人口 623 万。95％为印欧混血人种，其余为印第安人和白种人。官方语言为西班牙语和瓜拉尼语。90％的居民信奉天主教。首都是亚松森。

（一）物质民俗

巴拉圭人在正式场合多穿西式服装，当地的印第安人有的仍保持着原始的服饰习俗，他们最普遍的饰物是唇饰，这是一种嵌在下唇上的小棍。妇女儿童戴一种项圈。巴拉圭人嗜饮马黛茶，常常在一杯茶中不断加水，大家轮流吸饮，也喜用此作为待客之物，客人喝得越多，主人会越高兴。巴拉圭人还嗜饮啤酒。

（二）非物质民俗

在巴拉圭的印第安人中，男孩子到 14 岁就要举行一种仪式。部落酋长刺破男孩的下唇，其余的男人便向"图帕"神祈祷，连续三天只能吃玉米粥，此后他就有了与成年人同等的权利。女孩子在年满 13 岁时，被关在屋内，用一屏障隔开，接连三个星期，女孩子只能吃少量的食物，不能讲话，不能笑，眼睛看着地面。此后女孩就有了同成年妇女一样的权利。

9 月 21 日是许多南美洲国家的"春天日"，包括巴拉圭在内的南美洲国家纷纷以各种方式庆祝他们的"春节"。巴拉圭人将新年之前的五天定为冷餐日，任何人都不能生火做饭，只能吃冷乳等食物。巴拉圭瓜拉尼人有一种屋葬的习俗，人死之后，亲友们把死者用过的物品装入一个木匣，同死者一起埋葬。

人们通常在正式社交场合行握手礼。对于亲朋好友，男子之间见面时互相拥抱，妇女之间则互相亲吻。女士向男士伸手时候，男士必须跟她握手，而男士绝不可先伸手跟女士握手。无论男女，好朋友一起走时常挽着胳膊，与人交谈时也喜欢靠得很近。在正式场合应当注意着装整齐，最好是着西装，打领带。当地商人有午睡的习惯，商业界人士招待客人喜欢在夜间，大多在酒楼、饭店内举行。在商务活动中互赠礼物是当地的习俗。在与巴拉圭人交谈时，应避免涉及政治性话题，恰当的话题是家庭、体育和天气。

二、玻利维亚的民俗

多民族玻利维亚国是南美洲的一个内陆国家，为南美洲国家联盟的成员国。位于南美洲中部，国土面积 109.86 万平方千米，人口 1 023 万。其中印第安人占 54%，印欧混血人种占 31%，白人占 15%。官方语言为西班牙语，主要民族语言有克丘亚语和阿依马拉语。多数居民信奉天主教。法定首都为苏克雷，但实际上的政府所在地为拉巴斯。

（一）物质民俗

玻利维亚的城市建筑是欧式的，农村的房屋比较简单，多是砖土、石头砌成的平房。居民主食有大米、玉米、小麦、木薯等，主要饮料是可乐和啤酒。居民平时着装比较随便，但在正式场合穿西装，而印第安人则爱穿民族服装。

（二）非物质民俗

玻利维亚人见面时总是用礼貌用语互致问候，再握手。社会上最常用的称呼是先生、夫人、女士。对未婚青年男女分别称少爷和小姐。在正式场合要在称呼前加行政职务或学术职称。玻利维亚人应邀赴宴或参加舞会等活动前，一般都要带上礼物。与玻利维亚人见面不要问到哪里去、去做什么。交谈的内容尽量避免政治和宗教话题。

三、乌拉圭的民俗

乌拉圭全称乌拉圭东岸共和国，面积 17.62 万平方千米，人口 334 万，有白人、混血人种、黑人，还有极少数的美洲印第安人。信仰的主要宗教是罗马天主教、新教、犹太教和其他宗教。官方语言为西班牙语。首都为蒙得维的亚。

（一）物质民俗

乌拉圭城市建筑多为楼房，有西班牙式的、意大利式的。农村的房屋多用草和泥筑成，也有砖瓦房。居民在正式场合一般穿西装，平时衣着很随便。乌拉圭城乡居民的主要食物是大米、玉米、面包、蔬菜、禽蛋、柑橘、柠檬等。饮料有用甘蔗制作的烧酒、葡萄酒，也有从意大利进口的格拉帕酒。常见的饮料有可乐、苏打水等。

（二）非物质民俗

乌拉圭人忌讳 13 和星期五，认为会带来不幸或灾难。他们不喜欢涉及政治方面的话题。忌讳青色，认为青色意味着黑暗的前夕，并会给人以压抑感，是一种令人懊丧或倒霉的色彩。他们在饮食中忌讳形状奇异的水产品和两栖动物的肉。

乌拉圭人同外来客人见面，即使是初次交往，都会主动打招呼，互相握手，寒暄问候。见面使用最多的称呼是先生和夫人或太太，对未婚青年男女可称少爷和小姐。喜爱称对方的行政职务或学术职务。乌拉圭人去赴宴或参加其他宴会，都要带上蛋糕、酒等礼物。进出公共场所的大门时，一般男子应先让女子进出。

四、苏里南的民俗

苏里南全称苏里南共和国，位于南美洲北部，国土面积 16.38 万平方千米，人口 52 万，由印度人、克里奥尔人、印度尼西亚人、丛林黑人、印第安人、华人和其他人种组成。另有约 18 万苏里南人旅居荷兰。荷兰语为官方语言，通用苏里南语，各民族均有自己的语言。居民信奉基督教、印度教和伊斯兰教。首都为帕拉马里博。

（一）物质民俗

苏里南城市建筑大多是两层楼房，具有荷兰式的特点。农村房屋种类较多，有水泥木质结构的平房，也有用棕榈叶盖顶的草房。城乡居民着装随便，正式场合穿西装、皮鞋。居民的主要食物是大米、猪肉、家禽、鱼虾、海味和各种蔬菜及水果等。主要饮料是啤酒和果子酒。苏里南在饮食上也集合了荷兰、印度、南非和犹太地区的餐饮文化。在苏里南餐厅，丰富的菜单可以提供几十种国家的菜系，是品尝异国料理的绝佳选择。

（二）非物质民俗

在苏里南有一印第安人部落，男子向姑娘求婚的方式是送鱼，表示自己是精通捕鱼技巧，能够自力谋生，承担起家庭重担的男子，如果姑娘有意就会亲手把鱼烹成美味回赠给求婚者。

苏里南居民的礼节与其他欧美国家相似，一般朋友见面时，相互握手并互致问候。告别时的礼节与见面时一样，问候语改为"再见"、"祝您幸福"等。最常用的称呼是先生、夫人、女士或太太。对未婚的青年男女称少爷和小姐。习惯在称呼前加行政职务或学术职称。居民的禁忌与荷兰等国家相似，如妇女的年龄不宜询问。

五、哥伦比亚的民俗

哥伦比亚全称哥伦比亚共和国，位于南美洲西北部，国土面积114.17万平方千米，人口4 498万，其中印欧混血人种占60%，白人占20%，黑白混血人种占18%，其余为印第安人和黑人。官方语言为西班牙语。多数居民信奉天主教。首都是圣菲波哥大。

哥伦比亚以开采黄金历史悠久、黄金制品精美而驰名世界，所以素有"黄金之国"的美称。在哥伦比亚首都有世界上独具一格的黄金博物馆，在安第斯山中还有一个充满神秘色彩的湖泊——黄金湖，就连圣菲波哥大的最大机场也叫黄金机场。

（一）物质民俗

哥伦比亚城市居民在正式社交场合穿西装，打领带。女孩从小就开始佩戴用白色珠子串起来的挂链，随着年龄的增长逐年增加。有些成年妇女的挂链有100多条。哥伦比亚人的主食是大米和玉米，也常吃各类面食，爱吃猪肉、牛肉，喜爱中国的苏菜、沪菜和京菜。当地人在宴请时，很注意餐桌的布置，认为把餐桌布置得美观能显示主人的热情和雅趣。他们用餐时使用刀叉。

（二）非物质民俗

巴兰基亚狂欢节　这是马格达莱纳河沿岸50多个村镇文化游行活动的总称。人们乔装打扮成开曼人或印第安人，讲述如何为了被西班人掠走的妇女名誉而战的故事。故事的讲述伴随着哥伦比亚音乐节奏以及持续5天的鼓点。2003年，巴兰基亚狂欢节被联合国教科文组织宣布为人类口头和非物质遗产。

　　民间斗牛节　阿尔霍纳小镇举行的民间斗牛节是由当地斗牛爱好者参加的一项活动，在当地已有上百年的历史，因其场面惊险刺激，每次斗牛都能吸引成千上万名观众前来观看。

　　哥伦比亚鲜花节　鲜花行业是哥伦比亚的主要产业之一，哥伦比亚也是世界第二大鲜花出口国。在哥伦比亚人们会参加鲜花节游行，举行各种活动庆祝。

　　哥伦比亚人注重礼仪，讲究礼貌，待人诚恳，热情好客。见面时，男性之间一般握手致意；女性之间除握手外，还要相互拥抱并亲吻对方的脸颊；关系亲密的异性朋友之间也时常拥抱和亲吻面额；初次交往的异性之间多是鞠躬点头致意。在哥伦比亚，无论是公务约会还是私人拜访，均要事先联系预约，而且要在时间安排上尽量宽松一些，最好半天时间只安排办理一件事情。

　　哥伦比亚人举止安详，不急不躁，凡事喜欢慢慢来。他们召唤人时，流行的手势是掌心向下，手指与整只手一同摆动。交了好运则用食指与小拇指伸直做牛角状。哥伦比亚人最忌讳 13 和星期五，也不喜欢紫色。

【思考题】

1. 智利有何特色饮食？
2. 简述秘鲁人的节庆习俗和宗教禁忌。
3. 巴西人都有哪些特点，与巴西人交往时应该要注意哪些方面？
4. 简述阿根廷的艺术与节庆习俗。
5. 委内瑞拉人在礼仪禁忌方面有何特点？
6. 简述厄瓜多尔的服饰、饮食、婚丧习俗。

第十一章　大洋洲的民俗

【学习目标】
- 了解大洋洲主要国家的节日、社交礼仪及禁忌、传统服饰及传统饮食
- 在掌握大洋洲主要国家的当地民俗的基础上,探索旅游服务的规律特点

【知识要点】
- 大洋洲各国的服饰与饮食习俗
- 大洋洲各国的建筑特色
- 大洋洲各国的宗教、礼仪与禁忌
- 大洋洲各国的婚丧习俗

　　大洋洲位于太平洋西南部和南部、赤道南部的广大海域,总面积约 897 万平方千米,人口 2 900 万,是世界上面积最小、人口最少的一个洲（除没有国家固定居民的南极洲）。全洲民族多样,民俗资源丰富。本章根据海南省旅游客源地名录选取了澳大利亚、新西兰、斐济、瓦努阿图、汤加、巴布亚新几内亚等几个代表性国家逐一进行介绍。

第一节　澳大利亚的民俗

　　澳大利亚全称澳大利亚联邦,面积 769.2 万平方千米,人口 2 196 万,主要由英国及爱尔兰后裔和欧洲其他国家后裔组成,还有少数亚裔（华裔约 67 万人）和土著居民（约 45.5 万人）。约 1/5 的居民无宗教信仰或宗教信仰不明,大部分居民信仰圣公会教、罗马天主教、基督教,少数人信仰佛教、伊斯兰教、印度教和犹太教等。官方语言为英语,首都为堪培拉。

一、物质民俗

澳大利亚建筑风格具有自身新颖独特且多样化的特点。如以铁构架为特色的建筑主要是来自英格兰和苏格兰,而以木结构为特色的建筑则主要来自美国、印度和其他一些地区。20 世纪初,澳大利亚建筑的外观也加入了"曲面"的元素,典型的例子是大量采用"凸肚窗"的造型。著名的悉尼歌剧院别具一格的风帆形薄壳结构充分显示了结构主义和表现主义所具有的独特魅力。

澳大利亚人饮食上主要以面食为主,特别爱吃中国风味的清汤饺子,鸡、鸭、鸽、鱼、海鲜、猪肉、牛肉、蛋类等也是他们喜欢的食品。澳大利亚人对煎、炒、炸等烹调方法制作的菜很偏爱,味精、酱、姜、胡椒粉是他们常用的调料。澳大利亚人喜爱的菜肴有火腿、炸大虾、煎牛里脊、北京烤鸭、脆皮鸡、糖醋鱼、炒什锦等风味菜肴,当地的名菜是野牛排。啤酒是最受欢迎的饮料。

澳大利亚男子多穿西服,打领带,在正式场合打黑色领结,妇女一年中的大部分时间都穿裙子,在社交场合则套上西装上衣。无论男女都喜欢穿牛仔裤,他们认为穿牛仔裤方便自如。土著居民往往赤身裸体,或在腰间扎一条围巾,有些地方的土著人将围巾披在身上。

二、非物质习俗

澳洲土著人的婚姻和家庭极为古老和原始。对偶婚、群婚、婚外制等在各部落中流行,而且婚姻与亲属制关系密切。在澳洲土著部落中,每个部落氏族禁止同一部落氏族通婚,都要在其他部落氏族寻找配偶,而且并不是简单地甲部落一男子娶乙部落一女子为妻,而是规定甲部落的男人只能同乙部落中同属一个婚姻等级的女子结婚。但在澳洲,这种外婚制受到亲属制的影响,因此以血缘关系为纽带的婚嫁仍然很普遍。

由于地理位置的原因,其圣诞节和元旦不是在寒冷的冬季,而是在炎热的夏季。

音乐在澳大利亚居民日常生活、劳动、仪式、庆典中起着重要作用。歌唱时有多种发声方式,除单声包括嘶嘶声、高亢的假声、吼声、呜咽声等外,还有复声唱法,歌唱的旋律多为下行,不同的歌曲常有各自固定的调式。民间乐器中有相当原始的打击乐器,如震击棒、单头沙漏鼓,北部有蒙以蜥蜴皮的木鼓。最富特色的是管乐器迪节里杜。常见的民间音乐体裁有恰拉达(一种男女集体对唱的情歌)、科罗博里(一种欢庆的歌舞)等。

澳大利亚主要节日有新年元旦、国庆节（1月27日）、复活节、澳纽兵团日（4月25日，为纪念一战中被英国借派的澳大利亚新西兰联合军在土耳其卡利波里半岛的决死登陆而设）、女王诞生日（6月9日，即伊丽莎白女王生日）、圣诞节、开盒节（12月26日，即打开圣诞所赠礼盒的日子）。

澳大利亚是一个基督教占主流，其他各种宗教并存的多元文化社会。澳大利亚人见面习惯于握手，不过有些女友之间相逢时常施亲吻礼。

澳大利亚不流行小费。澳大利亚人对兔子特别忌讳，认为兔子是一种不吉利的动物，人们看到它都会感到倒霉。与他们交谈时，宜多谈旅行、体育运动，以及到澳大利亚的见闻。

第二节 新西兰的民俗

新西兰国土面积为27.05万平方千米，人口432万，主要由白种人组成，其余为少数的毛利人、亚洲人、土著居民等。主要信仰基督教、罗马天主教等。英语为官方语言，首都是惠灵顿。

一、物质民俗

新西兰的基本饮食为牛奶、奶酪、面包及牛羊肉。新西兰菜肴的特点是油少而清淡，注重色、香、味，家常食品有猪扒、牛扒、烧牛羊肉等，青菜烧拌牛肉是新西兰的家常菜。喜欢喝啤酒，也喜欢喝茶。新西兰毛利人经常利用地热蒸制牛肉、羊肉、马铃薯等食品，这些食品通称为"夯吉"。

新西兰人喜欢住在木制房间里，房间一般有二三个起居室，外加一间储藏室。房子一般都有独立的花园，除种植花卉、果树等外，院子内一般都是绿色的草坪，像奥克兰地区一年四季都绿草如茵。

新西兰人注重服饰质量，讲究庄重、舒适。正式的场合大都穿深色西服或礼服，但一般情况下穿着简便。新西兰毛利人的传统服饰鲜艳而简洁，富有民族特色，有披肩、围胸、围腰和短裙。妇女的头上扎着狭窄的带子，这种带子用涂满各种颜色的亚麻纤维织成，点缀着美丽的花纹。最常见的是"比乌比乌"（Piupiu），人们习惯称之为毛利草裙，不管男女都穿草裙，它是用亚麻类植物织成，形状细长如剑，茎皮中含有很多的纤维，是一种廉价的原料。饰有各种羽毛的斗篷是毛利人最名贵的服装，过去只有酋长才能披，现在遇有盛大庆祝活动都可以穿上迎接贵宾，以示庄重威严。如今毛利人平时的穿戴也是西装革履，并无异样。

二、非物质民俗

新西兰人年满 20 岁可以自己做主选择婚姻。男女双方确定结婚后，要经历订婚仪式、宣布婚期、印发请柬、教堂婚礼、宾朋欢聚、蜜月旅游等过程。新西兰人的婚礼多在教堂举行，由神父主持。当地的毛利人从出生到青春期以前都是赤身裸体地在妈妈身边游戏玩耍。结婚前要试婚，同居后彼此感到满意，经过双方父母同意，只要女方到男方家里过一夜就算是结婚了。普通毛利人家不注重结婚手续，也不举行仪式。但酋长的女儿结婚，需经全家的讨论后再将女儿嫁出去。信仰宗教的毛利人与新西兰人一样，也到教堂举行婚礼。

毛利人认为人死意味着走完了人生的最后一站，就要进入天堂了，所以毛利人死后，都很快通知亲戚朋友。人们得知后，不论白天黑夜，都应马上放下手中的工作去吊丧。家属将死者穿戴整齐，并尽快将遗体送到部落的毛利会堂。传说把死者留在家里的时间越长，就意味着拖延死者的痛苦。

毛利人能歌善舞，有一种被称为"哈卡"（Haka）独特的舞蹈，来源于古毛利土著武士的战舞，男女舞蹈的具体方式有所不同。毛利人的乐器以木、石、骨、鲸牙等制成，如木锣、木戟号角、通管笛、大竖笛、哨笛等。

新西兰的主要节日有毛利新年、奥克兰爵士音乐节、皇后镇冬之祭、但尼丁吉百利巧克力狂欢节。此外还有怀蒂昂格扇贝节、尼尔森美酒海鲜节、圣诞节乡村游园会、马丁堡美食节等。

第三节　斐济的民俗

斐济全称斐济群岛共和国，面积 1.83 万平方千米，人口 84 万，主要以斐济族人和印度族人为主。官方语言为英语、斐济语和印地语，通用英语。大部分人信奉基督教和印度教，少数人信奉伊斯兰教。首都为苏瓦（Suva）。

一、物质民俗

斐济人在饮食上注重菜肴的丰盛。口味一般较重，喜油大、甜味的食品，主食以米为主。特别喜欢海龟肉、鱼等海产品，也爱吃猪肉、鸡肉等。喜欢芋头、木薯、山药、西红柿、葱头等蔬菜。爱用椰油、胡椒、姜、葱等调料。当地人偏爱烤、炸、煎等烹调方法制作的菜肴。喜爱中国的京菜、鲁菜、闽菜。水酒最爱饮"卡瓦酒"，也喜欢果汁、可可、咖啡等饮料。

斐济人的服饰别具特色，男子喜欢穿一种名为"solo"的裙子，它源于斐济人世代穿的蓑衣裙。数万年前，土著斐济人靠采摘野果、打猎和捕鱼为生，原始的生活方式和炎热的气候使他们用当地的蓑草编成一片围在身上，具有防蚊虫叮咬和遮风挡雨等功能。随着现代文明传入斐济，当地人已改用质地精细的布料做"solo"，用料、工艺和图案都散发着现代气息。

二、非物质民俗

斐济人热情好客，是一个能歌善舞的民族。有客人到来时，他们都要为客人举行一种传统的欢迎仪式。主人为客人表演热情欢快的斐济民族歌舞，如传统舞蹈"火把舞"。

斐济人爱喝的"羊姑奶"，是将某种植物的根茎磨粉泡制而成。制作时先端一盆凉水，把"羊姑奶"粉末包在布袋里，把布袋放在水盆中挤捏，汁液就从布袋中渗出，等盆水到了豆浆或牛奶一样的浓度，且呈淡黄色时即可饮用。主人舀起一碗碗"羊姑奶"敬献给客人，这是斐济人特有的待客方式。

"走火"为班卡人的习俗，也是他们祭神活动的一部分。在草地上烧着一堆柴火，柴火上面放着许多块大石头，把大石头放在炭火中久烧至滚烫。与此同时有十几位班卡人在草地上念念有词，围着火堆又唱又跳，然后光着脚一个个从火石上走过去。

斐济的主要节日有元旦、先知穆罕默德生日、复活节、青年节、拉图苏库纳日、伊丽莎白女王生日、国庆节、印度明灯节、圣诞节。每年 7 或 8 月举办红花节。

按照斐济族的风俗习惯，进入斐济族的村庄，不许戴帽子，不许摸小孩的头。斐济人都很友善，一般都会接受游客的拍照，但是拍照之前要经过他们的同意。拜访村落之前，最好在首都苏瓦的市场买一瓶"雅格纳"作为进入村庄的见面礼。进入村庄不要大声交谈，否则被认为是不尊重村长的行为。到村庄访问时，首先是到村长家举行特别的迎宾仪式，共饮圣水"雅格纳"。村长介绍村中族人给客人认识，话话家常。进入当地人家中一定要脱鞋，否则是一种很冒失的行为。

第四节　瓦努阿图的民俗

瓦努阿图共和国面积为 1.22 万平方千米，人口 22 万。其中 98%为瓦努阿图人，属美拉尼西亚人种，其余为法、英、华后裔和越南、波利尼西亚移民以及附近其他岛国人。官方语言为英语、法语和比斯拉马语，通用比斯拉马语。全国 84%的人信奉基督教。首都是维拉港。

一、物质民俗

瓦努阿图用于雕刻的原材料多取材于硬木、树蕨类植物和石头。碗和碟子用硬木雕刻而成，形式多样，有海龟的样子，有鸟或鱼的样子，也有雕刻成站立的男人和女人的形状。雕刻品包括杵、刀具、武器和大棒、长矛和弓箭。另外还有一些由火山石或珊瑚雕刻的小玩意。

瓦努阿图人喜欢吃西餐，但品味清淡，不吃辣。鱼、虾、牛肉、冷盘、炒蛋、煎蛋、西红柿等是瓦努阿图人常吃的食物。当有重要庆典时，瓦努阿图土著妇女就要用一张大大的香蕉叶把一些木薯、蔬菜、鸡肉或是牛肉等食品包起来，放在已经烘烤了 20 个小时、用石头堆起来的炉子里烤整整一个晚上，待第二天，再拿出精心制作的食品来招待客人。晚餐是最丰盛的一餐，当地新鲜的鱼类、牛肉、蔬菜都一应俱全。当地有很多土特产，比如椰子、螃蟹、果蝠等。当地人还喜欢喝卡瓦酒。

瓦努阿图有一种男士的传统外衣叫做 Nambas，是由 Pandunus（当地的一种植物）的树皮制成的。妇女们穿草裙，草裙一般由树叶编织的垫子和植物纤维制成。在祭奠仪式上，他们都会用面具、头巾或是其他装饰品来搭配衣服。妇女喜欢文身，文身的方式除了用针刺之外，个别的用火烧皮肤，使皮肤上留下不同几何形状的疤痕。

二、非物质民俗

猪在瓦努阿图人的生活中占有非常重要的地位，因为它不仅仅是人们摄入蛋白质的来源，更是人们精神世界的基石，是构建整个社会的财富和力量的象征。瓦努阿图的公猪相当奇特，有两只大牙如象牙一般从嘴唇两边长出口外，但却成螺旋形向后方卷曲。最长的猪牙可盘旋数圈，异常珍贵，被视为极品，国旗正中就标有猪牙图案。

瓦努阿图绘画艺术多用于脸部彩绘、头巾、跳舞服饰和瓦努阿图的图腾 Tamtam 的图案上。沙画是瓦努阿图独有的传统艺术。沙画专家直接在沙面上使用手指作画，一笔下来一幅优雅而匀称的几何图案便完成，不仅构图相当精确，而且所有线段几乎全是对称的。

在传统文化占主导地位的地区，传统的仪式和活动仍是村落生活中的重要组成部分。男人们在仪式上展示他们的财富，仪式上还举办筵席、舞蹈表演以及神圣的杀猪仪式。塔纳岛有一个交换礼物的仪式，此仪式规模壮观，有超过 2 000 人参加。参与者都画浓郁的妆出席活动，大家交换礼物，并且互相竞争比谁的礼品最贵重。交换礼物完毕，大家开始载歌载舞，如同过节一般。

第五节　汤加的民俗

汤加王国面积 747 平方千米，人口 10 万，98%是汤加人，属波利尼西亚人种，其余为其他太平洋岛国人、欧洲人、亚洲人及其后裔。通用汤加语和英语。居民多信奉基督教。首都为努库阿洛法。

一、物质民俗

汤加人以薯类为主食，椰子和香蕉也是他们的重要食品。汤加人的饮食有如下特点：用餐讲究素多肉少，菜肴丰盛量大。口味一般不喜太咸，爱甜、酸味道。喜用棕榈油、胡椒粉、盐调料等。偏爱烤、炒、烧、扒等烹调方法制作的菜肴。喜爱中国的苏菜、鲁菜、粤菜。水酒喜欢当地的"卡瓦酒"（名为酒实为饮料），爱喝果子汁、椰子汁、可可、绿茶。喜欢椰子、青香蕉、瓜类、菠萝等水果。喜欢花生米等干果。

汤加岛椰树成林，椰子供出口，枝叶用来编茅舍。茅舍像个大篮子，没有门窗，更没有玻璃，保留一个洞做出入口。这种茅舍体积很轻，移动方便自由，编起来并不费力。在汤加的城市里，房子都是木头的，王宫是一座维多利亚式的三层木结构楼房。农村的房屋基本上是用椰子树干和树叶盖成的，房子的后面都种有热带树木，以遮挡强烈的阳光。

汤加的传统服饰独具特色。男人们至今还穿着名为"图班努"的裙子，女人腰间则佩戴不同款式的"基基"腰围。此外各种正式活动，如教堂祈祷仪式、盛宴、生日聚会、婚礼、葬礼等，无论男女都要腰裹草席，以示尊重，裹得越多越靠头部表示关系越亲近。城市的汤加人受到西方文化的影响，姑娘喜欢穿花色连衣裙，时常撑一把彩色的遮阳伞。男人平时穿着比较随便，赴宴会时，男子多爱穿一种叫"法拉法拉"的裙子。

二、非物质民俗

汤加人喜欢用鼻孔对着芦笛吹出奇妙的笛声来表达对贵宾的尊重和欢迎。汤加的邮票像啤酒瓶上的商标那么大，是世界上最大、最特殊的邮票，它不是长方形或正方形的，而是圆形的。由于发行量极少，所以成了集邮爱好者追逐的目标。世界上以肥胖为美的国家，恐怕汤加王国算得上首屈一指。这里的男人平均体重在 81 千克以上，女人在 73 千克以上。整个民族的风俗是越漂亮的妇女越要把自己养胖。

汤加的气候不分春夏秋冬，只分雨季和旱季。在这里的珊瑚小岛上，既无河流也无小溪，水只能从天上来，因而雨水贵如油。每当雨季来临，人们便感谢天惠神赐，欢乐胜似过节。旱季送人一罐水，被视为珍贵的礼物。汤加国民多信仰基督教，忌送鲜花，忌讳数字 13。汤加人讲究礼节，待人和蔼、温柔。

第六节　巴布亚新几内亚的民俗

巴布亚新几内亚面积 46.28 万平方千米，人口 630 万。全国有几百个部落，其中美拉尼西亚人占绝大多数，另有极少数的密克罗尼西亚人、波利尼西亚人和华人。巴布亚新几内亚全国划分为 19 个省和 1 个首都地区莫尔斯比港。官方语言为英语，巴布亚人多讲莫土语，新几内亚人多讲皮金语，皮金语在全国较为通用。

一、物质习俗

巴布亚新几内亚人认为猪肉宴吉祥，注重菜肴丰盛实惠。口味一般偏重、喜油大。主食以番薯、芋头、玉米、椰子、沙壳米和各种香蕉为主。对中国的鲁菜、京菜、辽菜推崇。最喜欢喝啤酒，也喜欢喝各种水果制成的果汁。偏爱香蕉、甘蔗、柑桔等水果，喜欢果仁等干果。男女老幼都吃槟榔，有客人来，也拿槟榔来招待。

巴布亚新几内亚居民，除少数城市人之外，男子都光着上身，女子坦胸露背，不分老少，常年如此。

二、非物质民俗

巴布亚新几内亚人，婚恋生活非常自由。依照当地的习俗，男女之间当产生爱慕之情，不允许用口头语言或书面语言表达，而是男女双方各自吹起一种乐器，时缓时急、时高时低的优美乐曲。当地人认为猪是最珍贵的礼品，赠猪数量的多少，要以女子的相貌为标准。姿态超群的女子，通常可得到 7~8 头猪。

巴布亚新几内亚人都热爱音乐和舞蹈，每年都举行为期数日的音乐舞蹈节。生活在高原上的部落在每年 8 月，总要聚在一起举办艺术节。而生活在沿海平原和周边岛屿上的部落则举办馈赠节，在馈赠节上大家不仅互相馈赠礼物，还要展示不同部落和不同岛屿的歌舞节目。

巴布亚新几内亚人民崇敬猪。有的部族的酋长在自己的鼻子上挖了一个大洞，把野猪的爪尖嵌进去，既作为权威的象征，又表示对猪的崇敬。有的酋长把野猪的睾丸串起来，戴在手腕上，以表明他的信仰和力量。巴布亚新几内亚实行男女分居，每个家庭有男屋和女屋，女人、孩子和猪同住在女屋，夜间人和猪顺着躺在一起，犹如爱猪如子。

巴布亚新几内亚人在社交场合与客人见面时，一般都习惯以握手为礼。有些岛上的居民，在相互见面时，有自己的一种礼节表达方式，他们习惯先伸开手掌，然后用一只中指互相钩一钩，以表示礼貌。巴布亚新几内亚绝大多数人信奉基督教，其中新教徒约占 2/3，他们忌讳数字 13。巴布亚新几内亚吉米族人忌讳飞狐、猫头鹰和其他长着短嘴的鸟，因为这些动物没鼻子，认为没有阳性生殖器。

第七节　其他国家的民俗

一、瑙鲁的民俗

瑙鲁位于南太平洋中西部的密克罗尼亚西群岛中，有"天堂岛"之称，国土面积只有 21 平方千米，人口 1.1 万。其中瑙鲁人占 58％，南太平洋岛屿人占 26％，移民主要有欧洲人和华人。瑙鲁人是密克罗尼亚人的一支，为马莱人、美拉尼西亚人和波利尼西亚人的混合人种，通用语为英语。瑙鲁人中多数信奉基督教，少数信奉天主教。

当地没有广播和报纸，国内有什么新闻和要事，会"一传十，十传百"，很快就全国皆知。全国只有一条环岛公路、一条铁路、一个商店、一个邮局、一个旅馆、一个港口和两个饭店。

瑙鲁人很幸运，因为天堂岛上覆盖着厚厚的鸟粪，经历千万年又成了天然的肥料。通过卖鸟粪，这个小岛上居民的钱包迅速鼓胀，人均收入位居世界前列。由于上天赐予的财富，让瑙鲁政府成为世界上最慷慨的政府。岛上没有税收，医疗和教育全部免费，如果岛上的医院不能满足需要，政府会出钱让国民乘飞机去澳大利亚看病。想上大学的学生也会被送往国外，往返机票、学费和其他杂费均由政府承担。岛民的水电、电话、住房都由政府实行大额补贴，基本上是免费的。瑙鲁政府从澳大利亚进口鱼、肉、饮用水和粮食，任由当地居民选购，而且价格比澳大利亚还便宜。

二、帕劳的民俗

帕劳共和国简称帕劳，国土面积 458 平方千米，人口 2.1 万，多属密克罗尼西亚人种。通用英语，信奉基督教。帕劳位于西太平洋，关岛以南 1 127 千米处，属加罗林群岛，由 200 多个火山形岛屿和珊瑚岛组成，分布在南北长 640 千米的海面上，其中只有 8 个岛有常住居民。首都是科罗尔。

帕劳岛的代表建筑是男人会馆。在这个母系社会的国家，除了作为国家象征的世袭女王陛下，参政议政的工作都是交给男人来做的。而谁来讨论这些天下大事，讨论什么事情，则由女人来定。

在 4 月的最后一个星期，或是 5 月的第 1 个星期，帕劳钓鱼协会举办年度钓鱼盛会，将会吸引该区域所有的钓鱼爱好者。帕劳的餐饮业十分发达，在首都科罗尔的大街上，散列着各式小餐馆，日餐、泰餐、印度餐、广东菜、台湾菜、川菜都可以找到。当地的帕劳人基本不与游客来往，他们用合资的办法来保护自己的经济。所有的企业商户都必须由帕劳当地的人当法人才能营业，所以帕劳人基本不用工作，下层的平民则是靠山吃山，靠海吃海，过着非常朴素的原生态的生活。

女人钱（又称 Udoud ra Belau）在人类物品交换史上是一种奇特的东西，对帕劳诸岛上的人民而言更有不同的意义。这些被串成一串的女人钱通常被使用在任何与婴儿出生、死亡、婚姻，甚至盖新房子、选举有关的传统习俗之上。这种奇特的交易方式已经在帕劳施行了几个世纪。

三、萨摩亚的民俗

萨摩亚全称萨摩亚独立国，面积为 2 934 平方千米，人口 19 万。绝大多数为萨摩亚人，属波利尼西亚人种，还有少数其他太平洋岛国人、欧洲人和华裔以及混血人种。官方语言为萨摩亚语，通用英语。多数居民信奉基督教。首都是阿皮亚。

萨摩亚的社会结构基本上还是部落制，每个部落就是一个父系氏族。部落里有"马塔伊"，即酋长，部落的土地分配权掌握在他手中，由他分配给各户耕种，收获也由他负责分配。现在已有改进，耕种人的收获也有全归自己的。

城市已逐步现代化，生活已随现代世界各国的潮流。村是萨摩亚基本的行政单位，每个村由级别最高的马塔伊领导。村里的每个家族也都选出至少一名马塔伊担当家族头领，管理本家族的经济、政治和社会事务，同时享有传统继承土地的所有权。

萨摩亚全国目前大约分为 362 个村落，共有约 2 万个马塔伊。在萨摩亚，人们不以衣着论尊卑，而以马塔伊头衔来区别身份。在萨摩亚传统习俗里还有一个重要的仪式活动，叫"卡瓦仪式"，这只在接待贵宾或其他重大活动时才举行。卡瓦仪式有一整套固定程序，包括给贵宾和重要人物敬卡瓦等活动，但全过程皆用萨摩亚语。主人献上卡瓦时，不可不喝，但可少喝。喝前要往地上倒一点表示祭奠。

萨摩亚人民的生活十分简朴，但衣食无忧。萨摩亚人以芋头、面包果、椰子、香蕉和鱼等为主食，一般不讲究烹饪技术，锅灶也不是很多，传统方法是用烧得炽热的光滑石头烤熟食物。只有城市里才有比较现代化的居住和饮食条件。Lavalava（用布制的围裙）和人字拖鞋为传统服饰，也是出席重要场合的正式服饰。萨摩亚是一个歌舞之邦，在节庆日，人们都会穿着波利尼西亚民族的草裙，戴花环，画脸谱，群集一起，欢歌舞，热闹异常。

在萨摩亚常见到的是人们用食指互相钩住，向自己身边微微拉一下，以表示关系的亲密。随着时代的发展，握手已代替了其他的问候方式。萨摩亚人忌讳站着吃饭，更不能边走边吃。在公共场合穿短裤或打赤背都被视为无礼的行为。当主人在室内祈祷时，千万不可贸然闯入。迎送宾客或亲朋好友时，有贴脸的习惯，应入乡随俗。在参加萨摩亚人举办的活动时，时常要给贵宾戴上花环。每次活动开始时，都要由主教或牧师祷告。招待会中若有跳舞表演，应视情况给表演者赏钱。到萨摩亚人家做客，要盘腿坐在草席上说话。出席正式宴会时，男士一般要着衬衫、系领带，参加招待会可穿便装，女士一般穿裙装。

星期日是萨摩亚人去教堂做礼拜的日子，商店一般不营业。

四、所罗门群岛的民俗

所罗门群岛面积 2.84 万平方千米，人口 52 万。首都霍尼亚拉是个港口城市。绝大部分居民属美拉尼西亚人种，波利尼西亚人、密克罗尼西亚人和白人所占比例很小，约有华人 1 000 人。居民 95%以上信奉基督教新教和天主教，圣公会拥有全国 2/3 的信教者。全国有 87 种方言，通用皮金语，官方语言为英语。

所罗门群岛的居民大部分居住在沿海地区，便于捕鱼和耕种。有的村落建在陆地，每户都有自己的菜园，种着所需要的各种蔬菜和粮食。所罗门群岛人以养猪为荣，以猪的多少定贫富。海龟、鸡、香蕉、各种水果以及甘薯是所罗门群岛居民的主要食品。

所罗门群岛的居民朴实热情，人们有礼貌地迎接来观光的客人，他们已经习惯了行握手礼。在外交场合，对外国朋友称先生或女士、夫人、小姐。由于该岛居民大部分信奉基督教，所以每年他们都热烈庆祝基督教节日。所罗门群岛有 6 万多皮肤黝黑、头发卷曲的美拉尼西亚人生活在岛上，他们阔脸宽鼻、身强力壮，动作十分敏捷，种植与养猪是他们的主要生计。在所罗门群岛。因养猪是妇女的责任，故男人多娶妻纳妾，这样可喂养更多的猪。

群岛上的婚俗是一种非常古老的形式。合乎结婚年龄的男孩父亲，为他的儿子选定一个合适的女孩，同时将一块贝币付给女孩的父母。双方父亲坐在一起商议最后的聘金。传统的聘金包括贝币、红羽毛货币、猪、海豚牙。聘金由新郎的母亲送予新娘的母亲，除此之外，还有相当数量的布匹，放进独木舟中，再送给女方。

过去土著居民不穿衣服，即使是年轻男女也常常一丝不挂地走来走去。一般成年人也仅是在腰胯间围块布或一串树叶，或者挂块树皮在胸前，妇女们酷爱用贝壳或花瓣串起来挂在颈上，垂在胸前，或挂在双臂上，并喜欢用草扎成图案，戴上作为装饰品。现在男子通常穿短裤，或下身围布，妇女通常穿裙子。许多岛上的男子都文身，花刺得越多越精细越显示美丽。

五、基里巴斯的民俗

基里巴斯位于太平洋中西部，由 33 个岛屿组成，分属吉尔伯特群岛、菲尼克斯（凤凰）群岛、莱恩（线岛）群岛，东西延绵约 3 870 千米，南北约 2 050 千米，陆地面积总和 811 平方千米，人口 10 万，是世界上唯一地跨赤道、横越国际日期变更线的国家，也是世界上唯一地跨南北两半球和东西两半球的国家。90%以上居民属密克罗尼西亚人种，其余为波利尼西亚人和欧洲移民。英语为官方语言，通用基里巴斯语和英语。居民多信奉罗马天主教和基里巴斯新教。

许多基里巴斯居民擅长捕鱼，更精于航海。基里巴斯传统的茅舍看起来很低矮，但它的屋顶却很高，这种房子可以遮挡阳光的强烈照射和暴雨的猛烈冲击。基里巴斯人的主要食物是芋头、椰子以及一些热带水果，如芒果、香蕉和槟榔。人们喜欢吃鱼，但不太爱吃蔬菜。

基里巴斯的男女老幼之间从不冠称谓，在家里也同样，一律称呼姓名。但在外交场合，他们遵守国际上通用的称谓。基里巴斯的主要节日有元旦、国庆节、复活节、耶稣升天节、感恩节、圣诞节等。

六、密克罗尼西亚联邦的民俗

密克罗尼西亚联邦位于北太平洋，属加罗林群岛，国土面积 702 平方千米，密克罗尼西亚人占 97%，其中特鲁克人占 41.1%，波纳佩人占 25.9%，其余为莫特劳克人、科斯雷人、雅浦人等，亚洲人占 2.5%，其他人种占 0.5%。官方语言为英语，但大量居民讲当地语言。天主教徒占 50%，新教徒占 47%，其他教派和不信教者占 3%。

雅浦州外岛男女均不着上衣，人们不得予以特别关注和随意拍照。外国女游客游泳上岸后不得穿比基尼泳装招摇过市。除非重大节日等正式场合有特别要求外，一般宴请，当地人不系领带，多穿花色 T 恤衫或短袖衬衣应邀出席。请当地人吃饭应多准备一些，饭后应把剩余的可口食品用锡盒和锡纸分别打包让客人带走，以示真诚和尊重。

当地人爱吃烧烤食物，如烤鸡翅、鸡腿、鱼、大虾、牛排、猪排和猪腿等，也有吃狗肉的习俗。很多当地人有用槟榔夹着石灰粉和烟叶咀嚼的习俗。波纳佩州人有喝"萨考汁"（酒）的爱好，人们喝完萨考汁后，开车都很慢。为避免惊扰他人，当地人开车从不按喇叭。

当地实行一夫一妻制，妇女多穿连衣裙，部分族群妇女也有先生孩子后结婚的习俗。妇女受到特别尊重，不得同其随便开玩笑，更不得伸头窥视他人私宅。在公共场所，妇女要轻声慢语、少讲话。男女婚姻，男方要给女方送彩礼。如果到婚礼当天彩礼未能如数送上，虽然男女可结婚，但女婿必须对岳母行一种有趣的回避礼。所谓回避礼，顾名思义，就是女婿见到岳母要回避，不然将受斥责，甚至以附加彩礼惩罚他。万一岳母出现女婿没有发觉，旁人便会立即提醒他，让他躲起来。在施回避礼期间，女婿和岳母之间有事商量，也不能面对面相叙，而要相距几米，各自对着一棵树说话。若附近无树，则要提高嗓门说话以象征两人相隔甚远。一旦彩礼如数还清，回避礼也就解除。

七、图瓦卢的民俗

图瓦卢面积 26 平方千米，是仅次于瑙鲁的世界第二小国。由 9 个环形小珊瑚岛群组成，南北两端相距 560 千米，由西北向东南绵延在约 130 万平方千米的海域中，其中 8 个岛有人居住。这里的居民属波利尼西亚人种，肤色为棕黄，信仰基督教新教。英语是官方语言，图瓦卢语为通用语言。

图瓦卢人能歌善舞，常以击掌伴奏，很少使用乐器。无论在海边、森林或山坡，图瓦卢人的房屋一般都建在一块平坦的土地上。房子是由一种生长在海边的树的根搭成的，遮光性能好，不怕暴雨。城市里的房屋多以水泥板或金属板搭成，不大讲究造型，室内陈设也比较简单。

图瓦卢人的主食是根茎植物，以薯类中的沓鲁芋为主。赤扬的果实和面包果也是人们一年四季不可缺少的食物，人们还经常能够吃到椰子、芒果、木瓜等热带水果。图瓦卢人有嚼槟榔的习惯。图瓦卢人擅长航海。家庭是图瓦卢的基层生产单位，集体耕种和出海捕鱼，产品在家庭中平分共享。图瓦卢的基督教徒非常忌讳 13 和 3 这两个数字，认为它们不吉利，应该尽量避开。图瓦卢人在任何场合都不必为称呼伤脑筋，男女老幼之间从不冠以称谓，在家庭中，父母与子女间，兄弟姐妹间一律直称姓名。但在官方的正式交往中，人们采用国际上通用的称谓。

八、马绍尔群岛的民族民俗

马绍尔群岛面积为 181 平方千米，人口 6.5 万，首都马朱罗。马绍尔居民多属密克罗尼西亚人，大部分居住在马朱罗和夸贾林两岛上。他们按语言分为 9 个种族群体。马绍尔语为官方语言，通用英语。人口中 54.8%为新教徒，25.8%为神召会教徒，8.7%为天主教徒，1.5%的人不信教。

马绍尔群岛饮食非常重视阶级，在国宴上，通常由传统领袖先取用，其次为重要宾客、内阁阁员、国会议员。在以前马绍尔人是以芋头及面包果作主食，后来逐渐吃大米、肉食并学会种植蔬菜和养猪、鸡等家畜家禽。另外，他们喜食海鲜。

马绍尔群岛的土著居民，有文身习俗。在文身时，必须举行隆重的祭神仪式。在举行文身仪式时，人们捧着祭祀品，唱祈祷歌，跳敬神舞，其场面非常热闹。

在马绍尔群岛，女子在婚嫁时，都要举行仪式，即男子必须剃光额发，女子必须进行剃眉、染齿、结发等仪式，表示已到思春期。在当地，酋长的女儿举行思春仪式时，酋长管辖下的人民都要携食物、鲜花、席子等，会集到庆贺的场所。青年人在礁湖附近的小屋内接受巫人的洗礼，然后全身涂上芳香的椰子油，再到海滨祛邪，象征着祛除不祥，大吉大利。之后两三周内，闭居于小屋，严格服斋戒。白天绑紧伸直的双脚，身体不动，处于安静状态；夜间身体横卧在席上。岛上的女孩子们在邻室相继食宿，一直相伴到仪式结束。仪式一结束，就大办宴席，当夜由氏族中的长者散发花蕾进行狂欢。

【思考题】

1. 阐述大洋洲各国的服饰特点及其服饰礼仪。
2. 列举大洋洲各国的主要禁忌。
3. 简述大洋洲各国的婚丧习俗。

附 录 一

中国少数民族人口数量统计及地区分布表

少数民族	1990 年	2000 年	主要分布地区
壮族	15 489 630	16 178 811	广西及云南、广东、贵州、湖南等地
满族	9 821 180	10 682 263	辽宁及黑龙江、吉林、河北、内蒙古、北京等地
回族	8 602 978	9 816 802	宁夏、甘肃、河南、新疆、青海、云南、河北、山东、安徽、辽宁、北京、内蒙古、天津、黑龙江、陕西、吉林、江苏、贵州
苗族	7 398 035	8 940 116	贵州、云南、湖南、四川、广西、湖北等地
维吾尔族	7 214 431	8 399 393	新疆、湖南
土家族	5 704 223	8 028 133	湖北、湖南、四川等地
彝族	6 572 173	7 762 286	云南、四川、贵州等地
蒙古族	4 806 849	5 813 947	内蒙古、辽宁、新疆、黑龙江、吉林、青海、河北、河南
藏族	4 593 330	5 416 021	西藏及四川、青海、甘肃、云南等地
布依族	2 545 059	2 971 460	贵州
侗族	2 514 014	2 960 293	贵州、湖南、广西等地
瑶族	2 134 013	2 637 421	广西、湖南、云南、广东、贵州等地
朝鲜族	1 920 597	1 923 842	吉林、黑龙江、辽宁等地
白族	1 594 827	1 858 063	云南
哈尼族	1 253 952	1 439 673	云南
哈萨克族	1 111 718	1 250 458	新疆
黎族	1 110 900	1 247 814	广东
傣族	1 025 128	1 158 989	云南
畲族	630 378	709 592	福建、浙江等地
傈僳族	574 856	634 912	云南
仡佬族	437 997	579 357	贵州、广西、云南
东乡族	373 872	513 805	甘肃
拉祜族	411 476	453 705	云南

水族	345 993	406 902	贵州
佤族	351 974	396 610	云南
纳西族	278 009	308 839	云南
羌族	198 252	306 072	四川
土族	191 624	241 198	青海
仫佬族	159 328	207 352	广西
锡伯族	171 847	188 824	辽宁、新疆、黑龙江等地
柯尔克孜族	141 549	160 823	新疆
达斡尔族	121 357	132 394	内蒙古、黑龙江等地
景颇族	119 209	132 143	云南
毛南族	71 968	107 166	广西
撒拉族	87 687	104 503	青海、甘肃等地
布朗族	82 280	91 882	云南
塔吉克族	33 538	41 028	新疆
阿昌族	27 708	33 936	云南
普米族	29 657	33 600	云南
鄂温克族	26 315	30 505	内蒙古和黑龙江
怒族	27 123	28 759	云南
京族	18 915	22 517	广西
基诺族	18 021	20 899	云南
德昂族	15 462	17 935	云南
保安族	12 212	16 505	甘肃
俄罗斯族	13 504	15 609	新疆
裕固族	12 297	13 719	甘肃
乌孜别克族	14 502	12 370	新疆
门巴族	7 475	8 923	西藏
鄂伦春族	6 965	8 196	内蒙古和黑龙江
独龙族	5 816	7 426	云南
塔塔尔族	4 873	4 890	新疆
赫哲族	4 245	4 640	黑龙江
高山族	2 909	4 461	台湾及福建
珞巴族	2 312	2 965	西藏

来源：中国政府网

说明：①1990 年人口数据为全国第四次人口普查数据，截止时间为 1990 年 7 月 1 日 0 时。2000 年人口数据为全国人口第五次普查数据，截止时间为 2000 年 11 月 1 日 0 时。

②表中高山族人口为散居于祖国大陆的人口数据，主要分布在福建省境内。连同台湾在内，高山族人口共约 40 万人。

附 录 二

我国少数民族自治地方基本情况表

民族自治地方名称		建立时间	首府驻地	面积/平方千米	2003年末总人口/万人	少数民族占总人口比重/%
内蒙古自治区		1947.5.1	呼和浩特市	1 197 547	2 379.61	21.25
广西壮族自治区		1958.3.15	南宁市	237 693	4 857	38.17
西藏自治区		1965.9.1	拉萨市	1 274 910	259.21	95.93
宁夏回族自治区		1958.10.25	银川市	62 818	580.19	35.52
新疆维吾尔自治区		1955.10.1	乌鲁木齐市	1 655 826	1 933.95	60.13
湖北省	恩施土家族苗族自治州	1983.12.1	恩施市	23 942	381.79	52.8
湖南省	湘西土家族苗族自治州	1957.9.20	吉首市	15 461	265.55	74.59
四川省	阿坝藏族羌族自治州	1953.1.1	马尔康县	84 242	84.71	73.35
	凉山彝族自治州	1952.10.1	西昌市	60 423	415.48	47.34
	甘孜藏族自治州	1950.11.24	康定县	152 629	90.49	81.73
贵州省	黔东南苗族侗族自治州	1956.7.23	凯里市	30 337	419.38	77.1
	黔南布依族苗族自治州	1956.8.8	都匀市	26 193	379.01	55.28
	黔西南布依族苗族自治州	1982.5.1	兴义市	16 804	301.62	42.94
云南省	西双版纳傣族自治州	1953.1.24	景洪县	19 700	86.92	74.83
	文山壮族苗族自治州	1958.4.1	文山县	32 239	332.27	56.64
	红河哈尼族彝族自治州	1957.11.18	个旧市	32 931	401.45	56.26

	德宏傣族景颇族自治州	1953.7.24	潞西县	11 526	104.8	51.61
云南省	怒江傈僳族自治州	1954.8.23	泸水县	14 703	47.15	92.17
	迪庆藏族自治州	1957.9.13	中甸县	23 870	35.38	86.54
	大理白族自治州	1956.11.22	大理市	29 459	335.83	49.49
	楚雄彝族自治州	1958.4.15	楚雄市	29 258	255.03	31.7
甘肃省	临夏回族自治州	1956.11.19	临夏市	8 417	191.37	56.88
	甘南藏族自治州	1953.10.1	夏河县	40 201	68.29	57.16
青海省	海北藏族自治州	1953.12.31	海晏县	39 354	26.75	61.34
	黄南藏族自治州	1953.12.22	同仁县	17 921	21.26	93.4
	海南藏族自治州	1953.12.6	共和县	45 895	39.41	68.33
	果洛藏族自治州	1954.1.1	玛沁县	76 312	13.86	92.65
	玉树藏族自治州	1951.12.25	玉树县	188 794	27.48	95.79
	海西蒙古族藏族自治州	1954.1.25	德令哈市	325 785	34.02	26.31
新疆维吾尔自治区	昌吉回族自治州	1954.7.15	昌吉市	77 582	154.33	43.36
	巴音郭楞蒙古自治州	1954.6.23	库尔勒市	471 526	112.65	42.24
	克孜勒苏柯尔克孜自治州	1954.7.14	阿图什市	69 815	45.84	16.87
	博尔塔拉蒙古自治州	1954.7.13	博乐市	24 900	43.86	32.28
	伊犁哈萨克自治州	1954.11.27	伊宁市	2 69 168	408.33	54.83
河北省	孟村回族自治县	1955.11.30	孟村镇	393	18.72	23.98
	青龙满族自治县	1987.5.10	青龙镇	3 309	51.65	68.4
	丰宁满族自治县	1987.5.15	大阁镇	8 747	38.05	68.05
	围场满族蒙古族自治县	1990.6.12	围场镇	9 058	51.57	57.84
	宽城满族自治县	1990.6.16	宽城镇	1 933	23.39	63.5
内蒙古自治区	鄂伦春自治旗	1951.10.1	阿里河镇	13 800	28.31	11.52
	莫力达瓦达斡尔族自治旗	1958.8.15	尼尔基镇	2 351	31.46	19.7
	鄂温克族自治旗	1958.8.1	巴彦托海镇	16 800	14.43	39.56
辽宁省	阜新蒙古族自治县	1958.4.7	阜新镇	6 246	73.15	20.3
	喀喇沁左翼蒙古族自治县	1958.4.1	大城子镇	2 240	42.36	19.71
	岫岩满族自治县	1985.6.11	岫岩镇	4 502	50.31	79.95
	新宾满族自治县	1985.6.7	新宾镇	4 287	30.66	73.5

辽宁省	清原满族自治县	1990.6.6	清原镇	3 921	34.16	61
	本溪满族自治县	1990.6.8	小市镇	3 362	29.99	63.85
	桓仁满族自治县	1990.6.10	桓仁镇	3 547	30.29	59
	宽甸满族自治县	1990.6.12	宽甸镇	6 186	43.64	54.92
吉林省	长白朝鲜族自治县	1958.9.15	长白镇	2 496	8.51	15.86
	前郭尔罗斯蒙古族自治县	1956.9.1	前郭镇	5 117	57.54	9.99
	伊通满族自治县	1989.8.30	伊通镇	2 523	46.64	39.71
黑龙江省	杜尔伯特蒙古族自治县	1956.12.5	泰康镇	6 427	24.88	21
浙江省	景宁畲族自治县	1984.12.24	鹤溪镇	1 950	17.93	9.94
湖北省	长阳土家族自治县	1984.12.8	龙舟坪镇	3 430	40.97	50.65
	五峰土家族自治县	1984.12.12	五峰镇	2 072	20.59	84.88
湖南省	城步苗族自治县	1956.11.30	儒林镇	2 620	25.72	57.59
	通道侗族自治县	1954.5.7	双江镇	2 225	22.11	88.5
	江华瑶族自治县	1955.11.25	沱江镇	3 216	45.83	63.97
	新晃侗族自治县	1956.12.5	新晃镇	1 511	25.05	87.56
	芷江侗族自治县	1987.9.24	芷江镇	2 096	35.69	61.25
	靖州苗族侗族自治县	1987.9.27	渠阳镇	2 211	26.01	73
	麻阳苗族自治县	1990.4.1	高村镇	1 561	35.98	77.97
广东省	连南瑶族自治县	1953.1.25	三江镇	1 231	15.56	51.55
	连山壮族瑶族自治县	1962.9.26	吉田镇	1 264	11.47	62.88
	乳源瑶族自治县	1963.10.1	乳城镇	2 125	20.13	11.38
广西壮族壮族自治区	都安瑶族自治县	1955.12.15	安阳镇	4 092	61.12	97.45
	融水苗族自治县	1952.11.26	融水镇	4 665	46.81	71.83
	三江侗族自治县	1952.12.3	古宜镇	2 455	34.71	86.4
	龙胜各族自治县	1951.8.19	龙胜镇	2 537	16.55	77.4
	金秀瑶族自治县	1952.5.28	金秀镇	2 517	14.81	78.4
	隆林各族自治县	1953.1.1	新州镇	3 542	35.76	80.18
	巴马瑶族自治县	1956.2.6	巴马镇	1 966	24.02	86.64
	罗城仫佬族自治县	1984.1.10	东门镇	2 639	36.05	73.07
	富川瑶族自治县	1984.1.1	富阳镇	1 572	29.98	46.77
	大化瑶族自治县	1987.12.23	大化镇	2 754	40.24	93.96
	环江毛南族自治县	1987.11.24	思恩镇	4 558	36.69	91.67
	恭城瑶族自治县	1990.10.15	恭城镇	2 149	27.96	58.98
海南省	白沙黎族自治县	1987.12.30	牙叉镇	2 117	18.16	61.36

海南省	昌江黎族自治县	1987.12.30	石碌镇	1 569	23.21	36.77
	乐东黎族自治县	1987.12.28	抱由镇	2 747	46.94	38.01
	陵水黎族自治县	1987.12.30	椰林镇	1 128	33.01	55.98
	琼中黎族苗族自治县	1987.12.28	营根镇	2 706	20.36	56.56
	保亭黎族苗族自治县	1987.12.30	保城镇	1 161	10.55	90.57
重庆市	石柱土家族自治县	1984.11.18	南宾镇	3 013	51.23	69.49
	秀山土家族苗族自治县	1983.11.7	中和镇	2 450	60.6	52.41
	酉阳土家族苗族自治县	1983.11.11	钟多镇	5 173	74.5	83.6
	彭水苗族土家族自治县	1984.11.10	汉葭镇	3 903	63.03	59.63
四川省	北川羌族自治县	2003.10.25	曲山镇	2 865	16.12	58.89
	木里藏族自治县	1953.2.19	乔瓦镇	13 252	12.63	78.42
	马边彝族自治县	1984.10.9	民建镇	2 383	18.02	40.57
	峨边彝族自治县	1984.10.5	沙坪镇	2 395	14.89	31.24
贵州省	松桃苗族自治县	1956.12.31	蓼皋镇	2 861	63.99	42.49
	镇宁布依族苗族自治县	1963.9.11	城关镇	1 721	33.46	58.61
	紫云苗族布依族自治县	1966.2.11	松山镇	2 284	32.24	68.44
	威宁彝族回族苗族自治县	1954.11.11	草海镇	6 296	109.59	25.37
	关岭布依族苗族自治县	1981.12.31	关索镇	1 468	32	58.99
	三都水族自治县	1957.1.2	三合镇	2 383	31.47	96.85
	玉屏侗族自治县	1984.11.7	平溪镇	516	13.68	82.7
	道真仡佬族苗族自治县	1987.11.29	玉溪镇	2 156	33.66	79.18
	务川仡佬族苗族自治县	1987.11.26	都濡镇	2 773	41.93	96.25
	印江土家族苗族自治县	1987.11.20	印江镇	1 961	39.94	71.36
	沿河土家族自治县	1987.11.23	和平镇	2 469	55.87	55.74
云南省	峨山彝族自治县	1951.5.12	双江镇	1 972	14.9	65.46
	石林彝族自治县	1956.12.31	鹿阜镇	1 777	22.93	34.29

	沧源佤族自治县	1964.2.28	勐董镇	2 539	16.69	90.9
	耿马傣族佤族 自治县	1955.10.16	耿马镇	3 837	25.5	51.6
	玉龙纳西族自治县	2002.12.26	黄山镇	6 521	20.97	85.03
	宁蒗彝族自治县	1956.9.20	大兴镇	6 206	23.54	79.39
	江城哈尼族彝族 自治县	1954.5.18	勐烈镇	3 476	10.94	81.2
	澜沧拉祜族自治县	1953.4.7	勐朗镇	8 807	47.06	77.12
	孟连傣族拉祜族佤 族自治县	1954.6.16	娜允镇	1 957	11.42	85.84
	西盟佤族自治县	1965.3.5	勐梭镇	1 391	8.29	94.06
	河口瑶族自治县	1963.7.11	河口镇	1 313	7.82	63.49
	屏边苗族自治县	1963.7.1	玉屏镇	1 905	14.62	61.95
	贡山独龙族怒族 自治县	1956.10.1	茨开镇	4 506	3.42	96.24
	巍山彝族回族 自治县	1956.11.9	文华镇	2 266	30.17	43.2
	南涧彝族自治县	1965.11.27	南涧镇	1 802	21.54	49.32
	寻甸回族彝族 自治县	1979.12.20	仁德镇	3 966	50.39	21.82
云南省	元江哈尼族彝族 傣族自治县	1980.11.22	澧江镇	2 858	19.65	79.24
	新平彝族傣族 自治县	1980.11.25	桂山镇	4 223	26.97	69.76
	墨江哈尼族自治县	1979.11.28	联珠镇	5 459	35.1	73.97
	双江拉祜族佤族布 朗族傣族自治县	1985.12.30	勐勐镇	2 292	16.38	44.36
	兰坪白族普米族 自治县	1988.5.25	金顶镇	4 455	19.05	93.47
	维西傈僳族自治县	1985.10.13	保和镇	4 661	14.46	83.28
	景东彝族自治县	1985.12.20	锦屏镇	4 532	35.3	46.03
	景谷傣族彝族 自治县	1985.12.25	威远镇	7 777	29.17	46.44
	普洱哈尼族彝族 自治县	1985.12.15	宁洱镇	3 670	18.51	49.54
	漾濞彝族自治县	1985.11.1	上街镇	1 957	10.01	63.28
	禄劝彝族苗族 自治县	1985.11.25	屏山镇	4 378	44.88	30.42

云南省	金平苗族瑶族傣族自治县	1985.12.7	金河镇	3 677	31.63	85.51
	镇沅彝族哈尼族拉祜族自治县	1990.5.15	恩乐镇	4 223	20.43	51.8
甘肃省	张家川回族自治县	1953.7.6	张家川镇	1 311	31.5	69.75
	天祝藏族自治县	1950.5.6	华藏寺镇	6 865	21.41	38
	肃南裕固族自治县	1954.2.20	红湾寺镇	20 456	3.53	55.3
	肃北蒙古族自治县	1950.7.29	党城湾镇	55 000	1.11	41.08
	阿克塞哈萨克族自治县	1954.4.27	红柳湾镇	31 374	0.8	32.6
	东乡族自治县	1950.9.25	锁南镇	1 467	26.73	88.11
	积石山保安族东乡族撒拉族自治县	1981.9.30	吹麻滩镇	910	21.98	54.45
青海省	互助土族自治县	1954.2.17	威远镇	3 321	37.08	25.13
	化隆回族自治县	1954.3.1	巴燕镇	2 740	23.25	78.57
	循化撒拉族自治县	1954.3.1	积石镇	1 749	11.63	94.05
	河南蒙古族自治县	1954.10.16	优干宁	6 250	3.19	97.16
	门源回族自治县	1953.12.19	浩门镇	6 896	15.06	56.93
	大通回族土族自治县	1986.7.10	桥头镇	3 090	42.55	46.5
	民和回族土族自治县	1986.6.27	川口镇	1 780	37.67	54.84
新疆维吾尔自治区	巴里坤哈萨克自治县	1954.9.30	巴里坤镇	36 947	10.1	33.81
	塔什库尔干塔吉克自治县	1954.9.17	塔什库尔干镇	52 300	3.32	52.7
	木垒哈萨克自治县	1954.7.17	木垒镇	13 510	8.55	31.44
	焉耆回族自治县	1954.3.15	焉耆镇	2 429	12.47	54.77
	察布查尔锡伯自治县	1954.3.25	察布查尔镇	4 482	16.48	63.6
	和布克赛尔蒙古自治县	1954.9.10	和布克赛尔镇	28 799	4.95	65.8

资料来源：中国国家民委网站，http://www.seac.gov.cn/gjmw/zwgk/20 05-02-28/1177034000717203.htm.

附录三 中国的语言系属与分布

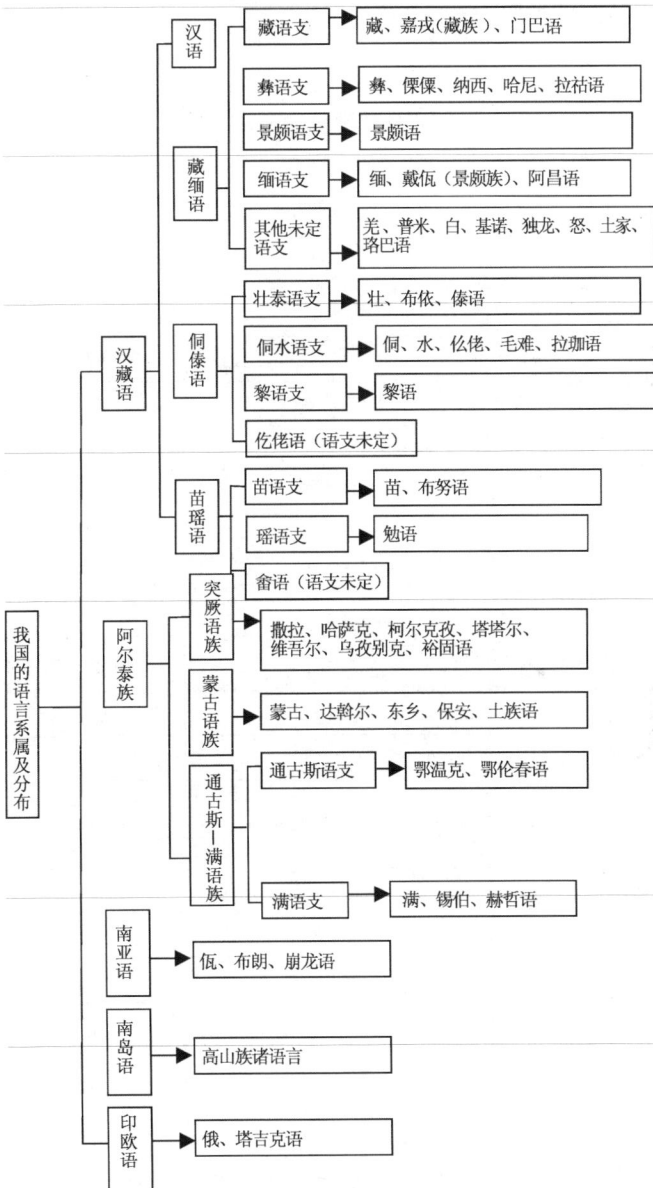

```
                              ┌ 汉语
                              │
                              │              ┌ 藏语支 ──→ 藏、嘉戎(藏族)、门巴语
                              │              │
                              │              ├ 彝语支 ──→ 彝、傈僳、纳西、哈尼、拉祜语
                              │     ┌ 藏缅语 ─┤
                              │     │        ├ 景颇语支 ──→ 景颇语
                              │     │        │
                              │     │        ├ 缅语支 ──→ 缅、戴佤(景颇族)、阿昌语
                              │     │        │
                              │     │        └ 其他未定语支 ──→ 羌、普米、白、基诺、独龙、怒、土家、珞巴语
                              │     │
                      ┌ 汉藏语 ─┤     │        ┌ 壮泰语支 ──→ 壮、布依、傣语
                      │        │     │        │
                      │        │     ├ 侗傣语 ─┤ 侗水语支 ──→ 侗、水、仫佬、毛难、拉珈语
                      │        │     │        │
                      │        │     │        ├ 黎语支 ──→ 黎语
                      │        │     │        │
                      │        │     │        └ 仡佬语(语支未定)
                      │        │     │
                      │        │     │        ┌ 苗语支 ──→ 苗、布努语
                      │        │     └ 苗瑶语 ─┤ 瑶语支 ──→ 勉语
                      │        │              │
                      │        │              └ 畲语(语支未定)
  我                  │        │
  国 ─────────────────┤        │        ┌ 突厥语族 ──→ 撒拉、哈萨克、柯尔克孜、塔塔尔、维吾尔、乌孜别克、裕固语
  的                  │        │        │
  语                  │ ┌ 阿尔泰族 ─┤ 蒙古语族 ──→ 蒙古、达斡尔、东乡、保安、土族语
  言                  │ │        │        │
  系                  │ │        │        │        ┌ 通古斯语支 ──→ 鄂温克、鄂伦春语
  属                  └─┤        │        └ 通古斯—满语族 ─┤
  及                    │        │                 └ 满语支 ──→ 满、锡伯、赫哲语
  分                    │        │
  布                    ├ 南亚语 ──→ 佤、布朗、崩龙语
                        │
                        ├ 南岛语 ──→ 高山族诸语言
                        │
                        └ 印欧语 ──→ 俄、塔吉克语
```

附 录 四

我国少数民族主要节日

民 族	主要节日	时 间
阿昌族	火把节	农历六月二十五
	会街节	农历九月初十
	泼水节	农历二月二十九
	撒神	农历七月初一
	尝新节	农历八月十五
白族	三月街	农历三月十五
	火把节	农历六月二十四
	渔潭会	农历八月十五
保安族	圣纪节	伊斯兰教历三月十二
	开斋节	伊斯兰教历九月三十
	古尔邦节	伊斯兰教历十二月十
布朗族	开门节	傣历十二月十五
	关门节	傣历九月十五
	泼火节	农历二月十九
布依族	六月六	农历六月六
	三月三	农历三月三
	四月八	农历四月初八
朝鲜族	元日	农历正月初一
	上元节	农历正月十五
	寒食节	农历四月初五
	端午节	农历五月初五
哈尼族	十月节	农历十月初一

哈尼族	六月节	农历六月二十四
哈萨克族	圣纪节	伊斯兰教历三月十二
	开斋节	伊斯兰教历九月三十
	古尔邦节	伊斯兰教历十二月十
赫哲族	赫哲年	农历正月初一
回族	圣纪节	伊斯兰教历三月十二
	开斋节	伊斯兰教历九月三十
	古尔邦节	伊斯兰教历十二月十
基诺族	打铁节	农历一月
	火把节	农历六月
京族	哈节	农历六月初十
德昂族	泼水节	农历四月十五
东乡族	圣纪节	伊斯兰教历三月十二
	开斋节	伊斯兰教历九月三十
	古尔邦节	伊斯兰教历十二月十
侗族	芦笙节	农历六月至九月
	侗年	农历十一月十九
	斗牛节	农历二月
	吃新节	农历六月至七月
独龙族	卡崔哇	农历十月中下旬
俄罗斯族	复活节	公历三、四月
鄂伦春族	春节	农历正月初一
鄂温克族	米阔鲁节	农历五月二十二
高山族	新年祭	农历十二月
仡佬族	灯杆节	农历正月初一
	仡佬节	农历三月初三
	尝新节	农历六、七月
拉祜族	库扎节	傣历三月
	火把节	农历六月二十四
	尝新节	傣历十二月
黎族	三月三	农历三月初三

	收获节	农历九月
傈僳族	澡塘节	农历正月初三
	过年节	农历正月初一
	刀杆节	农历二月初八
珞巴族	旭独龙节	藏历二月
	隆德节	藏历四月
满族	颁金节	农历十一月十三
	庙会	农历四月
景颇族	目脑节	农历正月十五
柯尔克孜族	圣纪节	伊斯兰教历三月十二
	开斋节	伊斯兰教历九月三十
	古尔邦节	伊斯兰教历十二月十
	诺劳孜	农历正月初一

资料来源：中国国家民委网站。

参考文献

[1] 胡承志.云南发现的猿人牙齿化石[J].地质学报，1973（1）.

[2] 中国科学院古脊椎动物和古人类研究所.陕西蓝田新生界现场会议论文集[C].北京：科学出版社，1965.

[3] 贾兰坡.中国猿人及其文化[M].北京：中华书局，1964.

[4] 裴文中.山西襄汾县丁村旧石器时代遗址发掘报告[R]北京：北京科学出版社，1959.

[5] 贾兰坡.中国在陆上的远古居民 [M].天津：天津人民出版社，1978.

[6] 苏秉琦.关于仰韶文化的若干问题[J].考古学报，1965（1）.

[7] 中国社会科学院考古研究所.新中国的考古发现和研究[C].北京：文物出版社，1984.

[8] 杨玲.斯大林的民族理论与民族政策的错位[J].当代世界与社会主义，2005（2）.

[9] 周梅兰.论毛泽东的民族理论[J].兰州学刊，2005（1）.

[10] 孙秋云.费孝通"中华民族多元一体格局"理论之我见[J].中南民族大学学报，2006，26(2).

[11] 姜若愚.中外民族民俗[M].北京：旅游教育出版社，2007.

[12] 王兴斌.中国旅游客源国概况[M].北京：旅游教育出版社，2005.

[13] 胡碧芳，姜倩.旅游服务礼仪[M].北京：中国林业出版社，2008.

[14] 艾建玲.旅游礼仪教程[M].长沙：湖南大学出版社，2006.

[15] 薛群慧，邓永进，庄新成.现代旅游接待礼仪[M].北京：北京大学出版社，2006.

[16] 钟敬文.民俗学概论[M].上海：上海文艺出版社，2009.

[17] 乌丙安.民俗学原理[M].辽宁：辽宁教育出版社，2001.

[18] 仲富兰.中国民俗文化学导论[M].上海：上海辞书出版社，2007.

[19] 叶涛.中国民俗[M].北京：中国社会出版社，2008.

[20] 吴忠军.中外民俗[M].大连：东北财经大学出版社，2001.

[21] 周作明.永远的朝阳——民族民俗旅游研究 [M].广州：广东旅游出版社，
　　　2002.

[22] 季诚迁，刘魁立，张旭.少数民族节日[M].北京：中国社会出版社，2008.

[23] 陈淑君，陈华文.民俗文化——民间丧葬习俗[M].北京：中国社会出版社，
　　　2006.

[24] 赵宇共.中国民俗通志：交通志[M].济南：山东教育出版社，2005.

[25] 宣炳善.民俗文化——民间饮食习俗[M].北京：中国社会出版社，2006.

[26] 钟敬文，万建中.中国民俗史：民国卷[M].北京：人民出版社，2008.

[27] 贾东海，孙振玉.世界民族学史[M].银川：宁夏人民出版社，1995.

[28] 马银文.世界民俗艺术大全[M].北京：中国三峡出版社，2006.

[29] 张文俊.世界民俗风情你、我、他[M].北京：人民邮电出版社，1991.

[30] 孙淑华，张瑜.中国周边国风情录[M].北京：气象出版社，2003.

[31] 赵锦元，戴佩丽.世界民族通览[M].北京：中央民族大学出版社，2000.